Gulliver Taschenbuch 718

D1856509

Für meinen Vater und den Kapitän der Capitol Airlines DC 10, Richard und Laurie Beckerman und Familie, Ed Koch, Jeffrey Schneider und seine Eltern und Schwestern, Peter Mayer, John Lennon, zwei Ladies in rosa und hellblauen Shorts, Martine Labonté und Daniel Laroche und Levi Strauss. Besonders für Anne Webler Millyard, Karen und Kai Millyard und Rick Wilks, Reinhard und Gustav, außerdem für Arlo Guthrie und seinen Vater, den Postbeamten in Minot/North Dakota, Red Cloud und Big Foot, Gary von Gary's Garage, Walt Disney, Bob Zimmerman, Donna Vicale und ihren Stephen, Rand McNally, Colonel Sanders und Henry Ford sen., Tom und Jerry in Berkeley, John Styth Pemberton, Loosha Elliot, Janet Phillips, Paul Simon, Henry David Thoreau, Uschi und Terry Rudolph, Abraham Lincoln, den freundlichen Polizisten, der mir nach langen Diskussionen schließlich keine Verwarnung wegen des kaputten Bremslichtes gab, die Jungs in dem Schwulen-Hotel in Frisco, Howard Hughes, dem anderen Polizisten, der mir eine Woche später doch den Strafzettel gab, Charles aus Frankreich, William S. Harley und Arthur Davidson, die verrückte Alte vom Campingplatz in Tucson/Arizona, Samuel Langhorn Clemens, Carole King, Sam von Sam's Hotel, Louis Armstrong sowie für den heutigen Besitzer von Babe, für Babe selber, noch mal für Giba und ihre kleine Tochter Sarah und last and least für Ronald Reagan, leading character of the United States of America.

Reinhold Ziegler

»Es gibt hier nur zwei Richtungen, Mister«

Roman

BELTZ
& Gelberg

Reinhold Ziegler, geboren 1955, wuchs in Erlangen bei Nürnberg auf und lebte später in Berlin, Karlsruhe und Stuttgart. Er studierte Maschinenbau und arbeitete einige Zeit als Ingenieur, bevor er sich dem Journalismus zuwandte. Heute lebt er als freier Schriftsteller und Journalist bei Aschaffenburg. Im Programm Beltz & Gelberg erschienen bisher *Von einem Traum zum anderen*; *»Es gibt hier nur zwei Richtungen, Mister«*; *Groß am Himmel* (Peter-Härtling-Preis für Kinderliteratur), *Nenn mich einfach Super!*, *Überall zu Hause, nirgendwo daheim*, *Version 5 Punkt 12. Der Straßengeher* und zuletzt *Der Traum vom Fahren. Die Geschichte des Automobils.* Für sein Gesamtwerk wurde Reinhold Ziegler mit dem Förderpreis für junge Schriftsteller des Bayerischen Staatsministeriums für Unterricht und Kultur ausgezeichnet.

Für *»Es gibt hier nur zwei Richtungen, Mister«* wurde Reinhold Ziegler mit dem Preis der Leseratten und dem Hans-im-Glück-Preis ausgezeichnet; das Buch kam außerdem auf die Auswahlliste zum Deutschen Jugendliteraturpreis.

www.beltz.de
Gulliver Taschenbuch 718
© 1985, 1993 Beltz Verlag, Weinheim und Basel
Programm Beltz & Gelberg, Weinheim
Alle Rechte vorbehalten
Einbandgestaltung von Max Bartholl
Gesamtherstellung Druckhaus Beltz, 69494 Hemsbach
Printed in Germany
ISBN 3 407 78718 9
10 11 12 13 14 05 04 03 02 01

Behind the ocean

Im Grunde hatte ich doch von nichts eine Ahnung. In der 27. Reihe einer DC 10 sank ich auf New York City runter und bildete mir noch immer ein, ich sei bloß zu einem kurzen Urlaub aufgebrochen.
Dabei war es wohl so etwas wie eine Prägung: Ich hatte gar keine andere Wahl. Ich mußte in dieses Flugzeug einsteigen, und ich mußte in dieses Land dort fliegen. Fast dreißig Jahre lang mußte ich es, bis ich es schließlich wirklich getan habe.
Denn zwei Worte hatten mir ihren Stempel aufgedrückt. Zwei Worte, die mir meine Mutter immer wieder in mein einjähriges Ohr geflüstert hatte, damit ich aus einer Fotografie das Bild meines Vaters erlernte. Damit ich ihn, der als deutscher Wiederaufbauler fast ein Jahr lang in Amerika den Fortschritt beigebracht bekam, bei seiner Rückkehr gleich als meinen Erzeuger ansprechen konnte.
»Papa ist in Amerika«, sprach sie mir vor, aber ich, mundfaul und mit einer natürlichen Abneigung gegen alles Formelle behaftet, lernte nur »Papa, Amerika, Papa, Amerika«, in beliebig häufiger Wiederholung.
Von meinen Eltern sicher nicht geplant waren meine Schwierigkeiten, diese beiden Worte zu verarbeiten. Über ein viertel Jahrhundert hat es mich gekostet, mit dem ersten einigermaßen fertigzuwerden. Und nun, ohne daß ich mir dessen bewußt war, begab ich mich gerade daran, es mit dem zweiten aufzunehmen: Amerika.
Ich saß auf dem Fensterplatz links, 27. Reihe, kurz vor den Flügeln, die Stirn an die kühle Scheibe gedrückt. Ich sah, wie die Klappen an den Tragflächen sich langsam in Landestellung schoben, unten huschten die Spitzen der Wolkenkratzer vorbei, dann das Wasser des East Rivers.
Rudi, der neben mir saß, lehnte sich rüber und drückte mich ein Stück zur Seite, um auch was zu sehen. Tom saß zum Gang hin, blätterte in einem Magazin – für ihn war das da unten nichts Neues.
Ein leichter Ruck ging durch das Flugzeug, als die Fahrwerke aus

dem dicken Rumpf herauskamen. Kleine quadratische Gärtchen waren jetzt dort unten, mit Häusern wie Pappschachteln und Spielzeugautos davor. Noch wußte ich nicht, daß diese Gegenden Suburbs heißen, daß ihre Bewohner von den richtigen New Yorkern auf Manhattan abfällig ›Burbs‹ genannt werden. Noch wußte ich nichts von Wolkenkratzern und Wellblechdächern, nichts von *highways, police patrols* und *motels rooms*. Ich hatte keine Ahnung von *subway tokens* und *station wagons*. Ich war nur mit Tom und Rudi in dieses Flugzeug gestiegen, um für fünf Wochen Urlaub zu machen.

Ich war in Richtung Amerika gestartet, wie ich auch in Richtung Malediven oder Neuseeland hätte starten können. So, wie eben heute einer startet, wenn er merkt, daß er da nicht mehr bleiben kann, wo er dauernd ist.

Ich war aufgeflogen wie ein verschreckter Vogel und hatte keine Ahnung, daß ich gar nicht anders konnte.

Ihr Gesicht dort am Gate in Frankfurt kam mir wieder in den Sinn. Wie sie mich ängstlich und wütend anstarrte, weil sie immer noch nicht glauben wollte, daß ich sie wirklich allein ließ. Sie hielt mich am Ärmel fest, kurz bevor ich nach hinten ging, zur Gepäckkontrolle.

»Du kommst bestimmt zurück?« fragte sie. Aber ich vergab die letzte Chance für den billigen Triumph, der Stärkere zu sein. »Vielleicht«, sagte ich.

Mit einem Ruck und einem ordentlichen Quietschen berührten wir Amerika. Ich nahm die Stirn von der Scheibe und wischte mir die traurigen Bilder aus den Augen. Tom sah es. »Was ist mit dir?« fragte er.

»Müde und sentimental«, sagte ich, und das genügte ihm als Antwort.

Tom ist nicht der Typ, der nächtelang über verfahrene Beziehungen redet. Seine Lösungen sind einfacher und handfester als Worte. »Komm mit Rudi und mir die fünf Wochen rüber«, hatte er gesagt und von dem Wohnmobil seiner Eltern erzählt, von New York City, Boston und Angelurlaub in Maine. Wir rechneten aus, daß es zu dritt

billiger und schöner sein würde, und trafen uns abends in einer Kneipe, um die Einzelheiten zu besprechen. So lernte ich Rudi kennen, vor zwei Wochen.
Noch am selben Abend rief Tom in Long Island an und sagte seinen Eltern, daß wir zu dritt kämen. Ich lief nach Hause, schlüpfte zu Rika unter die Decke und weckte sie.
»Ich fahre für fünf Wochen nach Amerika«, sagte ich, »vielleicht löst das irgendwas.«
»Wann?«
»In zwei Wochen.«
Sie drehte mir den Rücken zu und fragte nichts mehr. Ich wußte, daß sie Angst hatte, allein zu sein. Sie hat vor nichts so sehr Angst wie vor dem Alleinsein. Aber eher würde sie sich die Zunge abbeißen, als mich zu bitten, nicht zu fahren.

Vor dem Zoll sortieren sie uns in zwei Reihen. Ein Mann in Uniform steht unter einem Schild *Linke Seite – Einwohner der Vereinigten Staaten* und *Rechte Seite – Besucher der Vereinigten Staaten*; »von Amerika« schreiben sie nicht dahinter, wozu auch? Der Mann trennt uns von Tom.
Weit vorne in unserer Schlange werden Fragen gestellt und mit nervösen Fingern Reißverschlüsse geöffnet. Wir schieben uns vor, schleifen müde die Rucksäcke hinter uns her.
Schließlich bin ich an der Reihe.
»Mister Achim Lemy?« liest er aus dem Paß vor, spricht das ›Achim‹ wie ›Äkim‹ und macht das ›Lemy‹ zu einem ›Liemi‹.
»That's right«, sage ich eckig. Es wird wohl noch etwas dauern, bis sich mein Schulenglisch zu einem Gebrauchsamerikanisch rundet.
Er stellt tausend Fragen; wo ich hinwill, was ich zu Hause beruflich mache, wie lange ich bleiben will, ob ich genügend Geld dabei habe, aber ich brauche den Rucksack nicht zu öffnen, brauche weder Geld noch Traveller-Schecks vorzuzeigen. Endlich bekomme ich meinen Paß mit dem Einreisestempel. Ich darf die Vereinigten Staaten von Amerika betreten.

Aber Rudi, der die ganze Zeit wie schlafend hinter mir hergewandelt ist, wird plötzlich munter und hält mich fest: »Bleib mal da, ich kann doch kein Englisch.«

Also die ganze Prozedur noch mal.

Endlich sind wir durch. Rudi grinst. Er könnte sich wenigstens bedanken, aber er fällt gleich wieder in seinen schlafwandlerischen Schlurfschritt.

Menschen irren in der riesigen Flughafenhalle herum, ziehen bunte Rucksäcke hinter sich her oder schieben rollende Koffer, die fürchterlich quietschen. Hinweistafeln blinken, Buchstabenreihen klappern die Liste der Flüge durch. Leute starren hoch, bewegungslos, geraten dann plötzlich in Panik, rennen und stolpern auf ein Gate zu. Etliche irren herum und scheinen nur den Ausgang zu suchen. Aber dort, wo das Tageslicht durch Scheiben dringt, ist noch lange kein Durchlaß ins Freie. Es ist wie in der Insekten-Lichtfalle: Der Ausgang ist dort, wo es am dunkelsten ist.

Endlich entdecke ich Tom. Seine Familie veranstaltet gerade ein Begrüßungshallo und übersieht uns erst mal. Dann stellt Tom uns vor.

»Hi, Rudi, wir haben schon viel von Ihnen gehört.« Händeschütteln.

»Hi, Achim, wie geht's, Sie kennen Tom ja schon sehr lange.« Unverbindliche amerikanische Freundlichkeit.

Rudi starrt mit müden Augen die schwarzhaarige Frau an, die mit Toms Eltern zum Flughafen gekommen ist.

»Meine kleine Schwester Susan«, stellt Tom sie vor. Sie beschwert sich geziert über das ›kleine Schwester‹, wie man das von zwanzigjährigen kleinen Schwestern eben gewohnt ist.

»Was hat sie gesagt?« meldet sich Rudi. Ich übersetze es ihm.

»Kann er kein Englisch?« fragt Susan ihren großen Bruder. »Das ist aber schade.« Und sie guckt Rudi verträumt in die makellos blauen Augen.

Es ist immer gut, wenn man wenigstens einen Mann zum Vorzeigen dabei hat.

»Wo geht's hier eigentlich wieder raus?« fragt Mister Simon und

greift sich beherzt soviel Gepäck, wie er glaubt tragen zu können. Ich zeige auf das schwarze Loch, in dem ich vorher den Ausgang entdeckt habe – wir brechen auf.
Vor dem Kleinstadthäuschen in Freeport steht in der Garageneinfahrt glänzend weiß das Wohnmobil.
»Eure Heimat für die nächsten Wochen«, erklärte Toms Mutter. Wir müssen noch einen Blick hineinwerfen, bevor wir uns endlich im Wohnzimmer in die Sessel fallen lassen können.
»Was möchten Sie jetzt als erstes tun?« fragt mich der Vater.
»Sleep«, sage ich. Wir sind seit 24 Stunden auf den Beinen.

Mitten in der Nacht wache ich auf, in meinem Kopf ist es früher Morgen: Jet-lag – Zeitverschiebung. Ich habe von Rika geträumt, von einer der Nächte, als sie nicht nach Hause kam. Schweiß auf der Stirn und das Herz in Panik. Ruhig, denke ich, nur ruhig. Wie man einen Gaul beruhigt, der Angst hat. Rudi liegt um die Ecke auf dem anderen Sofa. Ich höre ihn leise schnarchen. Kein Grund, in Panik hochzufahren und auf die Uhr zu gucken, warum sie noch immer nicht da ist. Sie wird nicht kommen. Sie ist über fünftausend Kilometer weg. Ich habe es geschafft, sie zu verlassen. Wenigstens für fünf Wochen. Wenn nur dieses tödliche Geschnarche aufhören würde. Ich könnte ihm die Nase zukleben. Mir sind Menschen verdächtig, die sich überall hinlegen und einschlafen können.
Diese erste Nacht, als sie nicht mehr kam. Ich lag da und wußte, sie ist auf dieser Firmenfete. Aber ich wußte auch, es war Alarmstufe eins. Zu viele sinnlose Diskussionen davor. Zu oft das Wort ›eingesperrt‹. Zu viele Versuche, eine neue Orientierung zu finden, mehr zu haben als eine knapp dreijährige Freundschaft, als eine Zweierkiste in einer netten Stadtwohnung, Balkon, Tiefgarage.
»Du hast nie auch nur den Versuch gemacht, mir ein bißchen Luft zu lassen«, hat sie mir später vorgeworfen, als wäre ich es gewesen, der dieses Leben komplett für sie installiert hätte.
Ich lag da und wartete. Zwei Uhr, drei, vier. Schweißausbruch und Herz in Panik. Damals wie heute und oft danach.

Als ich gerade zur Arbeit wollte, kam sie mir entgegen.
»Ich dachte, du wärst schon weg, war eine lange Nacht heute, muß mir nur schnell was anderes anziehen und dann auch los.«
Sie gab mir einen Kuß, durch das schlechte Gewissen weich und lang.
»Wir reden heute abend drüber«, sagte sie. Und ich stand alleine im Aufzug und fing an zu weinen.
Hier und heute keine Tränen. Sie wird nicht kommen, sie ist über fünftausend Kilometer weg. Ich habe es geschafft, sie zu verlassen.

Mobile home

Zwei Tage Nichtstun haben die Simons uns verordnet, weil wir so müde aussehen. Wir fahren mit dem Buick raus zum Jones Beach, Susan natürlich dabei. Sie macht Rudi schöne Augen und läßt ihn tanzen – mehr läuft nicht. »Sag ihr mal« und »frag sie mal« und »was hat sie gesagt«. Ich kann's nicht mehr hören. Schließlich schlage ich ihr vor, Rudi Englisch beizubringen, aber sie winkt ab und sagt: »Bloß nicht auch das noch.«
Morgens, wenn die Sonne von Osten her übers Meer kommt, denke ich an zu Hause. Ich könnte Rika einen Brief schreiben, mit einer Prise Long-Island-Sand darin. Aber ich lege mich nur in die Sonne, hole mir einen dusseligen Kopf und einen Sonnenbrand und schreibe keinen Brief.
Am dritten Tag hält Tom es nicht mehr aus. Schon morgens vor neun höre ich ihn draußen in der Einfahrt rumhantieren.
Ich brühe mir eine Tasse Kaffee und setze mich auf die Mülltonne in die Sonne.
Tom zieht das Waschleder über den Lack, Strich neben Strich. Wohnmobil in Hellbeige und Chrom.
»Alle berühmten Amerikaner haben mit Autowaschen angefangen«, sage ich, aber er kann nicht darüber lachen.

»Ich denke, wir bleiben noch eine Woche hier, warum wienerst du den Karren denn schon heute?«
»Dann ist es gemacht«, brummt er, ohne sich umzudrehen.
»Man soll gar nicht Autowaschen, wenn die Sonne so auf den Lack brennt, das gibt Streifen.«
»Wenn du mitfahren willst, machst du jetzt besser keine dummen Sprüche mehr, sondern packst mal ein bißchen mit an.« Er drückt mir eine Kehrschaufel und einen Handfeger in die Hand: »Innen!« Irgendwas scheint ihn zu nerven.
Ich drehe den Autostereo an, WNBC, Rockmusic from New York City. Tom streckt den Kopf rein.
»Bist du verrückt? Mach leiser!«
Der muß mit dem verkehrten Bein aufgestanden sein. »Was ist denn los mit dir?« frage ich vorsichtig.
Da poltert er los: »Was ist wohl los – kannst du mir vielleicht sagen, wie das in den nächsten Wochen weitergehen soll, wenn ihr beiden euch jetzt schon dauernd rumstreitet?«
»Wer: ihr beiden?« frage ich und weiß natürlich, wen er meint.
»Rudi und du.«
»Ich habe noch kein einziges Mal mit Rudi gestritten.«
»Noch kein einziges Mal gestritten! Aber sobald er auftaucht, mußt du ihn sofort hochnehmen. Er kann doch nichts dafür, daß er kein Englisch spricht.«
»Aber er kann was dafür, daß er sich benimmt wie ein Dreijähriger. Und dann dieses Grinsen ununterbrochen – ich halt's einfach nicht aus.«
»Das hättest du dir vorher überlegen müssen. Schließlich war er zuerst dabei, du bist erst später dazugekommen, denk da auch mal dran.«
Damit hat er's getroffen. Ich soll mal dran denken, daß ich schließlich nur aus Mitleid dabei bin. Daß mein großartiger Freund Tom mich mit gnädiger Hand dem häuslichen Chaos entrissen hat. Ich hätte ja auch alleine nach Amerika fliegen können. Vorgehabt habe ich's lange genug.

»Entschuldige«, sagt Tom jetzt, »ich wollte dich an nichts erinnern. Versucht nur einfach, miteinander auszukommen.«
»Schon gut«, sage ich und lasse ihn weiter seinen Chrom polieren.
Kurz bevor wir fertig sind, läuft der Buick ein. Susan war mit Rudi für die große Fahrt einkaufen.
»Na«, ruft Rudi, als er uns beide putzen sieht, »alles klar mit euch beiden?«
»Na, alles klar mit *euch* beiden?« rufe ich zurück. Tom schaut böse, Susan hat nichts verstanden, und Rudi grinst.
Am Nachmittag wollen wir endlich mal nach Manhattan reinfahren, aber – große Tragödie – Susan will nicht mit.
»Sag ihm, daß ich Manhattan kenne, es langweilt mich.«
Bis das ganze Drama ausgestanden ist – Susan kommt wirklich nicht mit, Rudi nun doch –, ist es später Nachmittag. Fettorange steht die Sonne hinter den Wolkenkratzern.
»Schön, was?« sagt Tom, wir nicken wortlos. Dann geht's runter in den Tunnel unter dem East River durch, ein kleiner Lichtpunkt vorne, und mit einemmal sind wir mittendrin.
Straßenschluchten, von Sonne und Schatten zerschnitten in Schwarz und Weiß. Eiserne Feuerleitern, Treppchen vor den Türen, zwei, drei Stufen, auf denen Puertoricaner sitzen, Karten spielen und Musik hören. Ein paar Blocks weiter sitzen Schwarze auf den Stufen, oder Freaks. Überall quellen die Mülltonnen über, Berge von stinkendem Müll in den Straßen.
Wo kein Müll ist, sitzen auch plötzlich keine Menschen mehr auf den Stufen. Das sind die Häuser mit Blumen in den Fenstern und netten Vorhängen. Große, neue Autos davor.
»Hier ist das Haus von Mick Jagger«, sagt Tom, »und das daneben gehört…« Aber ich habe den Namen vergessen, bevor er ihn richtig gesagt hat.
An allen Kreuzungen stehen Leute und versuchen, ein Taxi ranzuwinken. Schwärme von gelben Autos bewegen sich durch die Straßen, aber alle scheinen besetzt zu sein, keiner hält an.
Und die Leute fluchen und rennen eilig einen Block weiter, laufen

bei Rot über die Ampel zur nächsten Ecke und versuchen dort ihr Glück.

Tom macht mit uns *sight seeing* total. Zeigt uns sein Manhattan. Manhattan bei Tag und Nacht und Sonne und Regen, als dürften wir nur ja nichts verpassen. Hier ist er geboren, hier zur Schule gegangen. Hier, am Zaun hinter der Schule, hatte er seine erste Verabredung – aber sie ist nicht gekommen. Hier im T-Shirt-Laden haben wir früher immer unser Gras gekauft – inzwischen führen sie nur noch T-Shirts. Und hier im Café, da müssen wir unbedingt rein, da kenne ich alle. Aber es ist ein lausiges Café, dreimal umgebaut in den vier Jahren, seit Tom in Deutschland ist. Niemand kennt ihn mehr. Sein Amerika ist ein Amerika der Erinnerungen. Sein Amerika ist nicht mein Amerika.

Für mich ist Amerika Kindertraum. Es kommt ganz hinter dem großen Meer, sagte Vater.

Ganz dahinter?

Ja, erst ganz dahinter!

Für mich ist Amerika Easy Rider und Indianerfilme; Highways, Rockmusic und Hollywood; Popcorn und Donald Duck; Vietnam und Woodstock.

Mein Kopf ist voll von Vorstellung, Erwartung und Phantasie. Träume einer anderen Welt – keine Grundschulen und Jugendcafés, Prominentenbungalows und Dealertreffs.

Wir laufen den Broadway hoch, vom Madison Square Park bis zum Times Square und weiter bis zum Columbus Circle, an der Ecke vom Central Park. Das hätte ich gerne noch gemacht, durch den Park schlendern und Enten auf dem großen See ärgern, aber wieder hat Tom andere Pläne, er will die Central Park West entlanglaufen, denn dort ist es nicht so dunkel und gefährlich, außerdem ist dort das *Dakota,* das Haus von John Lennon, in dem der Polanski *Rosemarie's Baby* gedreht hat und vor dem Lennon selber im Dezember …

Ich bleibe stehen. »Stop«, sage ich. Meine Füße brennen und die Augen tränen, ich kann nicht mehr laufen und nicht mehr gucken, will keine Blutflecke auf dem Pflaster sehen und kann heute abend auch gut auf die beleuchtete Skyline, gesehen von den Brooklyn Heights aus, verzichten. Hunger und müde.

»Ich muß was essen«, sage ich zu Tom, warte nicht auf seine Antwort, die doch nicht anders sein kann, als daß Manhattan zu teuer ist und wir auch zu Hause essen könnten, sondern steuere schnurgerade über die Straße auf das nächstbeste Hamburger-Restaurant zu.

»Einen Hamburger und ein Bier«, sage ich, als die Bedienung kommt, und dann bleibe ich stur sitzen. Die werden schon nachkommen.

»Du machst Dinge, die nicht sehr logisch sind«, ist die Einleitung von Tom, als er schließlich durch die Tür kommt.

»Möglich«, sage ich.

»Wir können zwar hier essen, aber zu Hause in Freeport kein Manhattan anschauen.«

»Möglich«, sage ich wieder.

Dann bekomme ich meinen Hamburger und mein Bier, gebe es auf, Tom zuzuhören oder zu versuchen, ihm zu widersprechen, sitze nur da und esse gemütlich, bin sogar stolz darauf, unlogisch zu sein, weil Rika immer behauptet, ich sei ein Vernunftsmensch und täte alle Dinge nur, wenn sie Sinn und Zweck hätten.

Rudi sieht mir grinsend beim Kauen zu, dann bricht er plötzlich sein Schweigen und sein Grinsen, sieht zu Tom rüber und sagt: »Ich hätte gerne auch so was.« Diese Runde ging an mich.

Am nächsten Morgen sitzt Tom schon vor dem Frühstück mit Filzschreiber und Checkliste über der Karte.

»Was machst du?« frage ich ihn, ich will freundlicher sein und nett, habe ich mir vorgenommen, und auf keinen Fall wieder unlogisch.

»Pläne«, sagt er, »damit ihr nicht nachher wieder kommt, ihr würdet lieber essen anstatt in der Gegend rumzulaufen. Kommen von euch vielleicht auch mal konstruktive Vorschläge zur Fahrtroute?«

Rudi grinst mich an, ausnahmsweise grinse ich zurück.

»Hollywood«, sagt er dann.

Tom verdreht die Augen. »Weißt du, wo Hollywood ist?« fragt er.

Rudi zuckt die Schultern.
»Zu weit jedenfalls«, sagt Tom müde, »es ist auf der anderen Seite – und was ist mit dir?«
»Woodstock und Walden«, sage ich, denn die sind beide, das weiß ich genau, auf dieser Seite von Amerika.
»Walden ist gut, da können wir hin, wenn wir in Boston sind, aber Woodstock ist nicht auf unserer Linie.«
»Dann mach eine von deinen verdammten Linien hin«, sage ich böse. Als ob das jetzt logisch wäre, daß Woodstock nicht auf unserer Linie ist.
»Mensch, Achim, Woodstock ist nur 'ne große Wiese. Ein winziges Nest und eine große Wiese.«
»Trotzdem«, sage ich und würde am liebsten mit dem Fuß aufstampfen. Aber eigentlich ist es mir schon wieder egal.

Sieben Tage, nachdem wir in New York angekommen sind, beginnt unsere Reise im Simonschen Wohnmobil. Tolle Stimmung für eine fröhliche Reise zu dritt. Tom sauer, weil nicht alles nach seinem Kopf geht. Ich, noch immer müde und durcheinander und vielleicht auch ein bißchen sauer, weil nicht alles nach meinem Kopf geht, und Rudi traurig und deprimiert, weil sein Englisch einfach nicht gereicht hat, um Susan zum Mitkommen zu überreden.
Über dem Führerhaus, in dem Tom verbissen den Kapitän mimt, hat das Wohnmobil eine Koje, mit einem großen Fenster nach vorne und kleineren nach der Seite und nach oben. Dort liege ich, stundenlang, während wir Toms Linien quer durch die Staaten New York, Connecticut und Massachusetts abfahren.
Niemanden sehen, niemanden hören, eine Welt für mich allein.
»Dreh mal die Musik hier oben lauter«, brülle ich zu Tom runter. Es schaukelt und wiegt, und die Musik hilft, nicht dauernd an diese Rika zu denken.
She's got Bette Davis eyes, immer wieder, und es knallt wie Pistolenschüsse. Manchmal hilft es, an nichts zu denken – aber nicht immer.
Ich habe einfach das Feld geräumt, es hat alles so wunderschön

zusammengepaßt: diese Abende, an denen es nichts mehr gab zwischen Schreien und Schweigen, und dann plötzlich Tom mit seiner Idee vom Amerikaurlaub.
Ich konnte schon nicht mehr zurück, als sie sich wegdrehte im Bett, um nicht zu weinen oder um nicht bitten zu müssen, daß ich dableibe. Und als das Flugticket gekauft war, konnte ich erst recht nicht mehr zurück, nicht mal mehr erklären konnte ich es, trotz plötzlicher Umarmungen nachts und Zittern am ganzen Körper und Angst.
Dann, bevor wir losfuhren zum Flughafen, sagte sie: »Aber komm wieder, ich brauche dich.« Warum schläft sie mit jemand anderem, wenn sie mich braucht, warum, verdammt?
Es gab kein Zurück mehr, nicht einmal mehr die Frage, warum sie es denn tut, oder einen letzten Versuch, alles zu lösen. Nur noch: »Du kommst bestimmt zurück?« und mein »Vielleicht«, das jetzt in unseren Köpfen rumspukt, ihr Angst macht und mir ein schlechtes Gewissen und vielleicht auch – Angst. Ich weiß es nicht.
Angst, daß dieses Gefühl, das ich ihr unterstelle, gar nicht da ist. Wer sagt mir, daß sie mit dem Alleinesein nicht klarkommt. Ich weiß, daß sie sich davor fürchtet, wenn ich bei ihr bin. Sie hat Angst, daß ich weggehen könnte. Aber jetzt, nachdem ich weg bin? Vielleicht hat dieser andere Typ meinen Platz eingenommen. Liegt in meinem Bett und hört meine Platten. Wenn sie Glück hat, macht er ihr sogar das Frühstück, wie ich es tue.
Aus der Koje mit Himmelsblick schreibe ich ihr während der Fahrt einen Brief. Jedes Schlagloch wird sie in den Linien meiner Schrift wiederfinden, aber meine Gedankensprünge und Stolperer sind noch viel wilder als das, was das Auto auf diesem Highway hier veranstaltet.
Als ich die ersten beiden Seiten noch einmal durchsehe, liest es sich wie eine Entschuldigung, daß ich hierher gefahren bin. Dabei wollte ich mich nicht entschuldigen. Ich wollte ihr nur erklären, was es für mich bedeutet – oder was es für mich bedeuten könnte, wenn Amerika nicht dieses Wohnmobil wäre, das jeden Abend an einem Cam-

pingplatz mit Strom, Wasser und Kanalisationsanschluß festmacht. »Ich halte das alles nicht mehr aus«, schreibe ich ihr drunter. Aber damit kann ich nicht aufhören, also schreibe ich weiter, was ich nicht mehr aushalte, die Würfel- und Skatabende um den kleinen Tisch und das Einlullen mit Dosenbier aus dem *sixpack,* bis ich so müde bin, daß ich trotz Grinsen und Schnarchen und bösen Blicken einigermaßen schlafen kann.

»Morgen kommen wir nach Boston, und dann werde ich versuchen, das Amerika aus meinem Kopf zu finden«, ist der letzte Satz im Brief. Ich schreibe ihn hin, ohne zu wissen, was ich damit meine.

»Klar«, sagt Tom, »kann jeder machen, was er will. Aber schließlich haben wir abgemacht, daß wir zusammenbleiben.«

»Aber wir haben nicht abgemacht, jeden Tag bis Mitternacht Skat zu spielen«, antworte ich.

»Skat geht eben nur zu dritt«, sagt Rudi und grinst.

»Dann spielt Siebzehn und vier, das geht zu zweit.« Dann ziehe ich die Tür hinter mir zu und lasse die beiden alleine im Wohnmobil.

Der Campingplatz liegt in einem Wäldchen bei Boston. Lichter scheinen zwischen den Bäumen durch, von anderen Wohnmobilen, wo sie vielleicht auch Skat spielen oder würfeln oder weiß Gott, was Amis spielen, wenn sie mit ihrem Wohnmobil unterwegs sind. Weiter hinten im Wald, dort, wo die Zelte stehen, brennt ein Feuer. Ich gehe näher ran und sehe Leute, die drum rum sitzen, erzählen und Bier trinken.

Aber die letzten paar Schritte traue ich mich nicht, bleibe nur eine Weile stehen und schaue aus dem Dunkeln zu. Dann laufe ich weiter, an den Zelten vorbei zum Ausgang und weiter die Straße entlang, bis die ersten Häuser kommen.

Menschenleer und verlassen ist es auf den Vorortsstraßen um diese Zeit. Hinter Jalousien sehe ich die Farbfernseher bunt flimmern. Aus den Gärten riecht es nach frisch geschnittenem Gras. Es fängt an, warm und leicht zu regnen. Wenn ich nur wüßte, was ich will, wäre alles einfacher. Alles und überall.

Wir hätten uns diese Reise vorher mal besser überlegen sollen. Ich sehe uns drei schon nächste Woche im Simonschen Sommerhaus in Maine sitzen. Abenteuer Wildnis, mit Dosenbier und Skatspielen. Tom sagt, man kann dort angeln und schwimmen und in der Sonne liegen. Und abends fernsehen und spielen. Bis wir so weit sind, daß wir in aller Ruhe vom Skattisch aufstehen und uns vor lauter Langeweile die Schädel einschlagen.
Ich laufe zurück zum Rollhaus. »Laßt uns den ganzen Scheiß hier vergessen«, sage ich, »laßt uns nach Kalifornien fahren. Wir haben noch genug Zeit.«
Tom lacht mich einfach aus: »Kalifornien? Du spinnst. Kalifornien sind zweieinhalbtausend Meilen.«

Point of no return

Ich weiß nicht mehr, wie ich an Thoreau gekommen bin, aber es muß fast zehn Jahre her sein. Jemand hat mir ›Walden oder Leben in den Wäldern, Henry David Thoreau‹ auf einen Zettel geschrieben und gesagt, das wäre gut für Leute, die nach etwas suchen.
Ich habe es gelesen, später noch einmal und erst vor ein paar Monaten zum drittenmal. Jedesmal habe ich etwas Neues drin entdeckt. Nur wenn man sucht, kann man verstehen, was in diesem Buch steht. Der Waldensee und die kleine Hütte am Ufer wurden für mich zu einem kleinen Teil vom großen Traum Amerika. Meinem Amerika. Deshalb bin ich froh, daß keiner von den beiden mitwollte, so kann ich laufen, alleine laufen, loslaufen. Von Concord am Bahndamm entlang, den es noch immer gibt und wo Bahnarbeiter wie vor 135 Jahren gerade die Schrauben nachziehen. Ich winke ihnen zu, und sie winken zurück, ohne zu wissen, daß sie die irischen Bahnarbeiter sind, und ich bin der amerikanische Philosoph. Im Museum in Concord hatten sie Karten, die er gezeichnet hat, Vermessungsgeräte,

Angelhaken und Tagebuchseiten. Sogar seine Hütte haben sie nachgebaut und hinter dem Museum in den Garten gestellt.
Sie drucken auch seinen Kopf auf T-Shirts und Aufkleber und verkaufen sie für einen Dollar den Sticker und fünfe das Hemd. Das hätte Thoreau, denke ich, nicht gefallen.
»›Nur so geht es‹, sagen wir. Es geht aber auf so vielerlei Arten, als wir Radien von einem Zentrum ziehen können.«
Nach einer ganzen Strecke sehe ich zwischen den Bäumen den See durchschimmern. Ich laufe den Bahndamm runter, renne fast, weil ich so aufgeregt bin, als habe der See mich erwartet und nicht ich den See. An einer flachen Stelle am Ufer setze ich mich, will versuchen, hier anzukommen, will versuchen zu verstehen, was ich jetzt gerade tue, was ich die letzten Wochen getan habe. Und will eine Ahnung kriegen von dem, was ich weiter tun soll.
Der See ist glatt, fast ohne Wellen. Ich werfe einen Stein weit hinaus, um den glitzernden Spiegel zu zerbrechen.
Dieses Leben um mich herum ist wie die Ringe auf dem Wasser. Da gibt es die kleinen, eng um den Mittelpunkt, sie sind hoch und bewegen sich schnell. Das Kurzlebige, das Tagtägliche, das Wohnmobil und meine beiden Skatbrüder. Kleine, hohe Wellen, die sich genauso schnell verlaufen, wie sie entstanden sind.
Aber es gibt auch noch die anderen. Weit vom Mittelpunkt entfernt, Ringe, die zu stehen scheinen. Die sich fast nicht mehr bewegen, nicht mehr auflösen. Diese Dinge, die die Zeit nicht lösen kann. Nicht eine Nacht und nicht fünf Wochen, nicht mal ein halbes Jahr. Dauernde Schmerzen, die nach Entscheidung verlangen. Entscheidungen, die Schmerzen bereiten.
Aber alles geht seinen Weg, gerade und unbeirrbar. Diese Wellen sind Kreise und bleiben Kreise, laufen auseinander, werden flacher und größer, aber bleiben Kreise. Es gibt nichts zu entscheiden.
Dort, am anderen Ufer, wo vor über hundert Jahren seine Hütte stand, bricht sich ein Licht und blinkt kurz herüber: »Nur so geht es – sagen wir.« Ich muß lachen. Natürlich. Nicht einklemmen lassen zwischen ›entweder‹ und ›oder‹. Die vielerlei Arten suchen. Eine für

mein Leben, aus den unendlich vielen. Ich bin es, der mein Leben am besten kennt, nicht Rika oder mein Vater oder irgendwer sonst. Wenn mir hier jemand gute Ratschläge gibt, dann ich mir selbst.

Werfe einen zweiten Stein dem ersten nach. Und noch einen und noch einen. Lasse sie hüpfen, siebenmal, neunmal, dreimal und gar nicht. Laufe um den See, um zu suchen, was dort geblinkt hat.

Ich könnte zwei Monate in den Staaten bleiben, oder drei. Könnte rüber nach Kalifornien. Ich könnte anrufen und um unbezahlten Urlaub bitten, dürfte kein großes Problem sein, bei der momentanen Auftragslage. Es ist genug Geld da, gespart für ein Auto, für ein Häuschen, was weiß ich. Es ist genug Zeit da. Zeit auch für Rika, nachzudenken, was sie will.

Wer gibt mir schon wieder Ratschläge? Ratschläge, in denen ›Vernunft‹ vorkommt und ›zu alt‹, ›Existenz aufbauen‹ und ›sicheres Einkommen‹. War das vielleicht vernünftig, was du da gemacht hast? Mich alleine zu lassen, als ich noch nicht mal sprechen und laufen konnte? Einfach zu vertrauen, ich würde dich schon vom Foto her kennenlernen?

Ich lasse niemanden allein, der sich nicht wehren kann. Ich habe für keinen Verantwortung übernommen und dann ein Foto zum Trost hinterlegt.

»Papa, Amerika, Papa, Amerika«, schreie ich übers Wasser, bis aus einem Busch am Ufer der Kopf eines Anglers auftaucht, der sich wohl fragt, ob ich gefährlich oder harmlos sei.

Plötzlich fallen mir ihre blonden Haare ein und ihre Augen, mit denen sie lachen kann und traurig sein zugleich. Sie wird kein Foto von mir brauchen. Sie ist kein Kind mehr. Sie wird keine dummen Worte lernen, und sie wird nicht weinen, nicht viel jedenfalls. Sie wird sich ihre Liebe woanders holen.

An dem Platz, auf dem Thoreaus Hütte stand, haben seine Anhänger einen großen Haufen aus Uferkieseln errichtet. Jeder Stein ein Besucher, eine Pyramide aus Kieselsteinen.

Ich lege auch einen oben drauf, einen kleinen.

Ich werde Tom und Rudi fragen, ob sie mich alleine ziehen lassen.

Dann werde ich nach New York zurückgehen und dort nach meinem Weg suchen. Meinem eigenen Weg, ich werde ihn finden. Ich nehme einen Stein und werfe ihn mit aller Kraft auf den See hinaus, aber er erreicht das andere Ufer nicht. Ich werde sie trotzdem fragen.

Wir sind das frühe Aufstehen nicht mehr gewöhnt. Rudi fröstelt, zieht sich den Anorak eng um den Hals.
»Also dann!« sagt er, als der Schaffner meinen Rucksack in den Busbauch schiebt, aber es sind noch immer zehn Minuten Zeit bis zur Abfahrt.
Sie haben sich nicht sonderlich gewundert, als ich mit meinem Plan vom Alleine-Weiterziehen herauskam.
»Dann müssen wir eben doch Siebzehn und vier spielen«, hat Rudi gesagt.
Tom hatte Bedenken. Es sei zu gefährlich und ob ich das überlegt hätte mit Rika und ob das Geld lange.
Die beiden werden jetzt auch etwas kürzertreten müssen, durch zwei teilt sich's schwerer als durch drei. Aber selbst das haben sie ohne Klagen in Kauf genommen, sieht fast so aus, als wollten sie mich ganz gerne loswerden.
Tom legt wieder los, was alles gefährlich ist und anders als im gewohnten Europa.
»Du mußt auch besonders aufpassen«, warnt er, »wenn…«
»Tom«, unterbreche ich ihn, »sag mir nur eines. Was muß ich tun, um aus einer verdammten Telefonzelle ein Gespräch nach Deutschland zu führen?«
»Zuerst«, sagt er, »gehst du in ein Geschäft und besorgst dir Quarters. Das sind die 25-Cent-Stücke – solche hier, schau!«
»Ich weiß inzwischen, was Quarters sind«, unterbreche ich ihn.
Unbeirrt fährt er fort: »Also, viele Quarters, so für fünf bis zehn Dollar, je nachdem wie lange du telefonieren möchtest…«
Und er erzählt so lange und ausführlich, daß er noch nicht fertig ist, als der Schaffner ruft: *»Express bus to New York City – we're leaving.«*
»Also dann«, sagt Tom und klopft mir auf die Schulter.

»Hast du eigentlich gar keine Angst?« fragt Rudi noch, als ich schon einsteige.
»Doch«, sage ich, »ganz fürchterlich.«
Aber er grinst nur, er wird's wohl nicht geglaubt haben.
»*Take care!*« sage ich zu Tom.
»*Take care!*« sagt er zurück.
Und als der Bus sich schon in Bewegung setzt, höre ich Rudi fragen: »Was heißt denn eigentlich ›take care‹?«
Ich wollte Tom noch sagen, daß wir Freunde bleiben sollen, trotz allem, auch wenn's diesmal nicht so recht geklappt hat.
Aber jetzt war keine Zeit mehr.

The big apple

Und dann New York. Wieder New York. Mein New York diesmal. Aufgeregt, aber mutig steige ich aus dem Greyhound. Aber wie ich dann so mutterseelenallein auf der Straße vor dem Busdepot stehe, wird mir doch ziemlich mulmig. Ich muß mir unbedingt einen Plan machen, meistens hilft das. Ohne Plan fange ich an, den Kopf zu verlieren, tue die Sachen am Anfang, die an den Schluß gehören, und kriege alles durcheinander.
Was gehört an den Anfang? Der Plan: erstens einen Platz zum Schlafen, zweitens den Rucksack irgendwo unterstellen, drittens etwas zum Essen suchen.
Es ist schon fast sechs Uhr abends und noch immer unerträglich heiß. Verschwitzt renne ich mit dem riesigen Gepäck auf dem Rücken durch die Straßen und versuche ein Hotel zu finden.
Es gibt diesen Teil, der Village heißt, wo die Freaks wohnen und die Rockmusik, und diesen Stadtteil klappere ich ab, eine Querstraße rauf, die nächste zurück. Ich könnte jemanden fragen, aber sie rennen alle so hastig, niemand dreht sich um oder bleibt stehen. Sind

alle beschäftigt, mit sich oder ihrem Leben, ihrer Arbeit, ihrer Stadt oder ihren Schweißausbrüchen, und sie sehen durch mich durch. Und die anderen, die mich anstarren oder mich fragen, ob ich einen Quarter für sie übrig habe, die will ich nicht fragen, ob sie ein Hotel wissen.
Diese dummen Warnungen von Tom. Jetzt habe ich einfach Angst, ich könnte als Unwissender erkannt werden, weil er immer gesagt hat, ich sollte überall so tun, als wüßte ich Bescheid.
Endlich komme ich im Eastvillage an einem Haus vorbei, mit einem kleinen Schildchen *Hotel* über der offenen Tür. Man kann die Schrift kaum mehr lesen.
Ich gehe ein paar Schritte vorbei, gucke mir das Haus an. Dreckig ist es, und ein paar Fensterscheiben haben Sprünge, aber ich habe schon Blasen an den Füßen, und die Riemen vom Rucksack scheuern auf den Schultern. Deswegen laufe ich zurück, versuche im Vorbeigehen einen Blick in die Tür zu werfen. Dunkel ist es dort drin, und ich kann nur ein Gitter erkennen, das den Gang nach hinten versperrt.
Ich könnte auch weitersuchen oder vielleicht einen Taxifahrer fragen. In Deutschland würde ich einen Taxifahrer fragen, aber gerade die seien ziemlich wild, hat Tom gesagt, da müßte ich aufpassen.
Also gehe ich wieder zurück und trete durch die Tür. Es riecht modrig in dem Gang. Als sich meine Augen an das Dunkel gewöhnt haben, sehe ich neben dem Gitter eine Klingel.
Am besten den ganzen Unsinn vergessen, den Tom verzapft hat, schließlich bin ich kein schutzloses kleines Kind mehr. Ich könnte mich ja wahrscheinlich notfalls sogar wehren – so mit den Fäusten oder irgendwie. Ich klingel, und sofort tut sich was in einem der hinteren Räume. Ein Männchen mit recht krummer Gestalt kommt den Gang auf mich zugeschlurft.
»Sie suchen nach einem Zimmer?«
»Ja«, sage ich, »für ein paar Nächte. Was kostet es pro Nacht?«
»Fünfundzwanzig.«
»Kann ich's sehen?«

»Sicher«, sagt er und sperrt mir das Gitter auf.
Es ist ein Zimmer im zweiten Stock, mit einem Fernseher und einer Feuerleiter, und es riecht modrig und ein bißchen nach Müll.
»Ich nehme es«, sage ich. Habe einfach keine Lust mehr, noch mal in diese Hitze da runterzusteigen und die Querstraßen abzuklappern.
Ich zahle dem Buckelmännchen fünfzig Dollar im voraus, für zwei Tage. Er blättert in meinem Paß: »Liemi?«
»Lemy«, sage ich, aber es ist ihm nicht beizubringen. Er hat öfter Gäste aus Deutschland, sagt er, ich werde mich bestimmt wohlfühlen. Für das Gitter unten gäbe es keinen Schlüssel, ich müßte klingeln, es sei immer jemand da. Ja, für das Zimmer, da suche er mal, eigentlich müßte ein Schlüssel da sein. Ich könnte ihn ja nachher holen.
Aber ich stelle nur meinen Rucksack ab und gehe gleich mit ihm runter. Er sucht eine Weile und findet dann tatsächlich einen Schlüssel.
»Zehn Dollar Pfand«, sagt er, und ich bezahle auch das noch. Ich probiere nicht, ob der Schlüssel auch für alle anderen Zimmer paßt, und alle anderen Schlüssel für meins, aber ich vermute es.
Dann endlich bin ich alleine, sperre hinter mir ab, ziehe alles aus und schmeiße mich aufs Bett.
Ich denke daran, daß ich Rika anrufen will. Überlege mir Worte und Formulierungen. Höre auf zu denken, weil ich schlafen will, die Busfahrt rausschlafen und die Tage davor.
Zur Ablenkung versuche ich die Fliegen zu zählen. Ich einige mich schließlich auf siebenundzwanzig. Sie kreisen um die Lampe, manchmal setzen sie sich, verschnaufen ein bißchen. Wenn man ihnen sagen könnte, daß es sinnlos ist, was sie da machen, würden sie einen wahrscheinlich verwundert anschauen, falls sie mit ihren Facettenaugen in der Lage sind, verwundert zu schauen. Sie kreisen um die Lampe, und die Lampe ist nicht mal an. Es ist völlig sinnlos – wie bei den Menschen. Mit der Zeit werden sich mehr und mehr in den Spinnweben verfangen.
Und wenn Rika sagt: »alles oder nichts«? Entweder zurückkommen

oder gleich ganz wegbleiben. ›Keine Spielchen‹, haben wir mal vereinbart – ganz am Anfang, drei Jahre muß es her sein. Ist Amerika ein Spielchen? Allenfalls ein Gegenspielchen, denke ich.
Dieser verdammte Müllgestank. Dieses ganze New York stinkt nach Müll, besonders hier in diesem Zimmer. Vor dem einen Fenster geht ein Lichtschacht runter. Vom Dach bis auf den Erdboden. Und jeder scheint ihn als Müllschlucker zu benutzen. Lange schaue ich nicht runter, weil ich zu den Fliegen, Spinnen und dem Küchenmüll nicht auch noch fette Ratten sehen möchte.
Wieder die Fliegen um die Lampe – gegen den Uhrzeigersinn, sie ändern ihre Richtung nicht. Wie die Menschen.
Diese Filme mit dem Helden im Hotelzimmer – allein. Von draußen das rhythmische An und Aus der Neonlichter. Der Held raucht eine nach der anderen, zieht sich serienweise den Whisky-pur rein, ohne auch nur angeheitert zu werden. Dann geht er zur Jalousie, spreizt die Lamellen auseinander und entdeckt endlich, worauf er seit Wochen wartet.
Ich habe noch nie einen Film gesehen mit einem Helden, der sich nicht traut, seine Freundin anzurufen und sie um das Geld zu bitten, das ihm ohnehin gehört.
Heute nicht mehr – und jetzt schlafen. Es sind noch immer siebenundzwanzig Fliegen, und es werden nicht weniger.
Dann wache ich wieder auf, schweißgebadet und mit knurrendem Magen. Kurz nach zehn ist es und gerade im Begriff, vollständig dunkel zu werden. Geräusche von der Straße, wie Dschungel mit Polizeisirene. Trommeln, Schreie.

Ich stecke nur zehn Dollar ein, gehe die Straße in die Richtung, die die hellste und freundlichste zu sein scheint. Von überall her tönen Trommeln aus Blechfässern, Kinder sitzen auf Autodächern, Münzen werden gegen Hauswände geworfen und dann immer eilig vom neuen Besitzer einkassiert.
Eine Stimme ruft mir nach. Etwas hört sich an wie ›tomorrow‹, aber ich verstehe nichts und drehe mich nicht um, bleibe nicht stehen,

biege an der erstbesten Ecke in eine Pizzeria und esse zwei Stück Pizza aus der Hand im Stehen.
Jemand von der anderen Ecke der Theke schaut mich starr an. Ich sehe nur kurz hin, aber ich fühle seinen Blick die ganze Zeit. Ich kaue schneller, werfe einen Dollar fünfzig hin und gehe.
Ich höre Schritte hinter mir, hab noch achteinhalb Dollar in der Tasche, hoffentlich tut er mir wenigstens nichts. Bevor ich in die dunkle Straße von meinem Hotel einbiege, bleibe ich stehen, die Schritte nähern sich, dann geht jemand an mir vorbei. Ich kann sein Gesicht nicht sehen, aber es ist nicht der finstere Starrer aus der Eckpizzeria.
Dann laufe ich in die Straße rein, langsam, nur keine Hast, es soll keiner denken, ich hätte Angst. Minutenlang warte ich vor dem Gitter, bis der Besitzer den Gang entlanggeschlurft kommt.
»Sie kommen aber spät, Liemi«, sagt er vorwurfsvoll.
Ich nicke nur. Das Zimmer schließe ich hinter mir ab, drehe den Schlüssel quer, daß ihn keiner aus dem Schloß stoßen kann.
Siebenundzwanzig Fliegen. Wenn die Lampe brennt, sind sie noch verrückter – wie die Menschen.

An der Ecke Third Avenue und fünfzehnte Straße ist ein kleines Café. Frühstück ein Dollar fünfundneunzig. Kaffee soviel man trinken kann, Orangensaft extra.
Ich bestelle die Eier ›overeasy‹. Hab's aus der Frühstückskarte, weiß nicht mal, was es bedeutet. Bestelle es einfach, weil schon der Name gut auf der Zunge liegt.
Draußen jeden Tag derselbe Wahnsinnsverkehr. Schwärme von gelben Taxen, verbeulten Amischlitten, Straßenbaumaschinen versuchen die Löcher zu stopfen, die der Winter jedes Jahr immer tiefer in die New Yorker Straßen frißt. Drüben auf der anderen Seite reißen sie die Fahrbahn auf. Der Staub weht bis hier herüber, bleibt an den großen Scheiben hängen.
In der Zeitung schreiben sie, es soll heute wieder über hundert Grad werden. Hundert Fahrenheit, das sind 37 Grad Celsius. Erhöhte Kör-

pertemperatur, keine Chance, etwas Vernünftiges zu unternehmen. Ich muß Rika anrufen. Jetzt mache ich schon seit drei Tagen einen Bogen um jede Telefonzelle.
Auf der anderen Seite, im Staub, steht eine Frau vor einem kleinen Tischchen und führt irgend etwas mit Karten vor. Ich kann's nicht genau sehen, aber immer wieder bleiben Leute stehen, ganze Trauben um sie herum, die sich dann plötzlich auflösen.
Ich trinke meinen Kaffee aus und gehe vor zur Theke, um zu zahlen. Ich werde mit dem Bus zum Central Park fahren, werde mich in den Schatten unter die großen Bäume setzen und noch mal nachdenken, was ich Rika am besten sage.
Ich steige in den Bus ein, der direkt vor dem Café hält. Seine Richtung stimmt, und Tom hat gesagt, alle Busse führen nur immer geradeaus. Ich schiebe dem Fahrer eine Dollarnote hin, aber er weist nur wortlos auf ein Schild über sich: *No change!* Ich wühle in meiner Tasche, aber finde kein Kleingeld. Der Zeigefinger des Busfahrers wandert vom Schild auf mich.
»Besorg dir Wechselgeld und nimm den nächsten«, brummt er, dann schließen sich die Türen vor mir, und der Bus fährt ab.
Da ich sowieso Quarters zum Telefonieren brauche, gehe ich zurück ins Café und lasse mir für zwölf Dollar fünfzig eine ganze Rolle Münzen geben.
Da werde ich vom nächsten Bus überrascht. Ich sehe ihn durch die Scheiben an die Haltestelle brausen, drängel mich in Richtung Cafétür. Gerade als ich rauswill, will jemand herein, der breiter und höher ist als ich, aber langsamer. Auf dem Gehsteig sprinte ich noch ein paar Meter von der hinteren Bustür, die fürs Einsteigen sowieso tabu ist, zur vorderen, die erlaubt und außerdem offen ist. Aber kurz bevor ich sie erreicht habe, geht sie zu. In einer mächtigen Wolke von Dieselrauch verschwindet auch dieser Bus.
Ich warte auf den nächsten. Zwei Minuten, drei. Dann frage ich einen Typen, der neben mir wartet, warum erst zwei Busse hintereinander fahren und dann gar keiner mehr kommt.
»Wenn zwei so dicht hintereinander kommen, hat meistens der erste

Schichtanfang und bummelt, und der zweite hat Schichtende und schaut, daß er nach Hause kommt.«
»Und wenn dann überhaupt keiner mehr kommt?«
»Dann hat entweder der Busfahrer *downtown* eine schnelle Nummer aufgetan, oder es ist wieder mal Streik.«
Also warte ich weiter, die Sonne sticht mir in den Nacken. Auf der schattigen Straßenseite im Staub der großen Straßenbaumaschine steht noch immer diese Frau mit den Karten. Gerade bildet sich wieder eine Traube um sie, das Spiel geht weiter. Ich schaue die Straße runter, den Einschnitt zwischen den hohen Häusern durch, kilometerlang nur geradeaus. Staub, Flimmern und Wespenschwärme von gelben Cabs, nirgendwo ist einer dieser blau-weiß-dreckigen Busse zu sehen.
Also gehe ich rüber, muß doch endlich mal sehen, was die Frau dort eigentlich macht. Es ist der alte Trick mit den drei Karten – zwei schwarze, eine rote. Wer beim Mischen die rote im Auge behält und nachher drauf zeigt, hat gewonnen. Ein Kinderspiel, wie es aussieht. Sie läßt jeden, der dazukommt, erst ein paarmal gewinnen – die kleinen Spielchen für einen Quarter, dann für einen Dollarschein. Erst wenn die grünen Scheine mit den Fünfern und Zehnern drauf ins Spiel kommen, beginnt plötzlich ihre Glückssträhne. Sie gewinnt fünf Dollar, dann zehn, hat längst den Verlust vom Anfang wieder reingeholt. Einer will nicht aufgeben, versucht, ihr die zehn Dollar wieder abzujagen. Als die Einsätze bei fünfundzwanzig liegen, kommt auf der anderen Seite mein Bus. Aber ich kann mich nicht losreißen, will unbedingt noch sehen, ob sie auch diesmal gewinnt. Als sie endlich das Geld einstreicht, ist so viel Verkehr, daß ich kaum auf die andere Seite komme. Ich sprinte trotzdem los, werde fast von so einem Killertaxi erwischt und erreiche nur mit knapper Not die andere Seite. Der Bus steht noch da, aber die Türen sind schon zu, ich schlage mit der Faust dagegen.
»Ist ja gut«, sagt der Busfahrer zu meiner Verwunderung und macht die Türen noch mal auf. Ich werfe ihm drei Quarters in seinen Kassentrichter – ich hab's geschafft.

Der Bus ist besetzt, nur auf der hintersten Bank sitzt niemand. Alle schauen mich erstaunt an, als ich dort Platz nehme. Ein paar Leute stehen sogar, nur ich sitze allein auf der hintersten Bank. Unbestimmtes Gefühl, daß ich etwas verkehrt mache. Dann spüre ich, wie die Hitze des Motors durch die Hose kommt, muß ein netter Platz sein im Winter, hier hinten. Leute schauen mich aus den Augenwinkeln an, wollen anscheinend wissen, wie lange ich es hier auf der Herdplatte aushalte. Ich bleibe sitzen. Am Rücken wird mir schon das T-Shirt feucht. Über allen Fenstern sind kleine Schildchen: »Nicht öffnen, dieser Bus ist voll klimatisiert.« Aber alle Fenster stehen offen. Es zieht von vorne und heizt von hinten, daß ich ganz schief werde. Zug im Auto kann ich zum Verrecken nicht ausstehen. Endlich steigt in der vorletzten Reihe jemand aus, unauffällig wechsel ich nach vorne. Die, die vorher dauernd zu mir rübergeschielt haben, grinsen jetzt. Klugscheißer, wartet nur, bis ihr mal nach Deutschland kommt.
55ste Straße, gleich muß der Central Park anfangen. Eine alte Frau steigt zu, mit zerrissenen Plastiktüten in der Hand. Ich räume meinen Platz für sie. Sie setzt sich, nimmt meine Hand: »Du bist ein guter Mensch«, flüstert sie, »Gott segne dich, du bist ein guter Mensch.« Dann fängt sie an zu weinen. Alle im Bus drehen sich um, wollen sehen, was ich mit der Alten gemacht habe, daß sie weint. Ich ziehe ihr meine Hand weg, steige beim nächsten Halt aus. Bis zum Park sind noch zwei Blocks zu laufen, aber ich bin froh, daß ich endlich da draußen bin.
Im Central Park weht ein leichter Wind, und die Luft schmeckt, als würde sie hier zwischen den Bäumen gemacht. Aber dahinter stehen Wolkenkratzer, die die Baumkronen um einen herum überragen und daran erinnern, daß man nicht im Wald steht. Trotzdem sind Dreck und Lärm wie weggeschlossen hinter einer Tür.
Nur Funkmusik von überall her. Wo ein paar Schwarze zusammensitzen, ist eines dieser riesigen Kofferradios dabei – *ghetto blaster* hat Tom sie genannt. Die Jugendlichen aus den lauschigen Vorgärten von Freeport brauchen diese Art Musik nicht.

»Do it, do it, come on, baby, do it!«
Aus allen Ecken Funk, manche tanzen, klopfen den Takt. Polizisten patrouillieren über die Wege, schwenken ihre Hickoryknüppel. Einer ist schwarz, läuft im Takt der Musik.
»Do it, do it«, nur sein Knüppel pendelt verkehrt.
Ich setze mich alleine unter einen Baum, laß den Wind um mein Gesicht ziehen, denke an nichts, denke nicht einmal an diesen Telefonanruf.
Plötzlich sitzt jemand neben mir. Ich habe niemanden kommen hören, kriege sofort eine Gänsehaut, denke an Messer und Revolver und daß ich mein ganzes restliches Geld bei mir habe, weil ich es aus Sicherheitsgründen nicht im Hotel lassen wollte.
»Coke?« fragt mein neuer Nachbar, als rede er mit der Wiese vor sich. Ich brauche etwas Zeit, bevor ich begreife, daß er nicht das coffeinhaltige Limonadengetränk meint.
»No thanks«, sage ich.
»H?« fragt er. Ich schüttel den Kopf.
»Gras?« Noch immer guckt er starr auf die Wiese vor sich, ich schüttel wieder den Kopf.
Da steht er auf und geht weg, ohne noch ein Wort zu sagen. Ich sehe, daß er schwarz ist.
Ein Polizist geht im Funk-Schritt vorbei und sieht in die andere Richtung.
Hinten auf der Wiese spielt ein spindeldürrer Schwarzer auf einem riesigen, silbernen Saxophon. Manchmal trägt der Wind Fetzen davon bis zu mir, blendet sie ein zwischen Funkmusik und Menschenlärm.
Summertime.
Vor Jahren, vor vielen Jahren, habe ich auch mal Saxophon gespielt. War erster Saxer bei der »Lessing-Rock 'n' Roll-Cooperation«, der besten Sache, die das Lessing-Gymnasium je hervorgebracht hat.
Kurz nach dem Abi wurden die Auftritte weniger, keine Zeit mehr für Proben, nur noch tausend Schwüre, zusammenzubleiben und ernsthaft Musik zu machen. Beim Gitarristen war's schließlich Medi-

zin statt Musik, bei mir war's Maschinenbau. Nur der Drummer blieb beim Klopfen, macht jetzt Tanzmusik und träumt von einem Chemie-Studium.
Als ich mit Rika zusammengezogen bin, sah einer aus ihrer Clique mein kleines, silbernes Es-Alt. Ich habe es ihm für sechshundert Mark abgetreten, seitdem hatte ich kein vibrierendes Blättchen mehr auf der Lippe, und meine Finger sind lahm geworden.
»Summertime«, spielt der Schwarze dort hinten, der nichts hat außer der Sonne und der Musik, »summertime, when living is so easy.«
Dann denke ich wieder an Rika, setze mir eine Frist von einer Stunde. Sie wird erschrecken, wird fragen: wie lange, warum, wann? Aber am meisten Angst habe ich, daß sie gar nicht fragt, daß sie nur sagt: bleib doch, wo du willst.
Ich kann doch jetzt nicht zurückfliegen, bloß weil ich es nicht schaffe, sie anzurufen. So, wie ich es über Jahre nicht geschafft habe, überhaupt loszufliegen. Hab einen Tom dazu gebraucht – und einen anderen, der mich verscheucht hat.
Ich starre in die Wiese vor mir, rede Worte hinein ins Gras, als könnten von dort Antworten kommen oder Fragen. Was, wenn sie sagt: entweder – oder?
Ich übe die Worte: »Rika, du mußt einfach verstehen, ich kann jetzt nicht nach Hause. Ich muß jetzt mal ein bißchen – leben.« Keine Antwort aus dem Gras, kein Weinen, kein Fragen, nicht mal richtiges Schweigen.

Es läutet furchtbar lang, ich will schon auflegen, will fast erleichtert auflegen, dann ist sie dran.
»Ist der andere Typ bei dir?« frage ich, bereue es im selben Augenblick, wollte gar nicht davon anfangen, jetzt doch nicht.
»Achim«, sagt sie, »du spinnst total. Kein Mensch ist bei mir – wo steckst du denn?«
»In New York«, sage ich und höre, wie sie recht plötzlich wach wird.
Dann erzähle ich alles, werfe wie ein Verrückter Quarter ein, erzähle von Tom und dem Wohnmobil, warum alles so schiefgelaufen ist,

erzähle von Walden und dem Bus heute morgen, bis sie mich unterbricht und fragt: »Und jetzt möchtest du da bleiben?«
»Ja«, sage ich, »deswegen rufe ich eigentlich an, du mußt mir mein Geld schicken.«
»Wie lang?« fragt sie. Zittrige Stimme, ich höre, daß sie gegen die Tränen kämpft.
»Zwei, drei, vier Monate. Ich weiß noch nicht. Bis ich satt bin, bis das Brennen weg ist, bis ich müde genug bin für ein zu Hause.«
»Du willst überhaupt nicht mehr kommen, ist es das? Du suchst nur nach einer schmerzlosen Art, es mir zu sagen. Willst mal wieder niemandem weh tun?«
»Nein. Ich suche höchstens nach einer schmerzlosen Art, mit dir zusammenzubleiben. Und die gibt es nicht, wenn ich jetzt nach Hause komme.«
»Und in zwei, drei, vier Monaten gibt es plötzlich eine, was?«
»Laß uns nicht streiten«, sage ich müde.
Eisiges Schweigen für ein paar Sekunden, in denen ich nur hastig Quarter aus der Papierrolle pule, damit die Verbindung nicht abreißt.
»Du hast nie richtig verstanden, wie sehr ich dich brauche«, sagt sie plötzlich und fängt an zu weinen, ist das kleine Mädchen mit der Angst vor dunklen Räumen, das geschaukelt und gewiegt werden will. Verletzlich wie ein Mimosenblatt. »Warum«, heult sie, »warum?«
Selbst am Telefon bin ich machtlos, versuche zu beruhigen, versuche zu trösten, den großen, alten Daddy zu spielen, den sie ihr Leben lang vermißt hat. Ich hätte einmal gerne den Mut, zu schreien: ›Vögel nicht mit anderen Typen rum‹ und die Türe hinter mir zuzuschlagen.
Ich laufe langsam den ganzen Weg vom Central Park zurück zum Hotel, weiche den Leuten aus, die hastig in alle Richtungen rennen, in Bewegung zwar, aber ausgebrannt und hohl wie die Schaufensterpuppen, die an mir vorbei durchs Glas ins Leere starren.
Sie hat gesagt: »Du sollst nicht meinen, ich mag dich nicht mehr.« Sie

hat geweint. Komm zurück, wir fahren zusammen in Urlaub. Soll ich nach New York kommen?
Nein, nein, nein, habe ich gesagt.
Ich habe Angst, ich bin schwanger – selbst für diese Leier war sie sich nicht zu schade. Und ich, statt loszubrüllen, beruhige. Das hast du schon oft gedacht, du weißt doch, daß deine Termine nie stimmen. Warte einfach noch ein paar Tage ab oder geh zum Arzt, wenn du sicher sein willst.
»Willst du nicht doch zurückkommen?«
»Nein«, habe ich gesagt, »schick mir mein Geld.«
»Alles?«
»Ja, alles was auf dem Konto ist.«
Es sind fast achttausend Mark.
In meinem Zimmer auf dem Bett, die Lampe über mir mit den Fliegen, rieche ich plötzlich ihre Haut neben mir. Heller Sand auf ihrem braungebrannten Rücken. Ich strecke die Hand aus und fühle. Korsika. Haare wie blondes Stroh. Die Hitze ihres Körpers und Geschmack von Salz auf ihrem Gesicht. Salz und Glück auf ihrem lachenden Gesicht. Die ganze Frau nur Glück und Lachen. Lachen ohne Angst, ansteckend. Ihr Biß in den Nacken. Beine, die Fallen stellen wollen. Toben wie junge Hunde, im Sand, im Wasser.
Müllgestank in der Nase und das Gefühl ihres Bisses im Nacken. New York für Alleinreisende. Ich fang an zu heulen. Heule, was ich vorhin nicht heulen durfte, dreh mich ins Kissen und heule mir die Augen aus, bis es vorbei ist.
Ich kann mich nicht gehenlassen, solange sie sich gehenläßt – das hat sie auch nie verstanden.
Dann nehme ich mein Rückflugticket, rufe die Fluggesellschaft an und lasse es auf unbestimmte Zeit verlängern. Packe es regensicher in eine Plastiktüte und stecke es ganz unten in den Rucksack.
Es ist vier Uhr nachmittags Eastern American Time. Ich gehe runter zum 24-hour-store und hole mir ein dänisches Häagan-Dazs-Eis. Vanilla Swiss Almond, die einzige Möglichkeit, in New York City cool zu bleiben. Dann gehe ich zurück, drehe den Fernseher zum

Fenster und setze mich auf den Absatz der Feuerleiter. Acht Programme und unten zwischen den Häusern ein Straßenprogramm live.
Jetzt, um vier, laufen fast auf allen Kanälen die Kindersendungen. Drei Zeichentrickfilme, einmal Sesamstraße, einmal was mit einem Pferd – die anderen Kanäle haben gerade Werbung: Corn-flakes, Roboter, Barbiepuppen, Weltraumfähren, Coca Cola.
Als es später wird, übernimmt der Sport die Programme. Viermal Baseball, zweimal Rugby, die anderen Kanäle Werbung: Parfüm, Autos, Hosen, Rasenmäher, Coca Cola. Dann die Nachrichten: Weltnachrichten genannt, aber es sind doch eigentlich Amerikanachrichten. Zwei Meldungen beziehen sich auf das Ausland, der Rest sind spannende Geschichten von einer angeschossenen Ente, die mit einem Pfeil quer durch den Hals über den Bildschirm segelt und nun vom amerikanischen Volk gerettet werden soll, oder vom Farmer James Brown, dem seine Farm in South Dakota erst von Heuschrekken kahlgefressen wurde, dann abgebrannt ist und schließlich überschwemmt wurde. Selbst aus dem Wetterbericht machen sie eine Show: Stürme hier, Regen da, Sonne in Amerika.
Dazwischen Werbung.
»Vier tote Kinder bei einem Schulhausbrand in Cleveland/Ohio. Mehr darüber von unserem Korrespondenten Peter Walker nach dieser ›message‹.«
Und bevor sie die verkohlten Kinderleichen über den Bildschirm schicken, wird noch schnell ein Stück der neuen Seife ins Bild gerückt.
Fernsehen auf amerikanisch: stierer Blick auf Film, Show oder Sport bis zum Werbeeinschnitt. Dann aufstehen, den Trommel-Tuner durch sämtliche Frequenzen drehen. Entweder man bleibt irgendwo hängen, dann kann man sich hinsetzen und dort weitergucken, oder man dreht einmal ganz rum und landet wieder beim selben Programm. Inzwischen ist die Werbung dort meistens vorbei, also Zeit bis zum nächsten Spot.
Die Werbeminuten geben Gelegenheit, eine neue Dose Bier aus

dem Kühlschrank zu holen und aufzureißen oder die vorherige auszupissen, vielleicht auch in aller Eile schnell was zu essen.

Gegen zehn wird es dunkel in den Straßen, aber die Hitze weicht nicht. Die Leute unten, die meisten wohl aus Puerto Rico, kommen aus ihren Häusern, setzen sich auf die Treppenabsätze, spielen johlend in Gruppen Karten oder trinken schweigend alleine Schnaps.
Im Hintergrund ständig Polizeisirenen. Ein Geräusch, das zu New York gehört wie das Rauschen zum Meer. Schreien von Kindern auf der Straße, die ganze Nacht durch, wie es scheint, und immer wieder von ein paar Blocks weiter die rhythmische Melodie der Steel-Drums. Ich drehe den Fernseher in Richtung Bett, strecke mich nackt aus und schaue weiter. Gerade läuft der Ten-o'-clock-movie. Ein alter Klassiker – zum erstenmal höre ich Bogarts richtige Stimme. Szenen aus dem New York der Dreißiger. Ich beginne Plätze zu erkennen, Gebäude zu erkennen, Straßen zu erkennen, Menschen zu erkennen. Ich denke in Begriffen wie *blocks, downtown, uptown, midtown,* Hudson River, East River, Brooklyn Bridge. Das große Amerika in meinem Kopf fängt an, sich in unzählige kleine Namen aufzulösen.
Unter mir im Zimmer spielt jemand Flöte. Immer wieder dasselbe Motiv, wie ein hängengebliebener Plattenspieler.
Ich versuche zu schlafen. Drehe und wende mich unter der dünnen Decke, alles ist naß von Schweiß. Über mir die schwüle Dunkelheit mit den summenden Fliegen. Immer noch spielt die Flöte.
Schließlich schalte ich den Fernseher wieder ein, es ist halb zwei. Aus anderen Zimmern höre ich ebenfalls das Quaken des Gerätes, sehe das blaue Flimmern auch in den Wohnungen auf der gegenüberliegenden Straßenseite. Noch immer gehen die Trommeln, noch immer schreien die Kinder, noch immer johlen die Polizeisirenen. Und dazu die Flöte. Wie ein Mensch, der in Todesangst schreit und schreit.
Die Schreie aus der Flöte, die Fliegen und Trommeln, Gedanken an Rika und dänisches Eis. Aber selbst das Wasser aus der Leitung ist lauwarm und schal.

Am liebsten würde ich runtergehen auf die Straße und wie die Menschen in den Slums einfach einen Hydranten öffnen. Fünf Minuten oder zehn, bis die Polizei oder die Feuerwehr kommt und ihn wieder abstellt, ein paar Minuten Zeit, den Körper im eiskalten Strahl durchzukühlen. Ich kann es glauben, in dieser Nacht, daß sie Polizisten totgeschlagen haben, die zu schnell zur Stelle waren, um das Wasser wieder abzudrehen.

Am nächsten Tag rufe ich Petersen an. Er ist Chef und Besitzer der Firma, der ich meine Kenntnisse auf dem Gebiet des Maschinenbaus vierzig Stunden in der Woche für einen festen monatlichen Preis zur Verfügung stelle.

»Was wollen Sie? Drei Monate unbezahlten Urlaub?« fragt er, »das hört man gerne.«

Ich weiß zuerst nicht, wie er das meint, aber es stellt sich heraus, daß es ihm wirklich nicht so unrecht ist, wenn er mich eine Zeitlang nicht bezahlen muß, da es ihm an Aufträgen mangelt. Wir vereinbaren Anfang Oktober als Rückkehrdatum. Er sagt mir zu, daß er mich dann wieder nimmt – per Handschlag über den Ozean sozusagen.

Ich setze mich ins Café und mache Pläne. Einen Wagen will ich kaufen. Für rund 500 Dollar sollte das möglich sein, da bleiben immerhin gut hundertfünfzig Dollar die Woche für Sprit und Essen. Übernachtungen nur im Auto – es sollte ein größeres sein. Ein Van vielleicht, oder ein Kombi. Am Sonntag ist eine ganze Sektion der New Yorker Times nur voll mit Autoanzeigen. Hoffentlich hat Rika das Geld geschickt.

Money makes the world go round

Der vierte Tag seit dem Telefonat mit Rika. Jeden Morgen renne ich rüber zur Europäisch-Amerikanischen Bank, lege meinen Paß vor, haben Sie eine Überweisung aus Deutschland für mich – tut mir leid,

sir, wieder nichts. Sie kann sich nicht auf diese unfaire Weise zur Wehr setzen wollen, das traue ich ihr einfach nicht zu. Jeden Tag schiebe ich es wieder vor mir her, sie noch einmal anzurufen.
New York ist inzwischen in feuchtem Nebel versoffen. Feiner Nieselregen verdampft auf der heißen Straße zu schwülen, kleinen Wölkchen. Dampf wie im Waschhaus zieht träge durch die Straßen. Die Luft bleibt mir beim Atmen im Hals stecken, seit Tagen habe ich nicht mehr richtig fest geschlafen. Einzige Chance, dem Treibhausklima zu entfliehen, sind die Kinos. Ich gebe zehn Dollar aus für Filme, die ich mir zu Haus nicht mal für drei Mark anschauen würde. Schlangen vor den Filmtheatern, ausverkaufte Häuser, jeder versucht, einen Happen der gekühlten, getrockneten, gefilterten Luft abzubekommen, denn klimatisierte Restaurants sind teuer, klimatisierte Hotels unbezahlbar.
Donnerstag morgen: Routinebesuch bei der Bank.
»Ihr Geld ist da, Mr. Lemy«, empfängt mich der Mann am Schalter, bevor ich noch meinen Paß vorgelegt habe. Er lacht, als er mein erleichtertes Aufatmen sieht.
2420 amerikanische Dollar in gleich großen, gleich grünen Scheinen. Ich nehme das Bündel in die Hand, zähle durch, quittiere und stecke alles in die Hosentasche. »Be careful, outside«, warnt mich der Bankbeamte, als wäre das da draußen ein wilder Dschungel und nicht die Stadt, die auch er sich zum Leben ausgesucht hat. Aber ich habe keine Angst mehr, höre schon seit Tagen keine Schritte mehr hinter mir, lehne freundlich und furchtlos alle Drogenangebote im Central Park ab, ohne gleich an Messer und Pistolen zu denken. Woher soll jemand wissen, daß ich fast achttausend Mark in der Tasche habe, daß ich sie in bar die paar Straßen von der Europa-Bank bis zum American-Express-Schalter trage, um sie dort in Reiseschecks zu tauschen. Angst ist nicht gut zum Reisen, weil sie die frische Luft abschnürt, um derentwillen man losgezogen ist.
Ich bleibe am Abend auf, bis ich zu meiner täglichen Portion Vanilla-Swiss-Almond-Eis im 24-hour-store auch die Zeitung vom nächsten Tag bekomme.

Ich gehöre zu denen, die man bei einem Verkauf leicht übers Ohr hauen kann. Habe in meinem Leben noch kein Auto gekauft, das sein Geld wert gewesen wäre. Obwohl ich weiß, wie ein gesunder Motor klingen muß. Auch genau weiß, wie eine heile Karosserie auszusehen hat. Diesmal darf ich keinen Fehler machen. Es muß ein Auto sein, das mich nach Kalifornien und zurück trägt. Ohne kaputten Motor, ohne Löcher, durch die Gepäck im Boden verschwindet. Notfalls lieber eine Woche warten, sage ich mir. Nicht wieder gleich den erstbesten nehmen. Ich streiche neun Anzeigen an, sechs Kombis, die hier Station Wagon heißen, und drei Vans. Einen VW-Bus, der zum Verkauf steht, streiche ich nicht an. Ich bin doch nicht nach Amerika gekommen, um dann in einem deutschen Auto rumzufahren.

Am Freitag morgen um acht rufe ich die Leute nacheinander an, es bleiben drei Station Wagons in der engeren Wahl. Um neun Uhr klingel ich bei dem ersten an der Tür – um halb zehn gehört der Wagen mir.
Es ist ein Riesenschiff. Ein Ford LTD Country Squire aus dem Jahre 1969. Mit umgeklappten Sitzen ist hinten eine Liegefläche von fast zweieinhalb Metern. Lang genug, um Körper und Geist für ein paar Monate auszustrecken. Vorne unter der meterlangen Haube hockt ein riesiger Motor mit sechseinhalb Litern Hubraum und acht Zylindern.
Der Vorbesitzer erzählt mir, daß er selbst mit dem Wagen ein Jahr lang in der Sonne unterwegs war. Deswegen ist der Lack so ausgebleicht und das Holzfolien-Dekor, das dieser Wagentyp eigentlich an den Seiten trägt, in Fetzen – erzählt mir der junge Typ, der ein Jahr lang in diesem Wagen unterwegs gewesen sein will.
Am Nachmittag, als mein Hotelier in einen minutenlangen Lachkrampf verfällt, kommen mir die ersten Zweifel.
»Kalifornien«, prustet er, »wenn Sie mit dem Schrott bis zu den Niagarafällen kommen, soll mich der Teufel holen.«
»Warten Sie ab«, sage ich, »Ende September rolle ich mit diesem

Auto wieder bei Ihnen vor und bin inzwischen um Ihr ganzes Land herumgefahren.«

»Wenn Sie das schaffen«, sagt er und streckt mir dabei lachend die Hand hin, »haben Sie drei Nächte in meinem Hotel gut.«

Ich schlage sofort ein – er hat ja kein Gegengebot verlangt.

Dann sitze ich oben auf meinem Feuerleiterbalkon, schaue runter auf das verbleichte, verbeulte und verrostete Wagendach von der Größe eines Tischtennistisches und zweifle an mir und meinen kaufmännischen Fähigkeiten. Erst um acht Uhr abends, als New York City sich nach dreistündiger *rush hour* zur Ruhe begibt, gehe ich noch einmal runter, um mich ein bißchen besser mit meinem neuen Zuhause anzufreunden.

Downtown Manhattan im Bankviertel. Zwischen den Riesenklötzen aus Beton und verspiegeltem Glas wirkt selbst mein Country Squire klein. Hier bin ich fast alleine auf der Straße, die Bürostunden sind vorbei, nur in einigen Fenstern weit oben im Himmel brennt noch das Licht der Unermüdlichen.

Ich übe links abbiegen und rechts abbiegen und bremsen, gasgeben, wenden. Plötzlich, unbeabsichtigt, bin ich auf der Auffahrt zur großen Brooklyn Brigde. Was für ein wunderbares Bauwerk, verschnörkelte Stahlträger, ein Netz von Seilen und Fachwerk. Fast andächtig fahre ich über den East River hinüber auf die andere Seite, finde dort eine Uferpromenade mit Blick auf Manhattan und Parkbänken zum Ausruhen. Die verrückteste Stadt der Welt im Licht der untergehenden Sonne, schwarze Türme mit winzigen Lichtpünktchen.

Hier, auf den Brooklyn Heights, die Tom so verzweifelt in sein New-York-Sight-Seeing-Programm aufnehmen wollte, wird mir erst richtig klar, daß Amerika jetzt nicht mehr hinter dem großen Meer liegt. Ich habe genug Geld, und ich habe dieses Auto, das mit vor Hitze knisterndem Motor dort hinter mir steht. Ich weiß, es wird mich durch das Land meiner Kinderträume tragen, wie es mich gerade durch die Stadt meiner Kinderträume getragen hat. Alles wird gut werden. Hier und auf der anderen Seite vom Meer. Denn ich habe Mut. Ich habe endlich wieder Mut.

»Na, Mister Liemi«, fragt der Hotelier, als er mir spätabends das Gitter aufsperrt, »lebt Ihr Kalifornienauto noch?«
»Drei Tage freie Übernachtung Ende September«, antworte ich nur, »stellen Sie sich schon mal drauf ein.«
Er lacht nur. »Übrigens, wie lange wollen Sie eigentlich noch hier bleiben?«
»Ich fahre am Sonntag. Morgen werde ich noch ein paar Sachen einkaufen gehen.«
»Dann könnten Sie's mir doch gleich bezahlen, oder. Vielleicht vergessen Sie's nachher – wer weiß.«
»Wissen Sie eigentlich«, frage ich ihn, als er mir die Quittung ausstellt, »daß man in Europa die Hotelrechnung erst bezahlt, wenn man abreist?«
»Ich habe davon gehört«, sagt er ungerührt, »aber wir sind hier in New York.«

Samstag um die Mittagszeit sitze ich wieder auf dem Feuerleiterpodest vor meinem Zimmer. Der Rucksack liegt gepackt auf dem Bett, unten im Wagen sind schon von der Tomatensuppe bis zum Taschenmesser alle lebenswichtigen Neuerwerbungen verstaut.
Aber es gibt da einen Laden auf der 7th Avenue, der mir nicht mehr aus dem Kopf geht. Ein Trödler, der sich in großem Stil auf Musikinstrumente spezialisiert hat. Vier Stockwerke voll mit Gitarren, Flöten, Trompeten, Klavieren und – Saxophonen.
Ich zähle mein Geld noch mal, rechne, wieviel ich pro Woche brauchen werde, und rechne so lange, bis schließlich dreihundert Dollar übrig sind.

»Ich möchte ein Alt-Saxophon«, sage ich und habe nicht damit gerechnet, daß hier Hunderte von der Sorte sind. Vom Verkäufer alleine gelassen, stehe ich in einem Stockwerk voll mit Saxophonen und versuche einen Unterschied zwischen den fünfen herauszuhören, die er mir in der Preisklasse um zweihundertfünfzig Dollar aus dem Regal gezogen hat. Aber ich habe längst verlernt, wie man eine

saubere Tonleiter zu spielen hat. Ich quieke und jaule hilflos rum, bis schließlich ein junger Schwarzer die Treppe hochkommt: »Oh, Mann, liegt das an dir oder an unseren Saxophonen?«
»Das versuche ich gerade rauszufinden«, sage ich, »aber ich höre keinen Unterschied raus, sie jaulen alle gleich schlimm, wenn ich sie spiele.«
»Soll ich dir einen Tip geben?« fragt mich der Junge, aber er gibt mir keinen, bis ich eine Fünf-Dollar-Note aus der Tasche ziehe. Er zeigt auf einen der Kästen: »Nimm das hier, zahl zweihundert Dollar und keinen Cent mehr.« Dann steckt er das Geld ein und verschwindet eilig die Treppe runter.
Als ich ein paar Minuten später mit dem Kasten unterm Arm an die Kasse gehe, um über den Preis zu verhandeln, zwinkert er mir aus einer Ecke zu.
Ich schieb dem fetten Ladenbesitzer hinter dem Verkaufstresen den Kasten hin.
»Dreihundert«, sagt der, »zweihundert«, sag ich.
Er will handeln und lamentieren und versucht mir zu erklären, warum ein solches Saxophon auf jeden Fall mehr als dreihundert Dollar kosten müßte. Aber er kann ja nicht wissen, daß ich fünf Dollar sozusagen schon angezahlt hab. Als ich nach zwanzig Minuten Feilscherei stolz den Laden mit meinem neuen Zweihundert-Dollar-Saxophon verlasse, zwinker ich noch mal zu dem Schwarzen rüber, der in einer Ecke damit beschäftigt ist, mit einem Silbertuch Trompeten zu polieren.
Erst im Hotel fang ich an zu grübeln, ob das mit dem Geheimtip und überhaupt die ganze Feilscherei nicht ein abgekartetes Spiel gewesen ist. Und ich frag mich, wofür ich eigentlich ein silbernes Es-Alt-Sax brauche, wenn ich rund um Amerika fahren will.

Ich war eingeschlafen, Gedanken an morgen, Phantasien vom Fahren und vom Erleben, Träume von Amerika, als es wie wild an meiner Tür klopft. »Mister Liemi, Mister Liemi«, hör ich den Hotelfritzen draußen.

»Was ist denn los«, frage ich zurück und suche verzweifelt nach dem Lichtschalter oder meiner Hose oder irgend etwas anderem, was die dunkel-nackte Szene hätte klären können. Schließlich finde ich den Türgriff und öffne einen Spalt breit.
»Da ist ein Telefonanruf für Sie«, schnauft er, atemlos von den drei Treppen hoch zu meinem Zimmer, »ich glaube, er ist aus Deutschland.«
Es gibt nur einen einzigen Menschen in Deutschland, der weiß, wo er mich hier in New York erreichen kann: Rika. Ich springe in die Jeans, hechte die Treppen runter in den kleinen Raum am Gitter, wo der Hotelmensch anscheinend vierundzwanzig Stunden am Tag auf der Wacht liegt.
»Rika, bist du's?«
»Ja.« Dann Stille am anderen Ende der Leitung.
»Ist was passiert?«
»Ich war beim Arzt, ich bin schwanger.« Ihre Stimme ist weit weg. Sie hat nicht gesagt: ›Ich muß zum Arzt, ich glaub ich bin schwanger‹, sie hat gesagt: ›Ich war beim Arzt, ich bin schwanger.‹
Und ich, nach dem jahrtausendealten Eitelkeitsprogramm der Männer, stelle als erstes die Frage: »Ist es von mir?«
»Ich weiß nicht«, sagt sie und fängt an zu weinen, »es könnte auch von Hendrik sein.«
Ich werde ganz starr, als sie den Namen ausspricht. Will sagen: ›dann ruf doch ihn an‹, oder ›was geht's dann mich an‹, schluck aber alles runter. Bloß keine bösen Worte jetzt, schließlich hat sie mich angerufen. Ich bin es, mit dem sie es besprechen will.
»Was willst du tun?« frage ich.
»Ich behalte es auf jeden Fall, wenn du das meinst«, sagt sie fast böse, wischt ein »aber« von mir mit einem »auf jeden Fall – egal von wem's ist« vom Tisch.
Ich versuche nachzudenken, irgendwas in die Reihe zu bekommen, aber es kommt keine Ordnung in meine Gedanken. Wie auch, wenn alle eineinhalb Sekunden ein Fiepen die nächste Gebühreneinheit ankündigt, wenn hinter mir in der Tür ein Mensch mit verschlafenen,

kleinen Augen steht und offensichtlich nur kapiert, daß irgend etwas passiert sein muß.

»Ich rufe dich in einer halben Stunde wieder an, geht das? Ich muß erst über alles nachdenken.«

Kann man sich in einer halben Stunde Gedanken darüber machen, ob man Vater werden will? Ist das die einzige Chance, mit ihr zusammenzubleiben – jetzt sofort alles wieder verkaufen und zurück? Will ich ein Kind? Bin ich bereit für ein Kind? Ist sie's?

Statt Gedanken eine Welle von Fragen. Ich versuche Systematik: erstens, zweitens, zwei-A, zwei-B, drittens. Was würde sich ändern, wenn ich jetzt gleich zurückkäme? Was tut sie, wenn es sein Kind ist? Was werde ich tun, wenn es sein Kind ist? Was will Rika eigentlich? Sie will das Kind haben, aber dann?

»Was willst du denn?« frage ich sie eine halbe Stunde später aus einer Telefonzelle an einer dunklen Ecke.

»Tot sein«, sagt sie.

»Du willst nicht im Ernst tot sein, oder?«

Sie weint wieder. »Nein, ich weiß nur einfach nicht, wie es weitergehen soll. Ich weiß nicht, was jetzt wird. Es ist so schlimm, daß du gerade jetzt nicht da bist.«

Aber ich hatte mich entschieden, ich wollte nicht zurück. Ich wollte vorher mein Amerika erleben, egal was los war, egal was hinterher kam.

»Im wievielten Monat bist du?«

»Gut im dritten, ich hätte viel vorher zum Arzt gesollt.«

»Ich komme Anfang Oktober zurück. Ich könnte dir jetzt ohnehin nicht helfen. Nicht viel, zumindest.«

»Doch, ziemlich viel.«

Ich will nicht mit ihr handeln. Ein paar hundert Meter weiter ist mein Schlitten geparkt, alles fertig zur Abfahrt am Morgen. Noch nie war ich so nah dran am Traum von Amerika wie in dieser Nacht. Ich kann nicht zurück.

»Hast du schon einen dicken Bauch?«

»Nein, nur dicke, verheulte Augen.«
»Ich liebe dich«, sage ich.
»Ich weiß – kann ich dir schreiben?« fragt sie.
»Ja, schreib postlagernd nach Vancouver in Kanada, da komme ich bestimmt in zwei, drei Wochen hin. Ich schreib dir auch. Ich denke an dich.«
»Mach keine Dummheiten, Kleiner, und vergiß mich nicht.«

Dann liege ich im Bett, wachgehalten von Reisefieber und Rikas Worten. Sie hat wieder ›Kleiner‹ zu mir gesagt, wie in der ersten Zeit unserer Freundschaft, als alles noch aufregend und neu gewesen war. Gegen halb sieben packe ich meine restlichen Sachen in den Rucksack, verabschiede mich von den Fliegen und gehe die Treppe runter, um unten den Gitterwächter aus dem Schlaf zu läuten.
»Leben Sie wohl«, brummt er verschlafen, »bezahlt haben Sie ja.«
Ich drücke ihm die Hand, erinnere ihn noch mal an die drei Tage, falls ich mit dem Auto wieder bis nach New York komme.
Draußen liegen verkrümmte Gestalten auf dem Gehweg, eingehüllt in zerlumpte Decken und Zeitungspapier. Es ist kühl, der Motor will nicht starten. Ich orgel und orgel, die Batterie wird schon schwächer, da kommt er endlich. Nebelfetzen ziehen aus Kanalschächten über die Fahrbahn. Taxen stehen friedfertig am Straßenrand. Ein paar einsame Fußgänger, die zur oder von der Arbeit unterwegs sind. Langsam dreht sich der Bug meines Schiffes in Richtung George-Washington-Bridge. Es ist die Richtung nach Westen.

Down by the riverside

Fahren – habe ich jemals in meinem Leben dieses Gefühl gespürt? »Jetzt« und »Dann«, das Dahinter ist klein, so als hätte es nie existiert. Nur ab und zu gehen mir Fetzen des Telefonats von der letzten

Nacht durch den Kopf. Aber ich versuche sie wegzudrängen, versuche mich auszuklinken aus der Welt der Eifersucht und Sorgen.
Die Straße scheint ein Band, das unter mir hindurchgezogen wird. Es muß die Welt sein, die sich bewegt, denn ich stehe still. Die Dinge um mich herum geschehen auf Leinwänden, ich bin nur derzeit auf eigenen Wunsch in ihnen, es scheint, als könnte ich sie jederzeit verlassen.
Ich muß an Tom denken, an die farbige Linie, die über Boston nach Maine zum Wochenendhaus führte, an die Kreise und Punkte und Zahlen, die er auf der Karte machte. Auch ich werde mir einen Plan machen müssen. Etwas, woran ich mich ein bißchen festhalten kann, die nächste Zeit.
Um die Niagarafälle mache ich meinen ersten Kreis, das ist die Richtung.
Mindestens eine Übernachtung ist dieses Ziel noch entfernt, und so fange ich an, nach einem Schlafplatz Ausschau zu halten.
Schon eine ganze Weile läuft ein kleines Flüßchen neben dem Highway, und ich versuche über Feldwege runter ans Ufer zu kommen. Aber immer wieder sind es diese Schilder *Privatbesitz*, die mich zwingen, wieder umzukehren. Nichts als *private property* in diesem Land. Alles ist eingezäunt, abgesperrt, verboten. Irgendwann ist der Fluß nicht mehr zu sehen, allmählich wird es Nacht.
Ich biege in eine kleine Straße ab. Kleine Farmhäuschen stehen neben der Straße, alle paar Kilometer eines. An einer Kreuzung ist ein Wegweiser zu einem Hotel – noch eineinhalb Meilen. Aber ich fahre vorbei, will nicht schon in der ersten Nacht aufgeben.
Endlich finde ich mein Flüßchen wieder, kann es gerade noch so in der Dunkelheit erkennen. Viermal führt ein Weg runter, aber an jedem steht dieses verdammte Schild *Privatbesitz*. Schließlich bin ich es leid, drehe um und fahre am Schild vorbei in den letzten Weg rein.
Ich höre das Kratzen von Steinen und Sträuchern am Wagenboden, ab und zu rutscht ein Rad auf dem feuchten Gras kurz durch. Ein paarmal denke ich daran umzukehren, weil es immer weiter und weiter geht, ohne daß eine vernünftige Stelle kommt. Aber mein Mon-

ster-Auto läßt sich auf so einem schmalen Weg nicht wenden, ich muß weiter, ob ich will oder nicht. Endlich erreiche ich das Ufer. Ein Baum steht da, darunter eine freie Stelle, genug für mich und meinen Schlitten.
Vorsichtig erkunde ich zu Fuß die Gegend. Es ist fast dunkel jetzt. Ein Kaninchen springt direkt neben mir auf, läuft hakenschlagend den Weg vor mir entlang, ansonsten bleibt alles ruhig.
Auf dem Rückweg schleppe ich ein paar dürre Zweige mit zum Auto, schichte sie im matten Standlicht drei Meter vor der Kühlerhaube zu einer Feuerstelle zusammen. Ich habe ja den ganzen Tag noch nichts gegessen, nur immer hinter mich gelangt, wo der Proviant steht, und klebriges Cola in mich reingeschüttet.
Durch den Feuerschein verlieren die Augen vollends die Fähigkeit, in der Dunkelheit etwas zu erkennen. Plötzlich scheint es, als kämen von rundherum verdächtige Geräusche aus den Büschen. Pumas kann es ja hier wohl noch nicht geben, und wahrscheinlich sind es Ochsenfrösche – zumindest nehme ich an, daß es welche sind, gehört habe ich vorher noch nie welche. Schlangen könnte es hier geben, die mögen feuchte Flußufer. Aber da ich ja hundertprozentig weiß, daß Schlangen tierische Angst vor Feuer haben, bleibe ich stur sitzen, warte, bis endlich mein Rigatone aus der Dose heiß ist, und versuche sämtliche Schlangengeräusche zu ignorieren.
Nach dem Essen nehme ich den großen Topf, fülle ihn unten am Wasser und lösche sorgfältig und reichlich die Glut.
Ich schlafe im Wagen bei geschlossenen Türen und Fenstern, damit keine Moskitos und anderes Viechzeug ins Innere kommen. Lange liege ich noch da, starre nach draußen ins Dunkel, sortiere die Geräusche aus dem Gebüsch, die Sterne am Himmel und die Gedanken in meinem Kopf. Manchmal will ich umkehren und Vater werden, manchmal will ich nie wieder zurück. Aber ob ich umkehre oder bleibe – in beide Richtungen wäre es ein Davonlaufen.

Direkt vor dem Auto stehen im Morgenlicht zwei Reiher, fliegen mit ärgerlichem Gekreische auf, als ich mich verschlafen aus dem Wagen

winde. Es ist gar kein Fluß, stelle ich fest, an dem ich da fest gemacht habe, es ist ein großer, seichter See, mit Schilf außenrum und gelben Seerosen bis zum anderen Ufer.
Schon vor dem Frühstück erteilt mir die Natur die erste Trapperlehre: Wenn man am Abend das Feuer mit einer Überschwemmung löscht, muß man am nächsten Morgen an einer anderen Stelle völlig neu anfangen.
Schließlich ist es soweit. Ich schüttel die Dose mit dem Maxwell-Instant-Coffee, wie ich es in der Fernseh-Werbung gesehen habe, singe dazu: »Good morning, Maxwell-day«, aber obwohl ich es wie vorgeschrieben dreimal wiederhole, kommt kein Hahn aufs Küchenfensterbrett geflogen und kräht dort, und auch die Gattin kehrt nicht vom morgendlichen Reitausflug heim – frühstücke ich halt alleine.
Danach packe ich andächtig mein silbernes Saxophon aus. Zeit für eine kleine Matinee. Ich habe nur 3er Blättchen gekauft, aber schon beim zweiten, dritten Ton merke ich, daß die zu hart sind. Wieder pfeift und quietscht es, und die Töne sterben ab, als würde ich sie eigenhändig erwürgen. Es hört ja keiner, denke ich und blase drauflos. *Hello Josephine*, versuche ich, *how do you do? Do you remember me, baby, like I remember you*. Sicherheitshalber mache ich dann eine kleine Pause, aber niemand schreit »aufhören« oder wirft mit leeren Bierdosen.
Trotzdem, es geht nicht richtig mit diesem harten Blättchen. Ich versuche, es mit dem Taschenmesser ein bißchen abzuziehen, damit es dünner wird, da bricht's mir ab. Wenigstens nicht in den Finger geschnitten, man muß die Dinge von der guten Seite sehen.
»Is that an open air festival over here?« fragt plötzlich eine Stimme hinter mir. Ich drehe mich um, da steht ein Typ mit einer Angel und grinst. »Spiel nur weiter, vielleicht lockt das die Fische an«, meint er und stellt sich nur ein paar Meter weiter ans Ufer.
Mit einem anderen Blättchen spiele ich noch einmal die Tonleiter rauf und runter, aber auch das ist zu hart, und ich kann es einfach nicht haben, daß einer dort steht und zuhört.
»Ich glaube eher, daß es die Fische rübertreibt bis ans andere Ufer«,

rufe ich ihm zu und packe mein Sax ein, »willst du nicht mit mir eine Tasse Kaffee trinken?«
Er erzählt von einem riesigen Wels hier im See, fünf Fuß lang. Ich brauche ein bißchen Umrechnungszeit, bevor ich mich gebührend erstaunt zeigen kann. Dann bimmelt ein Glöckchen an seiner Angel, aber es ist kein großer Wels, sondern ein kleiner Barsch. Im Laufe des Vormittags zieht er einen zweiten von der Sorte raus, so daß es für zwei Leute zum Mittagessen reicht. Das Braten übernehme ich. Ich frage ihn, ob ihm der See gehört, aber er grinst nur. Ich könne ruhig da bleiben, sagt er, ich störe ja niemanden. Dann geht er rüber auf die andere Seite, um es dort noch mal mit dem Wels zu versuchen. Vielleicht hat die Musik den Fisch ja wirklich dort rübergetrieben. Ich bin wieder alleine.

King of the road

Der Angler kommt auch am zweiten Morgen wieder. Gestern, als er die Jagd auf den Riesenwels aufgegeben hatte, kam er rüber und erzählte, daß er Ted heißt, vier Kinder hat, drei Söhne und eine Tochter – die Namen habe ich vergessen, aber die Fotografien aus seiner Brieftasche habe ich natürlich bewundert –, daß seine Frau rothaarig ist, was man auf dem Foto nicht gut erkennen konnte, und daß sein Hund Felix heißt; ob das ein deutscher Name ist.
Dann kam die Frage, als was ich arbeite, wieviel ich verdiene und was für einen Wagen ich zu Hause fahre, und er pfiff leise durch die Zähne, als ich meine Antworten gab. Ich fragte ihn dann dasselbe und pfiff meinerseits durch die Zähne, was ihn sichtlich aufheiterte.
Als er mich an diesem zweiten Morgen noch immer dort unten am Ufer stehen sieht, geht er zurück zu seinem Wagen und holt eine zusätzliche Angel.
Ted gibt mir einen Haken, zeigt mir, wie man den Wurm über die

Spitze schieben muß, wie man werfen muß, um möglichst weit raus zu kommen, und wie man die Leine einzieht, falls einer dran ist. Falls.

Einmal bewegt sich mein Schwimmer, zuckt und tanzt und taucht. »Ted«, rufe ich leise, weil ich ja nicht weiß, ob die Fische mich hören können. Aber bis er bei mir ist und die Angel in der Hand hält, liegt der Schwimmer wieder ruhig auf der Oberfläche.

»Schlechter Tag heute«, sage ich. Ted fängt auch nichts, und so machen wir mittags eine Dose Bohnen mit Rindfleisch auf und essen Brot dazu.

Dann versuche ich Briefe zu schreiben, sitze am Ufer unter meinem Baum, Papier und Kuli in der Hand, und starre rüber zu Ted, der mal wieder hinter seinem Wels her ist. Ich würde gerne an Rika schreiben, aber alles ist leer. Da ist immer nur dieses »...das Kind ist nicht mein Kind...« – und »Warum ist das passiert?«, als wenn es ihre Absicht und Schuld wäre. Ich muß mir etwas vorstellen, muß mir ein Bild machen können von dem, was da kommt, sonst kann ich weder Angst haben noch Mut.

Also nehme ich nach langer Zeit den ersten Bogen, auf dem nichts anderes steht als das Datum und »Liebe Rika«, und werfe ihn ins Feuer.

»Ach du mein lieber mein Vater« schreibe ich über den zweiten Bogen, schmeiße ihn aber gleich dem ersten hinterher und fange den Brief wie immer mit »Lieber Vater« an.

Ich will ihm erklären, warum ich Rika gerade jetzt alleine gelassen habe. Er soll es verstehen. Er soll nicht später sagen, ich hätte etwas falsch gemacht. Aber schon die Worte »allein gelassen« wollen mir nicht aufs Papier.

Hat sie mich vielleicht nie alleine gelassen? Wenn ich es tue, ist es nur auffälliger. Sie kann mich alleine lassen, ohne auch nur einen einzigen Schritt weg von mir zu tun, sie kann mich freihändig erfrieren lassen. Alles das will ich ihm schreiben, damit er versteht, warum Amerika so wichtig ist, gerade jetzt so wichtig ist, nachdem ich es dreißig Jahre lang ausgehalten hatte.

Aber alles, was ich schreibe, beginnt mit »verstehst du«, »du mußt wissen« und »glaube mir«.
Warum eigentlich? Warum muß er es wissen, es hat doch mit ihm nichts zu tun. Er braucht gar nichts zu verstehen.
Also werfe ich auch diesen Bogen ins Feuer, obwohl er schon halb vollgeschrieben ist, beobachte, wie die Flammen langsam Papier und Gedanken auffressen, und laufe dann rüber zu Ted ans andere Ufer.
Ted packt gerade zusammen.
»Wie lange jagst du den Monsterwels schon?« frage ich ihn.
»Fast fünf Jahre, damals habe ich ihn zum erstenmal gesehen. Er lag drei Meter vor mir auf dem Grund.«
»Warte mal, bis du dreißig Jahre hinter ihm her warst. Wenn du ihn dann tatsächlich fängst, weißt du nichts mehr mit ihm anzufangen«, sage ich.
»Bis dahin wird er wohl eines natürlichen Todes gestorben sein – sehe ich dich morgen noch, Äkim?«
»Wahrscheinlich«, sage ich. Bin enttäuscht, daß er schon geht, weil ich eigentlich gehofft hatte, daß er mich doch noch zu seiner rothaarigen Frau und seinen vier Kindern zum Abendessen einlädt. Aber er ruft nur: »Morgen werden wir mehr Glück haben« und geht.

Am nächsten Morgen auf der Straße quält mich mein schlechtes Gewissen. Ich bin schon um sechs Uhr losgefahren, wollte nicht warten, bis Ted wieder auftaucht, und jetzt habe ich Gewissensbisse, weil ich mich nicht von ihm verabschiedet habe. Aber ich konnte nicht noch einen Tag dort am See bleiben, so schön es war. Amerika muß noch etwas anderes sein. Sicher anders als Schreibtisch und Mietswohnung, aber auch anders als morgendliches Angeln und Rindfleisch mit Bohnen zum Mittag.
Anders als alles andere müßte es für mich sein, ganz anders. Aber ich bin es, der sich nicht ändern kann. Wahrscheinlich ist das das Problem. Schlechtes Gewissen und Liebeskummer. Damit kann ich mich gut Meile für Meile den Highway entlang fressen, ohne auch nur ein kleines bißchen zu spüren, wo ich eigentlich bin.

Während der Fahrt kann ich zuschauen, wie die Nadel der Tankanzeige fällt, ich habe nicht einmal einen Reservekanister dabei. Dafür einen Hammer. Der lag schon im Auto, als ich es gekauft habe. Man weiß nie, wofür so was mal gut ist.
Ich biege in eine Texaco ein, lasse zwanzig Gallonen einfüllen. Achtzig Liter, damit fahre ich zu Hause tausend Kilometer, hier hat es nicht mal für fünfhundert gereicht. Der Tankwart läuft langsam um mein Auto.
»Auf dem Weg zum Schrottplatz?«
»Auf dem Weg nach Kalifornien!«
Er schüttelt den Kopf und grinst.
»Glauben Sie nicht, daß er's schafft?« frage ich besorgt.
»Ich hab schon Pferde kotzen sehen«, meint er. Er zeigt mir das Schild »429« auf dem Kotflügel.
»Hier, sehen Sie. Das ist der größte Motor, den Ford je gebaut hat, die sind nicht totzukriegen. 429 Kubikinch Hubraum, das ist doch einiges.«
Er macht die Haube auf, um nach dem Öl zu sehen. »He, kommen Sie mal her«, ruft er. »Sie haben hier den Einfachvergaser drauf, der bringt nur 320 PS. Wenn Sie wollen – ich habe noch einen alten Doppelvergaser, der bringt Ihren Schrott auf 360 PS, kein Problem.«
»Nein, nein«, sage ich erschrocken, »ist schon in Ordnung so. Ich denke, die 320 genügen mir.«
Ich traue mich fast nicht, den Motor wieder anzumachen. 320 PS, bei uns machen sie da zehn Autos draus.
Im Leerlauf merkt man gar nicht, daß der Motor läuft, nur ein leichtes, weit entferntes Blubbern. Dieses Auto ist der schiere Wahnsinn. Erst allmählich erkenne ich, was ich mir da eingehandelt habe. Schon alleine diese Heckklappe. Ganz wie man will, geht sie nach unten auf oder nach der Seite. In der Klappe ist eine Scheibe, die man elektrisch herablassen kann. Mit einem Knopf neben dem Lenkrad oder mit einer Linksdrehung des Schlüssels von außen, auch wieder wie man will.
Insgesamt ist das Schiff wohl gut sechs Meter lang, allein zwei Meter

fünfzig ist die Liegefläche, wenn die hinteren Sitze nach vorne geklappt sind. Und aus der Liegefläche lassen sich noch mal zwei Notsitze herausklappen, aber die habe ich in New York ausgebaut, so daß ein zusätzlicher Kofferraum für meinen Rucksack entstanden ist – es hätte dort wohl auch noch ein zweiter Platz. Auch auf der Liege hinten wäre Platz für zwei.

Alle Extras sind drin. Servolenkung, daß man nur den kleinen Finger braucht, Klimaanlage, leider kaputt. Vater hat immer erzählt, daß die reichen Amis den Fuß aus dem Wagenfenster hängen, um zu zeigen, daß sie einen Automatikwagen fahren und den linken Fuß nicht brauchen. Aber ich bin einfach nicht gelenkig genug, ich krieg das verdammte Bein nicht so hoch.

Eigentlich habe ich noch nie richtig aufs Gas getreten, immer diese fünfundfünfzig Meilen pro Stunde Geschwindigkeitsbegrenzung. Der Motor hat schon hundertvierzigtausend weg, ich habe Angst, ihm den Rest zu geben. Aber der an der Tankstelle hat gesagt, diese Monster wären gut für über zweihunderttausend. Wir sprechen von Meilen – was sonst.

Also drücke ich vorsichtig aufs Gas, der Motor wird lauter – sagen wir, er wird hörbar –, die Tachonadel steigt in ein paar Sekunden auf Siebzig. Ich nehme den Fuß wieder weg, hinter jeder Brücke kann ein Sheriff stehen.

320 PS – jetzt juckt's mich. Ich kann gar nicht sagen, wie's mich jetzt juckt. Hätte der Tankwart doch bloß nichts gesagt. Ich war immer der Überzeugung, es wären so um die 150.

Dann endlich kommt ein freies Stück: vierspurig, eben, keine Brükken, keine Sheriffs, wenig Verkehr.

In einem Zug drücke ich das Gas bis zum Bodenblech durch – aber damit hatte ich nicht gerechnet: Für einen Moment bleibt die Leistung ganz weg. Ich denke erst, der alte Monstermotor hat sich verschluckt, aber es war bloß das Getriebe, das einen Kick-Down veranstaltet hat. Das Runterschalten ist jedoch erst die Einleitung. Danach folgt ein Geräusch, als würde eine Pfeifenorgel explodieren – von mir aus zusammen mit dem Kirchenchor. Vor allem Bässe,

Brummen, Dröhnen. Ein Schütteln geht durch das ganze Auto. Der Sopran setzt erst ein, als die Reifen durchdrehen. Kein Witz, bei fünfundfünfzig Meilen in der Stunde drehen die Reifen noch einmal durch. Alles vibriert und pfeift und jault, und eine Faust drückt mich ins durchgesessene Polster.

Siebzig, achtzig, dann schaltet das Getriebe wieder hoch. Aber es geht weiter: neunzig, ich schaffe die hundert, habe langsam das Gefühl, daß das Fahrwerk nicht mehr lange mitmacht. Ich schwebe schon mehr, als ich fahre. Langsam steigt die Tachonadel weiter, die hundertzehn will ich noch sehen.

»Du schaffst es, Babe!« schreie ich gegen die acht Zylinder – sie donnert weiter. Vorbei an Leuten, die mir nachschauen, als wäre ich krank. Noch fünf kleine Strichelchen auf dem Tacho. Du wirst doch die fünf noch schaffen.

Dann berührt der Zeiger die 110-Marke. Sie könnte noch mehr, ist ungeduldig wie ein junger Hund an der Leine. Laß mal, hundertzehn sind genug. Du willst uns doch nicht umbringen, oder? Ich nehme den Fuß ein wenig vom Gas zurück, lasse sie mit hundertzehn laufen. Das Dröhnen ist ruhiger geworden, aber der Motor, der sonst nur ein sanftes Säuseln von sich gab, ist jetzt deutlich zu hören.

Ich überhole alle. Scheiß doch auf eure fünfundfünfzig in der Stunde. Ich bin der König der Straße. Ich fahre ein Babe mit dem größten Motor, den Ford je gebaut hat, ist das klar?

Zehn Meilen später lasse ich sie in einen Parkplatz ausrollen, wir wollen den Sheriff nicht zu sehr reizen. Ich steige aus. Die Haube ist glühend heiß, und mir zittern ein bißchen die Hände. Sie steht da, als könnte sie kein Wässerchen trüben, rostig, ausgebleicht und ein bißchen verbeult.

Die Scheinwerfer blicken in Richtung Boden, so als würden sie sich schämen.

»Cool down, Babe«, sage ich und hole für mich selber eine Dose lauwarmes Cola aus den Vorräten. Sie knistert und knackt leise, und ihre Flanken, denke ich, zittern ein bißchen.

35 billions served

Schon von weitem sehe ich unter dem riesigen Ankündigungsschild von McDonald's einen stehen.
Der kommt mir gerade recht, soll er ruhig mitfahren, dann ist es wenigstens nicht mehr so langweilig. Er sieht jung aus, sechzehn oder siebzehn.
»Auch zu McDonald's?« frage ich.
»Nein, sir, aber in denselben Ort.«
Er zeigt nicht einen Anflug von Lachen. Sind meine dummen Witzchen so schlecht geworden?
»Sie sind aus New York, sir?« Was soll denn das dusselige »sir«, kommt man sich ja vor wie ein englischer Landlord.
»Nein, aus New York ist nur das Auto«, sage ich. »Ich bin aus Deutschland und fahre nur so rum.«
»Und wo fahren Sie genau hin, wenn man fragen darf?«
Der Stil dieses Knaben geht mir mächtig auf den Geist. Wie der schon dasitzt. Der soll sich doch anlehnen, wofür hat denn Babe die weichen Polster? Sitzt da kerzengerade vorne auf der Kante, als wollte er jeden Augenblick abspringen.
»Ganz genaugenommen fahre ich zu McDonald's«, antworte ich also, aber er lacht wieder nicht, scheint jetzt sogar gekränkt.
»Erst mal zu McDonald's«, lenke ich ein, »danach fahre ich noch rund um Amerika, schaue in Kalifornien und New Orleans vorbei und fahre wieder zurück nach New York City.«
»Da haben Sie aber einen weiten Weg gewählt. Glauben Sie denn, daß dieser Wagen…« Aber er bricht mitten im Satz ab, als er meinen Blick sieht. Noch einen Ton und ich hätte ihn rausgeschmissen.
Wieder ein riesiges McDonald's-Schild am Straßenrand. Daß sie schon 35 Milliarden Hamburger verkauft haben, steht drauf, und daß es nur noch siebzehn Meilen sind.
»Sollen wir's auf 36 Milliarden hochschrauben?« frage ich den kerzengeraden Knaben auf meiner Sitzbank, aber er winkt ab. Dann

fängt er plötzlich an, von seinem Job zu erzählen, seinem Job bei der Armee der Vereinigten Staaten von Amerika. Er ist freiwillig dabei, das betont er. Wenn der nächste Krieg beginnt, will er vorher und aus erster Hand wissen, was man gegen Atomraketen zu unternehmen hat. »Sie glauben doch an den nächsten Krieg, oder? Ich persönlich, sir, halte den russischen Bären für ein gefährliches Tier – wenn mir diese Meinung erlaubt ist.«

Er erzählt mir, was sie gerade üben: Houseclearing. »Was ist houseclearing?« frage ich, weil ich nie bei der Armee war und mir nicht vorstellen kann, daß sie dort aufräumen üben.

Zum erstenmal während dieser Fahrt wird der Kleine ein bißchen lebendig, rutscht auch ein wenig im Sitz zurück und nimmt wenigstens mal eine Hand zum Erzählen dazu: »Es ist sehr gefährlich, sir. Sie gehen in ein Haus, aus dem Sie zuvor beschossen worden sind. Sie schleichen natürlich mehr rein, als Sie gehen. Am besten kurz vor Sonnenaufgang. Ja, das ist die beste Zeit.« Er lacht mich auffordernd an, aber ich kann mich nicht so richtig freuen.

»Wir schleichen also rein. Wenn wir drin sind, eröffnen wir das Feuer. Wir machen keine Gefangenen. Wir töten alles im Haus, was sich bewegt.«

»Auch die Kinder?« frage ich.

»Wenn es sein muß, sir, auch die Babies und die Hunde – die kann man allerdings manchmal gut verwenden.«

Houseclearing!

Er erzählt weiter, aber ich höre ihm nicht mehr zu. Ich denke an Rika und daß ihr Bauch dicker werden wird und sehe diesen Verrückten neben mir die Lippen bewegen, synchron mit Hunderttausenden von anderen Verrückten, die in Formation hinter und neben ihm stehen. Auch die Babies, wenn es sein muß. Ich will nicht hören, was er mir da zu erzählen hat. Will's schon gar nicht von einem kleinen grünen Jungen hören.

Vor dem McDonald's family restaurant rangiere ich Babe in eine Parklücke und stelle den Motor ab. Der Junge schaut mich verwundert an.

»Ich kann die *army* nicht leiden«, sage ich.
Ohne ein Wort steigt er aus und läuft weiter.
Stundenlang fährt man geradeaus, ohne Ansprache, ohne Abwechslung, und dann kommt so einer und versaut einem den Tag. Da kann ich jetzt wirklich zu McDonald's essen gehen, viel schlimmer kann's sowieso nicht mehr werden.
Ich stelle mich hinten an die Schlange an, mehr als zehn Leute vor mir, die alle schnellstens und zufriedenstellend bedient werden. Wenn man genau zuhört, was die anderen sagen, beherrscht man seinen Text, bis man dran ist.
»A Big Mac, french fries and a small Coke with ice«, werfe ich dem Mädchen in McDonald's Uniform entgegen.
Sie lächelt, während ich meinen Spruch aufsage, und wiederholt dann in ihr Mikrofon: »Mac,Fries,Cokesmall.« Dann kaue ich mutig, sitze alleine an einem roten Plastiktisch. Den ganzen Tag alleine, immer geradeaus. Zäune, Schilder, Leitplanken. Orte, auseinandergezogen über Meilen, Ortseingang, Tankstellen, Imbißbuden, Gebrauchtwagenhändler – Ortsausgang. Das war's. Wo das Sternenbanner hängt, ist die Post. Neben der Post ist die Kirche, neben der Kirche die Telefonzelle. Das war Amesfield, Flanders, Bloomfield oder Honeypot Glen. Die schönen Klänge der Namen sind bloß Illusionen.
Essen im McDonald's, die alle gleich aussehen, überall in der Welt. Die gleichen Lampen, die gleichen Kacheln auf den Fußböden, das gleiche Lächeln der gleich angezogenen Big-Mac-Mädchen.
Möchte wetten, in Singapur ist der Mac in der gleichen Verpackung wie in Tokio, in Bruchsal oder hier in Mill River.
Mit einem Viertelpfund argentinischem Rindfleisch im Bauch mache ich mich schließlich wieder auf die Suche nach einem Schlafplatz. Kümmere mich gar nicht erst um Schilder, fahre sogar durch Gattertore, aber habe immer Pech. Jeder Weg führt direkt zu einer Farm. Keine stillen Ecken mit Gebüsch zum Verstecken, nur Traktoren und staunende, schreiende Kinder auf offenem Feld und einmal ein Farmer mit einem riesigen Hund, die beide gleich finster gucken, als sie

plötzlich meinen rostigen Country Squire in ihrem Hof wenden sehen. Eilig mache ich mich auch hier aus dem Staub. Schließlich habe ich keinen Nerv mehr weiterzufahren. Parke einfach mitten im Wald am Rande einer großen Mülldeponie – was soll's, ich habe schon Schlimmeres erlebt.

Ich liege im Wagen, habe rundherum alle Fenster mit zehn Metern Vorhangstoff zugehängt, höre WNBC aus New York City und schreibe endlich an einem Brief für Rika.

Ein Auto taucht auf, wird zwanzig Meter weiter geparkt, die Scheinwerfer verlöschen. Ich spitze unter meinem Vorhang vor, es ist ein alter Ford Mustang. Drinnen, bei dezenter Innenbeleuchtung – natürlich ein Liebespaar. Wer käme sonst auf die idiotische Idee, nachts eine Müllhalde zu besuchen. Sie fangen an, wild rumzuknutschen und sich gegenseitig unters Hemd zu gehen. Könnten wenigstens ein bißchen rücksichtsvoller sein und ihre Beleuchtung ausmachen, damit ich konzentriert schreiben kann.

Ich lasse den Vorhang wieder sinken. Die große Liebe zwischen Rika und Achim – wir waren uns beide so sicher. Ganz am Anfang einmal waren wir spazieren, ich glaube fast, es war am ersten Morgen danach. Es war schon Herbst, und sie bekam eine rote Nase vom Wind. Ihre Hand lag warm in meinem Rücken. »Schenk mir was«, hat sie gesagt – und ich schenkte ihr die Wolke über den beiden Eichen mit dem kleinen Türmchen an der linken Seite, die aussah wie ein Kindergesicht mit Schleife um den Hals.

»Nein«, sagte sie, »schenk mir was Richtiges. Damit ich etwas von dir habe, wenn du mal nicht da bist.«

Da habe ich einen Stein hochgestemmt, groß wie eine Wassermelone: »Hier, nimm den. Der ist haltbar und beständig, und du vergißt ihn nicht so leicht.«

Und sie hat ihn genommen und heimgeschleppt, den ganzen Weg zurück.

»Soll ich ihn dir ein bißchen abnehmen?« habe ich gefragt. Aber sie hat nur schwer keuchend den Kopf geschüttelt, trotzig und glücklich: »Ich kann meine Geschenke alleine tragen.«

Zu Hause hat sie ihn in ihr Zimmer neben das Bett gelegt. Jetzt liegt er im Wohnzimmer auf dem Boden. In einer Ecke, aber nicht versteckt, dazu ist er zu groß. Wenn jemand sie fragt, sagt sie, es sei der Stein der Weisen, der des Anstoßes oder einer, der ihr mal vom Herzen gefallen ist.
Sie erzählt niemandem, woher der Stein kommt.
Wenn mich jemand fragt, sage ich, es ist Rikas Stein. Und ich warte ab, was sie erzählt.
»Am besten, du setzt dich auf deinen Stein und denkst an mich«, so fange ich den Brief an.
Dann höre ich draußen den Wagen starten. Wahrscheinlich müssen sie sich beeilen, um Daddy den Mustang zurückzubringen.
Wenn jetzt der Müllgestank nicht wäre und nicht der Lärm von der Straße oder die kleinen ekeligen Schatten, die dauernd über den Müll hin und her huschen, es wäre ein richtig gemütlicher Platz zum Schreiben und Schlafen.
Ob ich ein kleines Kind in den Arm nehmen kann und wiegen und summen, bis es einschläft? Werde ich hinter die Vorhänge schauen und unters Bett und sagen: »Alles klar, die Räuber und Hexen sind heute wieder nicht da«, wie das mein Vater immer gemacht hat? Mich nimmt hier niemand in den Arm, ich habe dreißig Jahre alt zu sein.
Manchmal würde ich gerne zu Rika sagen, rutsch mal her und drück mich ganz fest und halt mich, damit das Zittern innendrin aufhört. Aber ich habe zuviel Angst, daß sie sagt, kommandier mich nicht rum, oder sich vielleicht einfach nur wegdreht.
Wie damals diese Geschichte mit der Lederjacke, die mir am nächsten Morgen beim Frühstück im Truckstop wieder einfällt. Ich warte auf meine Eier – natürlich *overeasy* –, fühle mich fast wie einer von den Fernfahrern, die hier frühstücken. Nur etwas Breite fehlt mir im Kreuz und eben eine Lederjacke. Ich hätte meine mitbringen sollen, das verfluchte Ding.
Kauf dir eine Lederjacke, hat sie gesagt. Und ich bin losgerannt und habe mir eine gekauft. Sie hat mich umarmt, die Arme weit unter

das zu große Ding gesteckt. Das Leder hat uns wie ein Panzer eingehüllt.
»Jetzt kann mir keiner mehr was tun«, hat sie geflüstert. Und ein andermal, ein paar Momente nur danach vielleicht, sagt sie: Spiel dich doch nicht als mein großer Beschützer auf, und sie stößt mich weg. Spielregeln, die ich nie verstanden habe.
Wie kann ich denn ein Beschützer sein. Ich war doch immer der kleine Dicke, der ganz außer Puste hinterherrannte. Und die anderen in der Schule sagten Trampeltier zu mir. Was hat's da zu sagen, daß ich jetzt halbwegs groß bin und nicht mehr fett? Warum habe ich's denn nicht fertiggebracht, an dem Abend, als dieser Typ plötzlich vor der Tür stand, weil er sie angeblich unbedingt sehen mußte? Warum bin ich denn nicht rausgegangen und habe diesem Hendrik in aller Freundschaft die Nase eingeschlagen?
Man hat mir beigebracht, daß Schlagen kein Argument ist, daß man Konflikte im Gespräch löst und daß Dicke, die hinterherrennen und die man Trampeltier nennen darf, niemals gewinnen können. Darum, Rika. Und dann hilft auch keine Lederjacke.

Could you spare a cigarette?

Ganz früher, ich muß noch sehr klein gewesen sein, dachte ich, die Niagarafälle seien in Afrika. Später war ich größer und schlauer und wußte, sie sind in Amerika, aber ich war mir sicher, es seien die Wasser des Mississippi, die dort über hundert Meter in die Tiefe stürzen. Schließlich fanden unsere mittelfränkischen Floßfahrten immer auf dem König der Flüsse, dem Mississippi statt, und von Zeit zu Zeit trafen wir eben auch auf die berühmten Fälle. So genau haben wir allerdings die Geschichten ohnehin nicht genommen. Huckleberry Finn, Captain Cook oder Lederstrumpf – Hauptsache, es kamen Schlangen vor, Tiger und Bären. Wenn wir das Rauschen vom Wehr

hörten, richtete sich einer auf und rief feierlich: »Hört ihr das Donnern, Gefährten? Das müssen die Felsen der stürzenden Wasser sein.«
Dann mußten wir meistens verschwinden, weil der Müller aus seinem Häuschen kam und ein Mordsgezeter machte, weil wir uns viel zu nah am Wehr rumtrieben.
Ich erwartete also das Donnern. Zwanzig Jahre später, Gischtwolken und schäumendes Wasser.
Mit der Stadt Buffalo hatte ich nicht gerechnet. Nicht mit Buffalo und nicht mit Highways und Aussichtstürmen. Das große Abenteuer in mundgerechten Happen frei Windschutzscheibe serviert. Polaroidgerecht, massengerecht, konsumgerecht. Aussichtstürme, Frittenbuden, T-Shirt »I've seen the Falls«. Fünf Dollar für den Aussichtsturm, zehn für das Boot, das einen bis in die Gischt fährt, zwei für den Parkplatz – Informationsbroschüre inklusive.
Ich bezahle meine zwei Dollar Parkgebühr, bleibe erst einmal im Wagen sitzen. Es ist nicht der Mississippi, lese ich in der Broschüre, es ist der Niagara. Klingt ziemlich logisch.
Weiterfahren? Trotziger Protest dagegen, daß auch andere Menschen sehen wollen, was ich sehen will? Hatte ich wirklich erwartet, nach einer Tagestour durch den nordamerikanischen Dschungel alleine vor dem Ding zu stehen?
Immerhin gibt es – gratis – diese Nebelwolke mit den Regenbogenfarben, die über allem steht und selbst die Aussichtstürme um einiges überragt. Ich brauche ja keine Bootstour mitzumachen und mich in geliehenem gelben Regenmantel in den Dampf reinfahren zu lassen. Ich werde hingehen und einfach so tun, als gäbe es die anderen nicht.
Aber selbst das erweist sich als nicht durchführbar. Drei Reihen stehen hintereinander. Wenn ich ganz nach vorne zum eisernen Geländer will, bleibt mir wohl nichts anderes übrig, als mich anzustellen und zu warten, bis die vorderen beiden Reihen zum Fotoschuß gekommen sind.
Endlich stehe ich selbst ganz vorne. Ein Foto nach links, eins nach rechts, eins direkt nach vorne. Gemäß Kodachrome-Regel müßte

ich jetzt wohl den nächsten Platz machen, denn richtig anschauen könnte ich mir's ja auch zu Hause auf dem Foto. Aber ich bleibe stehen, schaue den Booten dort unten zu, die sich gerade gegen die Strömung halten, versuche das Wasser mit den Augen zu verfolgen, von der oberen Kante bis zum Felsen unten, und zähle die Sekunden bis zum Auftreffen.

»Excuse me«, sagt einer und rammt mir dann seinen Ellenbogen in die Rippen. Eine Frau punktiert mir den Fuß mit ihrem Pfennigabsatz. Als mir ein dritter seine Zigarette auf den Ärmel drückt, sehe ich es ein. Aber weil ich auf dem Parkplatz für eine volle Stunde bezahlt habe, laufe ich noch nicht zurück, sondern weiche nur langsam immer weiter nach rechts aus. Dorthin, wo das Wasser nicht stürzt, sondern noch fließt. Man sieht es gemächlich bis zur Kante schieben, dann ist es plötzlich verschwunden. Nur die regenbogenfarbene Nebelwolke zeigt, was passiert ist.

Ich stehe dort und schaue. Aber schon bald langweilt mich das Wasser, das seit Tausenden von Jahren denselben Weg nimmt, dann langweilen mich die Leute mit ihren Nikons und ihren wichtigen Weltwundergesichtern. Enttäuscht laufe ich zurück zu Babe, lasse mich in die vertrauten Polster fallen und drehe ihre Haube in Richtung Westen.

Eine Woche bin ich jetzt unterwegs. Sieben Tage voll mit Fahren, Schauen, Staunen. Viele kleine Dinge werden plötzlich wichtig. Ich nehme mir eine halbe Stunde für zwei gelbe Vögel in einem Strauch mit silbernen Blättern, zähle die Wagen an einem Güterzug, erzähle alten Männern in verrauchten Kneipen Geschichten von Deutschland und ihrer alten Heimat und lasse mir dafür Budweiser spendieren.

Etwas bohrt in mir und will raus und will Luft, aber ich halte es unter Verschluß, weiß genau, was es ist, und halte zu, so fest ich kann.

Nur die Nächte bringen Probleme. Diese Ewigkeit zwischen Sonnenuntergang und Einschlafen, allein im Auto hinter meinem Vorhang, wenn ich mit der Taschenlampe dem Moskitosummen hinterherjage und nur Ochsenfrösche und der Radiomann Gespräche mit mir führen. Dann schleicht sich Rika ein. Ihr Gesicht, ihr Körper, ihr Kind. Traurige, zärtliche, wütende, verzweifelte Gedanken. Worte, Sätze, Gespräche, die mich in Panik bringen. Sie redet auf mich ein, keine Chance zur Rechtfertigung. Sie hat das Wort.

»Du stellst alles in den Schatten«, höre ich sie immer wieder, »wo du hinlebst, da ist kein Platz und kein Licht und keine Luft mehr für mich.« Danach schweigt sie lange, und dann flüstert sie, wie ein Stich ins Herz: »Und ich brauche jetzt Luft.« Ich darf nichts sagen jetzt, nichts tun, nicht mal nicken – sonst mache ich nur noch mehr Schatten.

In anderen Nächten liegt sie neben mir, warm und bewegungslos, stundenlang. Läßt mich ihren Rücken an meinem Bauch spüren. Löffelchen in Löffelchen – bis ich aufwache, verschwitzt und verstochen. Rausgestrampelt aus dem schwülen Schlafsack und nach ihr greife. Aber dort, wo sie eben noch war, findet meine Hand nur leere Coladosen oder ausgelesene Zeitungen.

Dann tauche ich mein Gesicht in den Fluß, schüttel die Gedanken aus dem Kopf wie ein Hund die Tropfen aus dem Fell. Sehe mich um, sehe Babe, meine Feuerstelle vom Abend davor, den Feldweg, durch den ich mich in der Dunkelheit hereingeschlichen habe. Und ich verstehe, was passiert ist: daß ich alleine bin mit mir und sie alleine mit sich.

Hinter Toronto beginnt der Wald. Riesig, unendlich. Nach zwei Tagen gebe ich die Hoffnung auf, daß er je wieder endet. Zu Hause, wenn wir Wald sagen, meinen wir eigentlich Wäldchen. Man kann reinfahren, fährt ein bißchen drin rum und nach zwei Stunden wieder raus. Ob Schwarzwald oder Odenwald, eigentlich meinen wir Wäldchen.

Hier ist »Wald« nicht eine Gegend oder eine Landschaft, hier ist Wald etwas wie Himmel, Hölle oder Fegefeuer. Etwas, in das man hineingesteckt wird, damit leben muß oder verrecken.

Einmal bin ich vom festen Weg abgewichen, die Canon in der Hand und die schweren Schuhe an. Habe Babe irgendwo am Waldrand zurückgelassen und bin in das dunkle Grün eingedrungen. Weicher Boden unter mir, von oben wie durch kleine Löcher dünne Spieße von Sonnenlicht. Jedes Geräusch wird von diesem Dunkel um mich verschluckt. Eine knarzende, blubbernde, rauschende Stille, die mir Gänsehaut über den Rücken jagt. Vertraut sind nur die Millionen von Moskitos, die treu und verbissen der Spur meines Menschengeruches folgen.

»Laß die einfach stechen«, hat Ted damals unten am Fluß gesagt, und seitdem habe ich das Schlagen und Fluchen aufgegeben und hoffe, daß mein Körper den längeren Atem hat und nicht ihr Gift.

Eine merkwürdige Vorstellung ist das, jetzt hier zu sterben. Ich würde umsinken zwischen die vermoderten Baumstämme, die überall herumliegen. Die Moskitos könnten sich endlich in Ruhe vollsaugen, Ameisen, Käfer und allerlei Getier würden weitermachen, der Rest wird zu Staub.

Babe würde treu dort ein paar hundert Meter zurück an der Straße auf mich warten, würde über die Jahre ihren letzten Lack verlieren, vielleicht Käfern und Schlangen eine Wohnung sein.

Vielleicht würde, Jahrzehnte später, jemand das Wrack finden, in der New-York-Vehicle-Authority würden sie feststellen, daß seit etlichen Jahren die Kraftfahrzeug-Steuern nicht bezahlt sind, und sie würden ein Verfahren einleiten, um mich zu finden – immerhin.

Nicht einmal dieser verfluchte Wald hier interessiert sich für mich. Alles, was fliegen, laufen, krabbeln oder krauchen kann, macht sich aus dem Staub. Weit entfernt springt ein riesiger Schatten im Unterholz auf, macht sich krachend davon. Ich störe sie alle, die hier wohnen.

Überall, wo man nicht seine feste Rolle spielt, ist man ein Eindringling. Und die feste Rolle, wo spiele ich die? Dort, wo man mir immer sagt, ich wäre eben ein kleines, aber wichtiges Rädchen im Getriebe? Aber einmal eingesetzt, muß man sich immer drehen und drehen und drehen – bis es einem zum Kotzen schlecht ist. Immer gleich schnell, immer gleich herum. Erst wenn man draußen ist, zerbrochen und verschlissen oder endlich geflohen, sieht man, daß sich auch ohne einen die ganze Maschine weiterdreht. Und man steht plötzlich vor diesem riesigen, ratternden Getriebe, wo alle ihren Platz und ihre Aufgabe haben, und will nichts anderes, als möglichst schnell wieder hineinzukommen – weil das Draußenstehen solche Angst macht vor dem Alleinesein.

Oder spiele ich meine feste Rolle bei Rika, die mir morgens sagt ›ich brauch dich‹ und abends sagt ›ich brauch dich‹, und plötzlich ist sie weg und beweist sich und mir das Gegenteil.

Die Stunden werden länger, zu lang für mich alleine. Ich muß wieder unter Menschen. Also brummel ich weiter, fahre und fahre und hoffe auf die nächste Lichtung im Wald mit Tankstelle, Bar und Motel. Alle fünfzig Meilen vielleicht kommt so etwas. Siedlungen nennen sie es, bewohnt von ein paar Menschen, die das ganze Jahr dort im Wald aushalten. Vielleicht gehören die sogar hierher.

Wie immer, wenn ich vor einer Bar einparke, stieren erstaunte Gesichter durch die Scheibe. Es ist Babes spezielle Schrottplatz-Attraktivität, die die Blicke auf sich zieht. Das nagelneue, knallorangene Nummernschild auf der mattrostigen Stoßstange, flatternde Reste von Holzdekor-Folie an den Seiten, verblichener Lack und verkratzte Scheiben. Wir beide haben uns daran gewöhnt, daß man uns hinterherpfeift.

Aber als ich heute reingehe in die Bar, da drehen sie sich schnell weg. Mustern mich nur kurz und entscheiden dann, daß sie mit dem verrückten New Yorker mit den langen Haaren, dem Stoppelbart und dem Schrottauto lieber nichts zu tun haben wollen. Sie drehen sich zurück, lesen weiter Zeitung und trinken ihren schwarzen Kaffee.

Sie tragen Westen aus dickem Filzstoff über karierten Hemden, halten ihre Zigaretten genauso, wie man sie eben hält, wenn man Holzfäller ist in Kanada oder Elchjäger im unendlichen Wald.

Sie ziehen langsam den Rauch ein und blasen ihn dann mit zusammengekniffenen Augen in Kringeln an die Decke. Sie reden wenig untereinander, und sie reden gar nicht mit mir.

»Könnten Sie ’ne Zigarette entbehren?« frage ich den erstbesten neben mir.

Er dreht sich langsam um, hält mir sein Päckchen Marlboro hin, gibt mir Feuer mit einem stinkenden Sturmfeuerzeug.
»Sie sind aus New York?«
»Nein«, sage ich, »Gott bewahre. Ich war zwar einige Zeit in New York, aber ich bin Deutscher und fahre nur so rum. Nur der Wagen ist aus New York. Will mal alles sehen und kennenlernen, mal ganz drum herumfahren um dieses Amerika. Später, wenn das Leben plötzlich um ist, sitzt man sonst auf einmal da und hat nichts erlebt, so sehe ich das.«
Dann mache ich eine kleine Pause. »Interessant«, sagt mein Nebenmann, nimmt einen Schluck Kaffee und dreht sich wieder um. Die anderen in der Bar drehen sich weg, als ich in die Runde gucke. Ich werde ein bißchen rot.
»Können Sie mir vielleicht sagen«, versuche ich meinen Nebenmann wieder anzusprechen, »wo hier in der Gegend ein schöner Flecken ist, wo man ein paar ruhige Tage verbringen kann?«
»Ist doch hier überall ruhig, oder? Mehr Ruhe als hier finden Sie nirgends.«
Schließlich erbarmt sich einer, löst sich ein paar Meter weiter von seinem Barhocker, nimmt sein Glas Bier mit und kommt zu mir rüber.
»Ich kann Ihnen einen See sagen, dreißig Meilen von hier, wo es einen Campingplatz gibt. Man kann da jagen und fischen, und es gibt sogar einen Bootsverleih und eine kleine Nachtbar – ist es das, was Sie suchen?«
Ich nicke. Der Mann mit dem Bier versucht mir zu erklären, wie ich fahren muß, aber da mischt sich mein schweigender Gesprächspartner von vorhin wieder ein.
»Mach's nicht so kompliziert, Al«, sagt er. »Sie fahren einfach geradeaus und am Schild links rein in den Wald.«
»An welchem Schild?« frage ich.
»Es gibt da nur eins«, antwortet er kurz.
Es gab da nur ein Schild. Ich fahre zehn Meilen ungeteerte Straße durch den Wald, dann stehe ich vor einem See mit zwei Blockhäusern. An einem steht *Bar*, am anderen *Reception*. »Suchen Sie sich

einen Platz für Ihr Zelt«, sagt der Mann, der in der Reception-Hütte gedöst hat, und zeigt auf den Wald um den See.
»Ich habe kein Zelt«, sage ich, »ich habe nur meinen Schlitten hier.«
Er zuckt mit den Schultern.
Abends in der Dämmerung sitze ich auf einem Geländer am See, schaue in die Wellen und warte, bis die Sonne untergeht. Unten am Steg stehen zwei dicke Frauen in kurzen Hosen und unterhalten sich. Immer wieder schauen sie hoch zu mir, kichern und stecken die Köpfe zusammen. Vielleicht sollte ich runtergehen und ein Gespräch anfangen. Aber sie haben rosa und hellgelbe Blusen an, mit Bändeln und Schleifen am Hals und dazu pastellfarben karierte kurze Hosen, da will ich lieber nicht runtergehen.
Schließlich kommen sie den kurzen Weg zu mir rauf. »Hi!« sagt die eine, »are you lost?«
Für einen Augenblick bin ich sprachlos. Bin ich wirklich verlorengegangen? Dann muß ich lachen. »Ja«, sage ich, »sieht so aus, als sei ich tatsächlich ein bißchen verloren.«
»Wir haben Ihren Wagen gesehen – Sie sind aus New York, was?«
Ich erzähle, woher ich wirklich bin, und sie erzählen von Sudbury und den Nickelminen, wo sie her sind. Sie wollen alles wissen über New York und den Central Park und die Schwarzen dort und die Puertoricaner. Endlich kann ich erzählen und berichten und erklären und zuhören. Zwei Männer kommen auf einmal dazu, dick und von der Sonne knallrot verbrannt.
Wir stellen uns alle vor. Der Ältere heißt Colin, und Ruth ist seine Frau, Dory ist deren Schwester, und der dazugehörige Mann heißt Phil.
»Achim«, sage ich, und sie laden mich in ihr Wohnmobil ein zum Abendessen. Erst will ich absagen, aber dann denke ich an die letzten einsamen Abendessen und daß Höflichkeit auch Dummheit sein kann und nehme dankend an. »Just some meat and fries«, haben sie gesagt. Wir sitzen auf Campingstühlen vor dem riesigen Wohnmobil und essen ein Steak nach dem anderen.
»Ich war mal vor vielen Jahren in Germany«, erzählt Colin beim

Essen, und sein gigantischer Bauch hüpft beim Kauen auf seinen Knien auf und ab. »Im Krieg.«
Er erzählt von der Normandie und von dem Vordringen durch Frankreich, als sei das alles ein großes Pfadfindertreffen gewesen.
»Wenn mein Vater und du euch damals begegnet wärt, hättet ihr versucht, euch umzubringen – ist das nicht komisch.«
»Was hast du noch vom Krieg mitbekommen?« fragt er.
Aber ich bin zu jung, kenne keine Geschichten von Bombennächten, weiß nicht mal etwas von Kohleklauen und Kartoffel-Nachlese. Bis ich richtig gucken konnte, war der Schutt schon weggeräumt. Die Häuser waren frisch getüncht, und die Leute mit einem Bein ab oder mit zerschossenen Gesichtern hatten sich schon an ihr neues Aussehen gewöhnt.
Nur die Panzer sehe ich noch vor mir. Mindestens einmal im Monat donnerten sie die Henkestraße runter, Riesendinger mit Kettenräder, die höher waren als wir Kinder. Vater hatte uns verboten, so nah ranzugehen, wenn sie vorbeifuhren. Er erzählte uns, daß manchmal die Ketten rissen und der Panzer dann plötzlich in die Menschen fuhr. Aber wir standen immer ganz vorne an der Bordsteinkante, weil es so herrlich laut war, und der Boden zitterte, daß es einem ganz kribbelig am Rücken wurde.
Amerikanische MP mit weißen Helmen war immer da und sah nach dem Rechten. Die deutsche Polizei durfte nur die deutschen Autos anhalten – sonst durfte sie nichts tun. Wenn alle Panzer vorbei waren, sah die Straße aus wie aufgerissen. Dicke Brocken Asphalt lagen rum, und die Spuren führten von der Ami-Kaserne bis zum Güterbahnhof.
Am Ende unserer Straße begann der große Exerzierplatz, wo wir immer Fahrrad fuhren und die Drachen steigen ließen. Einmal stand dort ein Panzer rum, ganz alleine und verlassen, ein unbewegliches Monstrum.
Wir gingen langsam hin, vorsichtig, Schritt für Schritt. Wir hatten noch nie einen gesehen, der einfach nur dastand und keinen Lärm machte.

»Los«, rief einer von der Clique, der immer besonders mutig war, »wir klettern drauf.«
Aber als wir uns gerade über die Ketten nach oben ziehen wollten, sprang plötzlich mit lautem Gedonnere der Motor an, und der Turm mit dem langen Geschütz begann sich zu drehen.
Ich weiß noch, wir waren wie angewurzelt. Ich hatte so Angst, daß alles ganz starr an mir war, und konnte nicht weglaufen, obwohl ich gerne wollte.
Das Rohr drehte sich immer weiter, bis es in meine Richtung stand. Dann neigte es sich runter. Ich sah genau in die große, schwarze Öffnung. Alle anderen waren längst auf und davon, nur ich stand noch da und fing an zu heulen.
Da ging oben am Panzer die Luke auf, und ein Helm mit einem schwarzen Gesicht tauchte auf und schrie mir lachend irgendwas zu. Ich sah gerade noch, daß er etwas zu mir herunterwarf, dann drehte ich mich um und rannte weg. Der Große aus unserer Gruppe, der unbedingt auf den Panzer klettern wollte, hatte den meisten Mut. Er lief zurück und hob das Päckchen auf. Es war das erste Mal, glaube ich, daß ich Kaugummi kaute.
»Ja«, sagt Colin, »das waren wir. Wir hatten immer Kaugummis und Schokolade, und ihr hattet nicht mal was Richtiges zum Anziehen. Und jetzt seid ihr groß geworden und kommt hier rüber, um euch die Leute anzusehen, die euch damals die ganzen süßen Sachen von den Panzern runtergeschmissen haben, was?«
Obwohl ich längst satt bin, fischt er noch ein Steak vom Grill und legt es auf meinen Teller.
»Morgen«, sagt Colin, als es schon pechschwarze Nacht ist, »fahren wir alle zusammen mit dem Boot zum Angeln. Du bist doch dabei, Äkim, oder?«
Ich nicke. Ich werde noch zum Angler, wenn es so weitergeht. Am Abend schlafe ich recht glücklich und zufrieden ein. Männer in Filzwesten, zwei Frauen in kurzen Hosen und ein dicker Kämpfer aus Old Germany. Ich lerne.

On a night like this

Wieder unterwegs im Auto. Ein Tag mit still am Himmel stehender, brütender Sonne. Selbst die treuen Moskitos haben es vorgezogen, sich tagsüber in die Ritzen zu verziehen, um erst abends wieder über mich herzufallen.

Ein Schild *Obatanga Provincial Park, 7 miles*. Colin hat ihn mir empfohlen: »Dort mußt du hin, Junge, wenn du unter Menschen sein willst.« Nach zwei Tagen Angeln und Kriegserlebnissen begann mir sein ›Junge‹ etwas auf die Nerven zu gehen. Aber für ihn bin ich eben ein Nachkomme der armen Deutschen, die durch seine Heldentaten von den Nazis befreit wurden. Weder meine Einsprüche noch vierzig Jahre deutscher Nachkriegsgeschichte können daran etwas ändern.

Obatanga Park, Hügel und Berge mit dichtem Wald, dazwischen Flüsse und glasklare Seen.

Eine Indianerin am Parkeingang gibt mir die Formulare zum Ausfüllen und läßt mich lächelnd in ihre dunkelbraunen Augen fallen. Ihr Gesicht geht mir nicht mehr aus dem Kopf. Ich lieg im Wagen, um ein wenig auszuruhen, und mache mir Träume. Lasse mir diese Frau durch den Kopf gehen, kreuz und quer, von hier nach dort.

Frischer Wind in alte Geschichten, die irgendwo in meiner Seele mahlen und brennen und jucken.

Heike fällt mir plötzlich ein und daß ich ihr nicht mal auf Wiedersehen gesagt habe. Heike, die ich hundertmal mitgenommen habe, weil sie immer in die Schule trampte, wenn ich zur Arbeit fuhr. Jeden Morgen ein paar Minuten mehr kennenlernen, jeden Morgen ein bißchen mehr das Gefühl, daß sie gleich wieder da stehen müßte. Wir fuhren jeden Morgen fünf Kilometer zusammen im Auto und wurden Freunde – sonst nichts. Eineinhalb Jahre später war sie mit der Schule fertig, und es war nicht schwer für mich, ihr bei uns in der Firma einen Job zu besorgen.

Gerade achtzehn war Heike damals.

»Hab ich dir eigentlich schon erzählt«, sagte ich eines Abends zu

Rika, »daß die Kleine, die immer mit mir zur Schule getrampt ist, jetzt bei uns im Büro arbeitet?«
»Na«, zischte Rika und sah mich böse an, »dann wird's ja wohl bald losgehen mit euch.«
Dann kam die Nacht, in der Rika nicht von dieser verfluchten Fete zurückkam.
Ich versuche nicht zu entschuldigen, ich versuche bloß zu ordnen.
Dann kamen die Kämpfe, die Gespräche, die Tränen, die Wut, das Grübeln und das Selbstzerfleischen.
Dann kam der Tag, an dem ich nach der Mittagspause zu Heike ins Büro ging und einfach sagte: »Hast du heute nach der Arbeit Zeit für mich?«
»Ja«, sagte sie, »sicher.«
Sie setzte sich neben mich ins Auto und warf die hennaroten Haare mit einer Kopfdrehung über die Schulter.
Wir fuhren zum Griechen. Ich redete ununterbrochen und bezahlte das Essen. Dann gingen wir in eine Kneipe, in der sie jeden kannte und ich niemanden. Alle starrten mich an, weil ich aussah wie ein Rockopa – ihre Worte. Sie legte ihre Hand auf meine Schulter und sagte: »Ich war mal schwer verliebt in dich.«
Sie saß im Bett neben mir und hielt die Knie mit den Armen umschlungen. Wir rauchten jeder die obligatorische Zigarette, sie Selbstgedrehte, ich Marlboro. Nach einer langen Pause sagte sie auf einmal: »Jetzt haben wir alles abgefuckt.«
Ich mußte es Rika erzählen. Gegengift vielleicht. Sie riß die Augen weit auf und kniff sie dann zu einem engen Spalt zusammen. »Na endlich«, sagte sie.
Es war am nächsten Tag, daß Tom mich fragte, ob ich nicht für sechs Wochen mit in die Staaten wollte. Ein Zufall, aber es paßte genau. Ich habe mit Rika nicht mehr geschlafen, und ich habe Heike nicht auf Wiedersehen gesagt.
Und jetzt? Bin ich schon wieder am Verhungern? Schon wieder auf der Suche nach einem Lächeln, das mich einen Tag länger am Leben läßt?

Dabei geht es mir nur um die eine. Die ist hübsch, klug, blond und bissig und merkt es nicht.
Ziellos laufe ich auf dem Campingplatz rum, tu so, als suchte ich die Duschen oder die Einsamkeit. Und niemand kommt und hält mich auf und sagt: He, wer bist du, woher kommst du und was sind deine Pläne, weil einfach niemand weiß, daß ich es ganz gerne hätte, wenn's endlich jemand tun würde.
Und trotzdem – dieses Alleinesein ist nicht mehr dasselbe wie noch vor ein paar Tagen, als ich dachte, ich falle um und werde zu Erde wie die umgefallenen Bäume um mich herum. Die Einsamkeit hat ihre lähmende Kraft verloren, ich kann wieder atmen und lachen, kann wieder denken und planen. Die schwerste Schlacht, das weiß ich jetzt, ist schon geschlagen.
Als am nächsten Tag die Sonne aufgeht, weckt mich die Hitze in meiner Schlafröhre. Ich schultere die Canon, packe zwei Äpfel ein und mache mich daran, Kanadas Mitte zu erkunden.
Schon fünf Minuten vom Campground entfernt hat mich der Wald wieder verschluckt. Ich versuche die Füße geräuschlos aufzusetzen, um die Tiere und Pflanzen nicht zu sehr zu stören, aber trotzdem verschwindet eines von den gestreiften Hörnchen – ich nenne sie Zebrahörnchen – schon lang, bevor ich komme, aufgeregt in seinem Bau. Also noch immer zu laut. Ich müßte als erstes einmal viel langsamer gehen. Hier gilt es nicht, die Langer-Samstag-Einkaufs-Tour abzurennen;Laufschritt ist hier nicht gefragt. Endlich habe ich das leise Gehen raus, konzentriert rolle ich die Sohlen auf der weichen Erde ab. Nur die Nähte der Jeans ratschen noch geräuschvoll aneinander vorbei. Manchmal, wenn ich nicht aufpasse, knackt ein Zweig.
Laufen, so lerne ich, ist nichts Automatisches. Laufen ist eine Kunst – Kombination aller Sinne.
Meinen Vater machte meine Art zu laufen krank. »Lauf nicht so mit den Spitzen nach außen«, mahnte er immer. »Du läufst wie eine Ente, und du ißt wie ein Schwein.« Wenigstens das menschliche Essen konnte ich mir mittlerweile halbwegs angewöhnen.
Ich versuche wach zu bleiben, während ich laufe. Wach bleiben und

sehen. Ich folge den Markierungen, langsam, fast schleichend. Sanft steigt der Weg an. Aber obwohl ich auf jedes Geräusch achte, jede Bewegung um mich herum wahrzunehmen versuche, bin ich doch ein Blinder, der den Häher erst bemerkt, wenn er den ganzen Wald warnt, den Hasen erst sieht, wenn er davonhoppelt.
Vielleicht sollte ich auf einen Baum klettern und ganz still warten, bis es sich unter mir allmählich bevölkert. Oben warten, oben wohnen, oben schlafen. Ob man herunterfällt, wenn man einschläft?
Dann bemerke ich, daß schon weit vor mir im Wald die Häher anfangen zu warnen. Wahrscheinlich läuft noch jemand vor mir. Ich versuche, Fußabdrücke auf dem Weg zu ordnen, versuche frische und alte Spuren auseinanderzuhalten, aber es gelingt mir nicht. Schlau genug, um eine Integralgleichung dritten Grades zu lösen, aber zu dumm, um eine Fußspur, die fünf Minuten alt ist, von einer wochenalten zu unterscheiden.
An einem Felsen gabelt sich der Weg. Ein schmaler, der noch höher hinaufführt, und ein breiter, der wohl um den Berg herumgeht. Ich denke an mein Image: junger Ingenieur, entscheidungsfreudig – aufstrebend. Also nehme ich den bergauf.
Endlich, als in der Höhe der Wald ein wenig lichter wird, sehe ich weit vor mir zwei Menschen. Der Weg ist jetzt nur noch mit kleinen Steinpyramiden markiert, genau wie es die Indianer gemacht haben. Ich laufe von einer zur nächsten, höher und höher. Aber obwohl ich mir Mühe gebe, kann ich die beiden nicht einholen. Fast meine ich, sie entfernen sich sogar noch von mir.
Erst oben, auf dem Gipfel, erreiche ich sie. Es ist ein junges Pärchen. Seine sonnenverbrannte Nase sticht wie ein Leuchtfeuer aus dem bärtigen Gesicht. Zwischen Nasenfeuer und rötlichem Bart beherrschen Sommersprossen die Gesichtslandschaft. Seine Haare hängen ihm lang über die breiten Schultern, ein kleiner Gummiring hält sie hinten zusammen.
Gegen die mächtige Holzfällerfigur des jungen Mannes sieht seine Frau aus wie ein Spielzeug. Streichholzärmchen und schmale Handgelenke, die Wanderstiefel sitzen an ihren dünnen Beinen wie Moon-

Boots. Aber sie ist es, die mich mit überraschend kräftiger Stimme anspricht, verwundert fragt, ob ich vergessen hätte, etwas zum Trinken mitzunehmen, und mir ohne Umstände ihre Feldflasche rüber reicht.

»Wie teilt man zwei Äpfel durch drei?« frage ich und packe aus, was ich habe.

»Wir teilen uns den einen hier«, sagt der Mann, nimmt ihn und bricht ihn mit einem Ruck in zwei Hälften. Er kann ja nicht wissen, daß ich zeit meines Lebens vergeblich versucht habe, Äpfel in zwei Hälften zu reißen oder rohe Kartoffeln in der Faust zu zerdrücken.

Er hält mir die Kohlenschaufel-Hand hin, sagt: »Ich bin Lucas, und das ist meine Frau Jenny.«

»Du bist Deutscher, oder?« fragt Jenny, »man hört's ein bißchen am Akzent. Bist du ganz alleine hier?«

»Fast ganz alleine. Babe ist noch hier, sie steht dort unten. Sie hat schreckliches Übergewicht und konnte deshalb nicht mitkommen. Sie wiegt viertausend Pfund und ist ein Monster-Auto.«

Die Sonne steigt höher und höher, Lucas' Nasenfarbe ändert sich durch alle Nuancen von Rot, während ich von New York und Frankfurt und er von Thunder Bay und den Wäldern erzählt, wo die beiden herkommen. Lucas ist Zimmermann. »Carpenter«, hat er gesagt, und ich habe das Wort gleich gemocht, weil es nach harzigem Holz riecht und nach den verstaubten Seiten einer alten Bibel.

»Du kommst doch heute abend bei uns vorbei? Wir sind nur fünf Nummern weiter.«

Dann stapfen sie davon, wollen noch ein gutes Stück weiter, noch ein Stück den nächsten Berg hoch und in einer langen Schleife wieder hinunter ins Tal. Zuviel jedenfalls für meine müden Füße, die es nur gewohnt sind, ruhig unter einem Schreibtisch zu stehen.

Ich laufe alleine durch den dichten Wald zurück. Bin zufrieden und fast schon ein bißchen glücklich. Heute abend wird es dort unten ein Feuer geben, das ein wenig heller leuchtet als die anderen. Es wird Gesichter geben, die einladend zu mir herübergrüßen, wenn ich vorbeikomme.

Mit dem gewohnt schlechten Gewissen, das ich immer habe, wenn mich jemand unvermittelt einlädt, schleiche ich am Abend in Richtung Gastgeber. Eine Plastiktüte in der Hand, mit zwei mickrigen Steaks drinnen und ein paar Kartoffeln in Alufolie. Aber ich brauche ja nicht mehr zu essen als diese beiden Steaks, schließlich will ich niemandem seine Vorräte plündern.
»Hi«, ruft Lucas, »da bist du ja. Bier ist in der Kühlbox.« Fast heimlich lege ich den Inhalt meiner Plastiktüte zu den anderen Dingen, die dort schon auf das Feuer warten.
»Mach hier mal Wind«, sagt er und drückt mir ein Stückchen Pappe in die Hand, mit der ich ins Feuer fächeln soll. Um seine leuchtend rote Nase hat sich durch die viele Ins-Feuer-Blaserei ein schwarzer Rand aus Ruß gebildet.
»Feuer machen ist immer mein Problem«, brummt er und stochert unkoordiniert seine junge Glut auseinander.
»Laß mich mal«, sage ich, »ich koche schon seit Wochen auf offenen Feuern, ich glaube, ich kann's allmählich.«
Ein paar Minuten später habe ich die Flammen unter Kontrolle. »Gib mir mal ein paar dicke Äste«, sage ich stolz. »Es brennt jetzt richtig.«
Eine Stunde später schicken wir den Duft von gebratenem Fleisch über den Campingplatz. Er wirkt wie die große Trommel, die die Krieger aus dem Busch nach Hause ruft. Als erste taucht Jenny auf, krabbelt aus dem kleinen Zelt, reckt sich, streckt sich und blinzelt in die tiefe Sonne. »Kocht ihr schon?« murmelt sie verschlafen.
»Wir essen schon«, antwortet Lucas, der gerade mit einem spitzen Stock sein erstes Steak vom Rost fischt. Aber der Bratenduft zieht weiter, rüber zur Nummer 70, zur 71 und weiter, bis er in allen 140 Campsites seine Einladung ausgesprochen hat. Immer mehr Gestalten tauchen auf, gestreßte, einsame, gesellige, Pärchen, Alte, Kinder und Hunde. Sie bringen Plastiktüten mit, legen sie zu den Vorräten, packen aus, was sie haben: Würste, Bier, Marihuana, Steaks, Wein und längst vergessene Geschichten.
»Leg noch ein bißchen Holz nach, Achim«, sagt Lucas dann zu mir,

»damit die Flammen schön hoch werden – aber paß auf, daß du den Wald nicht mit verbrennst.« Dann kaut er sein viertes Steak runter, trinkt sein Bier aus, wirft die leere Dose auf den großen Haufen, wo sie scheppernd liegenbleibt, steht auf und holt aus seinem alten Ford Pick-Up eine abgenutzte und speckige Gitarre.
Augenblicklich verstummt das Gegröle, das Geklappere von Bierdosen und Camperbesteck, das schmatzende Kauen und das schlürfende Trinken. Rund zwanzig Leute sind es wohl, die Lucas erwartungsvoll anschauen.
Aber auch das kann den Zimmermann aus Thunder Bay nicht aus der Ruhe bringen. Langsam stimmt er seine Saiten durch und singt dann mit brummiger, rauher Stimme das Lied von dem Eisenbahnzug, den sie die »City of New Orleans« nennen und der 500 Meilen hinter sich hat, bevor der Tag vorüber ist.
Eine Flasche Whisky taucht plötzlich auf und macht die Runde. Ich nehme einen großen Schluck und bei der zweiten Runde noch einen. Die Mischung aus Rinderfleisch, Budweiser und Whisky muß Mut machen, jedenfalls stehe ich plötzlich und laufe dann in Richtung Babe, krame unter Schlafsack und Colabüchsen meinen Saxophon-Koffer heraus. Das Feuer flackert durch die Büsche, nur die Schatten der Rücken sind zu sehen, die dort einen hell erleuchteten Kreis bilden, Lucas in der Mitte, der ein Lied nach dem anderen spielt. Dort hinein? Dort das Sax auspacken? Wie damals die Auftritte, wenn die Scheinwerfer diesen Kreis auf die Bühne malten und jeder sehen konnte, wie mir die Hosen flatterten.
Aber ich bin schon zu betrunken, um noch richtig Angst zu haben. Ich stelle meinen kleinen Koffer neben Lucas, wieder die erwartungsvollen Blicke von zwanzig ausgehungerten Waldläufern. Das Licht des Feuers bricht sich im polierten Metall, jemand weiter hinten klatscht auf Vorschuß, noch bevor ich das Blättchen eingeschraubt habe. Dann gebe ich Lucas ein »E«, und er muß seine Gitarre runterstimmen. Er läßt sich Zeit, kurbelt in Ruhe an seinen Wirbeln, legt das Ohr auf die Zarge, um den Ton besser zu hören. Mir zittern inzwischen die Finger. »Und jetzt?« fragt er schließlich.

»Spiel was vom alten Dylan, da finde ich mich immer rein.«
Er schlägt drei Akkorde Auftakt und dröhnt dann in die Nacht: *On a night like this…*
Ein Schreck durchfährt mich bis in die zittrigen Finger, als der erste laute Ton aus meiner Röhre quillt. Er zerfetzt die Luft, bis rauf zu den Baumwipfeln, echot zurück von der anderen Seite des Sees.
Lucas läßt mir eine ganze Strophe ohne Gesang, ich versuche die Melodie zu finden, so gut ich kann, eine Mischung aus Erinnerung und Improvisation, genug immerhin, um Schatten aus den Zelten zu lösen, die sich jetzt schon auf unserer Einfahrt drängeln, sich langsam näher schieben, mitsummen, mitklatschen, mittrinken. Grölender Beifall, als wir unser Premierenstück glücklich zu Ende bringen.
Uns werden andere Titel zugerufen, immer wieder auch mal einer, auf den wir uns einigen können, weil wir ihn beide irgendwann schon einmal gespielt haben.
Mein Tremolo in den Fingern verliert sich, mein Ton wird rotziger und frecher. Als es neun Uhr ist, spiele ich für die Kinder die Titelmelodie vom Rosaroten Panther, dann schicken wir sie ins Bett.
»Spielt noch mal den *Midnight Special*«, ruft jemand. Wir spielen das Stück zum zweitenmal.
»Könnt ihr *Eight days a week*?«
Die Rangerin vom Parktor taucht auf, lacht mich wieder an, setzt sich zu uns und wippt das Knie im Takt. Ich spiele nur noch für sie, rotze die ganze Rockleiter rauf und runter, soll das ›Fis‹ doch ein ›F‹ sein; solange es ihr Lachen nicht vertreibt, kümmert mich keine Harmonielehre.
Sie stochert mit einem dicken Ast in der Glut, manchmal blickt sie plötzlich auf, weil sie spürt, daß sie pausenlos angestarrt wird.
Ein Joint geht rum, jeder darf mal, jeder will mal, die vielen glänzenden Augen werden noch glitzeriger, und manche lehnen sich schon nach hinten, starren hoch in den klaren Himmel und lassen die Sterne funkeln.
Wir spielen noch ein Stück, das letzte, sagen wir. Uns beiden gehorchen allmählich die Finger nicht mehr.

Der kleine Rauch, Whisky und Bier treffen in meinem Kopf mit der ganzen gepreßten Blaseluft zusammen. Drehen die Welt links herum, dann rechts herum, dann in beide Richtungen zugleich. Ich muß mich setzen, um nicht vornüber zu fallen.
Und ich lehne mich zurück und zähle die Sterne. Überall Sterne, in allen Farben und Größen, mit dunklen Löchern dazwischen, in denen die Träume verschwunden sind. Die darf ich nicht mitzählen, das weiß ich, nur die Sterne, die echten. Und ich suche nach dem einen, dem ich vor vielen Jahren einen Namen gegeben habe, um ihn dann für alle Zeiten Rika zu schenken.

»Hi, Achim, weißt du, wie spät es schon ist?« fragt mich Lucas am nächsten Morgen in bester Laune im Waschhaus. Aber in meinem riesengroßen Brummschädel weiß ich nicht mal, wie ich in der letzten Nacht ins Bett gekommen bin, weiß nur, daß ich heute morgen fast normal im Schlafsack und in Babes Bauch lag.
»Keine Ahnung, wie spät es ist, will's auch gar nicht wissen«, geb ich diesem Phänomen von einem Zimmermann zur Antwort.
»Schon nach zwei«, meint er ungerührt.
»Ich wollte es nicht wissen«, brumm ich.
Wo hat der Typ nur das ganze Bier und den ganzen Whisky hingesteckt? Ich habe alles abgelitten, Schluck für Schluck und Zug um Zug.
Bis zum Abend dauert es, bis ich meinen Magen wieder einigermaßen mit trockenem Brot und Coca Cola stabilisiert habe. Ich schlendere in der Gegend rum, laufe ganz zufällig vorne am Tor vorbei, aber die braunäugige Indianerin ist nicht mehr da.
»Laura hat das Wochenende frei«, sagt ihre Kollegin, »soll ich ihr was ausrichten?«
»Bestellen Sie ihr einen Gruß vom Saxman«, sage ich, »ich fahre morgen weiter.«
Lucas und Jenny haben mich nach Thunder Bay eingeladen – keine Zeit für den Versuch, braunäugige Träume auszuträumen.

Like a rolling stone

Gleich wenn man nach Thunder Bay hineinkommt, darf man nicht mehr der breiten Hauptstraße folgen, auf der man stundenlang unterwegs war, sondern muß an der großen Exxon-Tankstelle rechts abbiegen und ein Stück weiter den Hügel hoch fahren. Dann links in die kleine Querstraße bei der Telefonzelle, und man steht schon fast vor dem Haus von Jenny und Lucas Brown.

Nur das Untergeschoß ist gemauert; das zweite Stockwerk, das Dach, Balkon und Veranda sind aus Holz, dunklem Holz, das wie die eckigen Schindeln auf dem Dach von Wind und Wetter grünlich gezeichnet ist.

»Our house«, sagt Lucas nur, bevor er den Schlüssel ins Schloß steckt, und er läßt einen Moment vergehen. Eine kleine Andacht, die ich kenne, weil ich manchmal bei meinen Eltern vor dem Haus stehe, in dem ich fast zwanzig Jahre lang gewohnt habe, und auch eine Sekunde vergehen lasse, bevor ich über die Schwelle trete.

»Alles, was an diesem Haus aus Holz ist«, sagt Lucas, als wir im Wohnzimmer stehen, »hat mein Vater eigenhändig gebaut. Die Treppe, die Wandvertäfelung, die ganze Küche, die Fenster, die Türen – alles.«

Dieses Haus, das mit jeder Wand, jeder Ecke, jeder Maserung in dem dunklen Holz den beiden auf den Leib geschneidert ist. Rika und mein Zuhause dagegen, eine Neubauwohnung, uniforme Räume, uniforme Wände, uniforme Türen. Vor der Eingangstür muß man aufs Namensschild schauen, damit man nicht versucht, beim Nachbarn die Wohnung aufzusperren.

Wie ein Vogelkäfig mit Kletterast im Vergleich zu einem Baum draußen auf dem Feld.

Das müßte Rika mal sehen. Sie, die mir immer vorwirft, mit nichts zufrieden zu sein.

Die mir immer wieder sagt, »wenn wir diese Wohnung schön einrichten, ist es auch ein Zuhause«, und die trotzdem die ganze Zeit ihr eigenes Traumhaus still und heimlich im Kopf mit sich herumträgt. Sie müßte es sehen, schon deswegen, damit wir in Zukunft wissen, was wir meinen, wenn wir von einem »Zuhause« sprechen.

Am nächsten Morgen ist das Haus verlassen. Jenny und Lucas sind beide auf der Arbeit. Die Sonne fällt träge zu einem Fenster herein und rutscht auf den Fußboden, ein glänzender Fleck, dem ich zusehe, wie er sich auf einen Stuhl hinbewegt. Ein ganzer Tag für mich, ein Tag ohne Sorge um Schlafplatz oder Essenmachen. Ein Tag ohne Fahrt und ohne Monsterauto. Ich stehe auf, lasse heißes Wasser in die Wanne, schicke kleine Wellen zu den Füßen und Gedanken nach Hause.

Wir hatten schon gute Zeiten mit unserer Wanne, Rika und ich. Vor ein paar Monaten, als wir neu in der Wohnung waren. Zum erstenmal gab es wieder ein Bad, nicht mehr die kleine Einbauduschkabine, in der das warme Wasser schneller zu Ende war, als man sich das Shampoo aus den Haaren spülen konnte.

Während das heiße Wasser einlief, stritten wir uns immer, wer die glatte Seite bekam und wer auf dem Stöpsel sitzen mußte. Wir knobelten, und sie gewann. Wenn ich gewann, nahm sie mich in den Arm, rieb ihren Kopf an meiner Schulter, sagte: »Schenkst du mir die schöne Seite?« – und saß wieder dort. Dann hockten wir im heißen Wasser, ließen Wellen hin und her laufen und streichelten uns mit den Füßen. Ich war mir sicher, daß es nie zu Ende gehen würde. Wenn ich ihre Arme um mich herum spürte und ihren schmalen Körper auf mir, wußte ich, daß sie nie wieder jemand anderen anschauen würde. Dann stand sie plötzlich auf, die Haut runzelig, dünn und durchgeweicht wie bei einem Neugeborenen. »Los, abtrocknen«, rief sie. Ich mußte sie im großen blauen Handtuch rubbeln und reiben, bis sie rot war und warm und zufrieden und bis die Gänsehaut auf ihrem Busen verschwunden war.

Manchmal nahm sie mich an der Hand, zog mich rüber ins andere Zimmer. »Los, komm«, flüsterte sie, und wir rutschen zusammen ins Bett und kuschelten, bis wir wieder warm und satt waren.

Sie konnte verrückt sein, diese Rika.
Später nannte sie es ›deine Badeorgien‹ und schrie ›laß mich in Ruhe damit‹. Jeder badete wieder für sich, jeder konnte wieder die Beine ausstrecken, keiner mußte mehr auf dem Stöpsel sitzen. Nur jedesmal, wenn ich seitdem alleine in einer Wanne sitze, muß ich an die große Liebe denken, zwischen Achim und Rika. Wir wußten beide so genau, daß es ewig und für immer sein würde, dieses gigantische, unfaßbare Gefühl – und in wie viele lächerlich kleine Stückchen es zerfallen war.
Vor dem Frühstück suche ich im Plattenschrank von Jenny und Lucas nach einer passenden Morgenmusik. Und ich sehe: Die beiden und ich, wir sind gleichzeitig achtzehn gewesen, und wir gehen gleichzeitig auf die Dreißig zu. Was dort steht, könnte meine eigene Sammlung sein: Cat Stevens, Beatles, Donovan, Pink Floyd, Bob Dylan, Santana, Simon and Garfunkel, Joan Baez, Leonard Cohen. Diese ganze Clique steht friedlich Scheibe für Scheibe nebeneinander.
Plötzlich ist es nicht mehr wichtig, ob es die ersten selbstverdienten Kanadischen Dollar oder die ersten Deutschen Mark waren, die wir in die Plattenläden getragen haben, plötzlich sind wir eine Familie, die Jennys, die Lucasse und ich. Wir hingen in Plattenläden rum, die beiden Hörer eng an die Ohren gedrückt, um den neuen Dylan wenigstens schon mal anzuhören, wenn auch das Geld erst im übernächsten Monat reichen würde. Jahrelang, Woche für Woche, nach der Schule oder vor dem Pizzaessen mit Freunden, bis auf einmal andere Dinge wichtiger wurden, notwendiger, vernünftiger. Und so hören alle diese Beatles-bis-Led-Zeppelin-Sammlungen genauso unvermittelt mit dem Jahr 1976 oder 1978 auf, wie sie irgendwann in den Jahren zwischen 68 und 72 angefangen haben – Dokumente einer vergangenen Zeit.
Zum ersten Mal in meinem Leben kann ich an diesem Morgen Bob Dylan verstehen, kann zwischen seinen Zeilen verstehen, daß er von Amerika singt. Nicht übersetzen, verstehen, daß er von Flüssen singt und Straßen, von Highways, Motels und orangebeleuchteten Städten in einer kühlen Nacht. Daß er von Rika singt und unserer Neu-

bauwohnung, vom tagtäglich arbeiten und dem versteckten und vergessenen Traum, wenigstens einmal im Leben Kalifornien zu sehen. Ich verstehe, daß er Jenny meint und Lucas und Rika, sogar das Kind, das in ihrem Bauch wächst. Von dem Drang spricht er, unterwegs zu sein, und der unausrottbaren Vorstellung, irgendwann einmal irgendwo anzukommen.
»Wie fühlst du dich jetzt?« fragt Bob Dylan.
»Wie fühlt es sich an, ohne Zuhause zu sein,
ohne Richtung zu sein, von niemandem erkannt zu sein?
– wie ein rollender Stein.«
Eine Platte nach der anderen lege ich auf, quer durch die ganze Sammlung. Lese nicht dabei und denke an nichts, höre nur zu – und kann endlich verstehen. »Ich bin nur ein armer Junge, deswegen wird meine Geschichte nicht so oft erzählt…« fängt ein anderer an, und ich sehe New York City vor mir, den Jungen, der dort in den winterkalten Straßenschluchten steht und seine Seele für einen Schluck Großstadtluft verkauft hat.
Als plötzlich die Tür aufgeht und Jenny reinkommt, bin ich fast traurig, daß ich nicht mehr alleine bin. Sie läuft durchs Haus, räumt hier was ein und dort was aus, stellt was auf den Herd und bietet mir einen Kaffee an.
»Es ist schon nach fünf«, sagt sie, »ich werde mal was zu essen richten.« New York und die Highways und billigen Hotels in dunklen Straßen verschwinden. Ich bin hier nicht zu Hause, ich bin noch nirgendwo angekommen. Es funktioniert nicht, bei jemandem Kredit zu nehmen, der schon haltgemacht hat. Ich muß noch ein wenig weiter unterwegs sein, meinen Träumen nachhängen und meinen Phantasien, von denen Rika immer meint, sie hören dort auf, wo ich als Ingenieur einen Dreiwegehahn an ein Schieberventil hinkonstruiere. Sie kriegt runde Augen und staunt, wenn ich ihr manchmal erzähle, was es alles gibt in meiner Vorstellung und was ich alles noch suchen muß, bevor ich mich endgültig zur Ruhe setzen kann.
Manchmal erzähle ich ihr von einem blauen Papagei, der sprechen kann, aber es nur tut, wenn ihm niemand zuhört. Der oben in einem

Glasturm sitzt und das Tagebuch auf meinem altenglischen Sekretär bewacht. Der mit Gezeter protestiert, wenn jemand versucht, sich in meinen Ohrensessel zu setzen. Ich erzähle ihr von einem Wohnzimmer ganz aus Glas auf der Spitze eines Berges, und einer Höhle zum Schlafen und Lieben.

»Du willst zuviel«, behauptet sie.

Aber ich weiß, daß es der einzig sichere Weg ist, um nicht alles viel zu früh zu erreichen.

»Und es muß alles so werden, wie du es dir vorstellst?«

»Genauso – höchstens dürfte der Papagei rot sein, falls ich partout keinen blauen bekommen kann.«

Aber Rika hat nie an blaue Papageien und Wohnzimmer aus Glas geglaubt, genauso, wie sie nie geglaubt hat, daß mich meine Phantasie eines Tages bis Thunder Bay bringt und noch viel weiter. Wahrscheinlich sitzt sie jetzt zu Hause und überlegt, was mit ihrem braven Ingenieur passiert ist, während ich hier meine Träume ablaufe, Schritt für Schritt, runter zum Hafen und zurück, zwischen kleinen Häuschen hindurch, deren Obergeschosse ganz aus Holz sind, mit grell bunt gestrichenen Fenstern und Türen.

»I'm sorry«, spricht mich plötzlich jemand an, reißt mich aus meinen Träumen und Gedanken, »können Sie mir sagen, wie ich zum Büro der Elektrizitätsgesellschaft komme?« Ich schüttel nur den Kopf, muß fast lachen. Was ist nur dran an meinem Erscheinungsbild, daß sie immer alle meinen, ich gehöre genau dort hin, wo ich gerade bin?

Dann kaufe ich mir ein Hemd. So ein verfilztes mit Karomuster, wie Lucas sie dauernd trägt.

»Du kaufst doch nie alleine deine Hemden«, würde Rika sagen, aber ich will ihr heute abend wieder einen Brief schreiben, und ich will ihr schreiben: Stell dir vor, heute mittag habe ich mir in Thunder Bay ein Hemd gekauft, alleine und völlig ohne deine Hilfe. Sie soll ruhig merken, daß ich mich verändere.

Nach diesem Spaziergang, nach dem Hafen und dem Hemdengeschäft also und nachdem ich auch noch auf dem Hauptpostamt von Thunder Bay eine Briefmarke gekauft habe, ist diese Stadt mir eigentlich vollständig bekannt. Da die Römer nie so weit nach oben und die Eskimos nie so weit nach unten gekommen sind, gibt es eigentlich nichts, was diese Stadt von anderen kanadischen oder nordamerikanischen Städten unterscheiden würde – wäre da nicht das Wetter. Überall in den Staaten und in Kanada scheint der Name Thunder Bay als Synonym für absolut kaltes und miserables Wetter zu stehen, überall, außer natürlich in Thunder Bay selbst. Alle Geschichten über das Wetter seien Lügen, erzählte mir Lucas, die Leute hätten keine Ahnung, weil sie ja vor lauter Angst vor dem kalten Wetter erst gar nicht kämen. Überall würde man behaupten, man könnte in Thunder Bay den ganzen Winter lang keinen Fuß vor die Tür setzen und der Winter dauere von September bis Mai. In Wirklichkeit sei aber hier ein außergewöhnlich mildes Klima. Höchstens sechs oder acht Wochen lang gäbe es Temperaturen unter minus zwanzig Grad.

Und dann sagte Lucas noch: »Möchtest du vielleicht in New York City leben?« und gleich darauf »na bitte«, obwohl ich ihm gar nicht geantwortet habe. Lucas war noch nie in New York. »Wozu?« fragte er, »mir gefällt es hier.«

Mir aber wird der Ort mit jedem Tag kleiner und enger, mir hängen die Wolken zu tief, und der Horizont ist zu weit weg. Ich drehe abends, wenn die beiden schon im Bett sind, den Fernseher an und schaue Spielfilme aus Hollywood/California. Manchmal auch zwei hintereinander.

Am fünften Abend kommt kein Spielfilm. Am fünften Abend habe ich auch keine Lust, schon wieder einen Brief an Rika zu schreiben. Am fünften Abend packe ich alles zusammen, schlafe noch die fünfte Nacht drüber und stehe am nächsten Morgen entschlossen auf.

Ich lade Jenny und Lucas nach Deutschland ein, bedanke mich noch einmal, lache noch einmal, tue alles, was man so tut, wenn man jemanden wahrscheinlich nie mehr wiedersieht, und lasse dann Thunder Bay hinter mir.

Die Stadt beweist mir am letzten Tag, daß wirklich alle Geschichten über das Wetter in dieser Region nur Gerüchte sind: strahlende Sonne, brütende Hitze. Kein Gedanke an minus zwanzig Grad.
Ich bin durcheinander, aufgewühlt und durchgeschwitzt während dieser Fahrt. Immer wieder lege ich Pausen ein, um der stickigen Hitze im Wageninneren zu entfliehen, immer wieder liege ich irgendwo auf Fleckchen abseits der Straße, döse ein bißchen und denke an die Zukunft. Selbst am Abend gelingt es mir nicht, die stehende Hitze aus dem Wagen zu bekommen. Also zerre ich die alte Matratze von der Ladefläche, quetsche sie oben zwischen die beiden Längsträger des Dachgepäckständers. Ich werde mich heute nacht ein bißchen ruhig verhalten müssen. Wenn ich zu oft nach einer Seite rotiere, wache ich wahrscheinlich am nächsten Morgen mit geprellten Knochen unten auf der Straße auf und nicht auf Babes Dach.
Ich rutsche tief in den Schlafsack rein, ziehe die Kordel der Kapuze eng zu, so daß nur noch ein kleines Guckloch in Richtung Himmel bleibt. Obwohl der Mond in dieser Nacht nur als schmale Sichel erscheint, blendet er mit seinem Licht und zieht das Auge magisch an. Nur wenn ich diesem Sog widerstehe und nicht direkt in die Helligkeit schaue, kann ich nach einer Zeit zwischen den hellen Sternen in der Umgebung auch noch kleinere dunkle sehen. Ich erkenne, daß sie verschiedene Farben haben, gelbe gibt es, blaue, rote und orange. Über mir steht Wega – leuchtend blau. Lucas hat sie mir gezeigt, hat die beiden anderen Sterne genannt, die wie ein Tuch zusammen mit Wega das Sommer-Dreieck aufspannen. »Ein Freund, der dir den ganzen Sommer über treu ist«, hat er gesagt. Freunde in den Sternen, davon soll man leben können. Manchmal zischen Sternschnuppen quer durch mein Kapuzen-Guckloch. Ich versuche immer wieder, mir etwas zu wünschen, solange sie noch sichtbar sind, aber sie sind zu schnell.
Nur einmal geht dort oben ein heller Punkt an, bewegt sich ganz lang-

sam von der Stelle, aber wird heller und heller. Blitzschnell gehe ich alle meine Träume und Wünsche durch. Als der weiße Punkt langsam rot wird und dann zerplatzt, bin ich doch wieder bei Rika gelandet. Ich wünsche mir Rika – nur darf ich es niemandem sagen, sonst geht es nicht in Erfüllung.

Später, als sich die Kuppel des Sternenhimmels genau wie im Planetarium schon ein ganzes Stück weiter gedreht hat, kommen noch zwei kleine Sternschnuppen, danach ein Flugzeug. Die beiden Blinkleuchten, rot und grün, brummen langsam quer durch mein Guckloch. Obwohl Blinklichter von Flugzeugen nicht allgemein als Glücksbringer anerkannt sind, wünsche ich mir wieder etwas.

Der nächste Morgen weckt mich mit Fünf-Uhr-Sonne im linken Auge und feucht-kaltem Schlafsackkomfort. Der Tau muß durch den Stoff gekrochen sein. Ich versuche die Kälte zu ignorieren, versuche noch wenigstens zwei Stunden zu schlafen, aber Nässe im Schlafsack ist eben Nässe im Schlafsack. Die wärmsten Gedanken an kuschelige Daunendecken helfen mir nicht – ich friere. Die einzige Möglichkeit, mich wieder aufzuwärmen, ist Babes Heizung. Die aber funktioniert nur, wenn der Motor mindestens zehn Minuten etwas zu tun hatte. Also krieche ich morgens um kurz nach fünf aus meinem nassen Schlafsack und steige vom Dach hinunter einen Stock tiefer.

Babe schüttelt beim Anlassen fassungslos ihre acht Zylinder. Sie kann es auf den Tod nicht ausstehen, schon um diese Zeit in die Pflicht genommen zu werden. Schließlich spuckt sie unwillig die ersten Rauchwölkchen aus. Ich kenne das bei ihr, man darf das der alten Dame nicht übelnehmen.

Ohne Frühstück im Bauch biege ich auf den Highway ein, habe mir nicht mal die Zähne geputzt.

Priorität eins: warm werden.

Nach drei Minuten ziehen die ersten warmen Lüftchen über meine Füße, wenig später trifft ein warmer Hauch auch mein rotgefrorenes Gesicht. Die Laune steigt mit der Temperatur.

Ein paar Stunden später erscheint im einförmigen Gelb der Sonnenblumenfelder vor mir ein winziger blauer Fleck. Er wird größer und

deutlicher und entpuppt sich schließlich als ein riesiger blauer Seesack, mit einem Jungen oben drauf, der mir den Daumen entgegenstreckt.
Als ich stehenbleibe, schiebt sich ein strahlendes Kindergesicht durchs offene Fenster: »Hi, Mister, nett, daß Sie halten.«
Ohne weitere Fragen öffnet er die Tür, wirft seinen Seesack nach hinten und läßt sich neben mich in das Polster fallen. Er atmet tief durch, dann lacht er zufrieden.
Mir aber schmeckt die ganze Sache nicht so richtig. Der sieht aus, als hätte er noch einen weiten Weg vor sich, und mir hat eigentlich der Kleine gereicht, der mir zwei Stunden lang von der *army* erzählt hat.
»Hi, ich fahre bis Regina«, sage ich deswegen, das ist die nächste größere Stadt, da kann ich ihn wieder abladen. Er nickt zufrieden, sagt aber nichts.
»Willst du auch in die Richtung?« frage ich.
»Mister«, sagt er und grinst frech, »es gibt hier nur zwei Richtungen. Die, aus der Sie kommen, und die da vor uns. Oder sehen Sie noch eine andere?«
Nein, ich sehe sonst keine. Seit zwanzig Meilen hat es keine Querstraßen und keine Ortschaften mehr gegeben. Nur Mais und Sonnenblumen. Eigentlich komisch, wo der Kleine herkommt. Sieht fast aus, als hätte er auf dem freien Feld geschlafen.
Der ist doch höchstens sechzehn. Wenn ich Pech habe, ist er abgehauen und die halbe Polizei von Saskatchewan sucht ihn schon. In Regina setze ich ihn raus und fertig. Am besten noch ein paar Meilen vor der Stadt, sonst macht mich noch jemand verantwortlich.
»Mister«, sagt er nach einem kurzen Augenblick Schweigen, »wissen Sie was? Ich fahre nach Kalifornien.« Er streicht sich eine blonde Strähne aus dem Gesicht, scheint mir fast, ich habe die Geste bei James Dean schon mal gesehen. Und dann gibt er mir doch tatsächlich einen freundschaftlichen Klaps auf die Schulter und meint großzügig: »Aber Regina ist schon okay, das liegt auf dem Weg – ich kenne die Gegend.«
»So, du kennst also die Gegend. Wo bist du denn eigentlich her?«

Aber anscheinend hat er meine Frage nicht verstanden. Er schaut sich im Wagen um, begutachtet meine Matratze, meine Vorräte, meinen Rucksack.

»Großartiger Reisewagen, Mister! Sie fahren von New York direkt nach Regina, was?«

»Genau«, sage ich, »vorerst genau nach Regina, direkt von New York.«

Er lehnt sich zurück, schaut aus dem Fenster. Aber während ich fahre merke ich, daß er mich vorsichtig von der Seite mustert.

»Sonnenblumen«, meint er plötzlich und zeigt raus, »das sind alles Sonnenblumen.«

»Sicher, kenne ich, die wachsen bei uns auch.«

»Oh, Mister«, grinst er und droht mit dem Finger, »jetzt habe ich Sie aber erwischt. Jetzt schwindeln Sie aber. Ich habe in ganz New York City noch keine einzige Sonnenblume gesehen.«

»Ich auch nicht«, sage ich, »aber wer sagt denn, daß ich in New York zu Hause bin?«

»Ihre Nummernschilder sind aus New York, oder. Und Sie sagten eben selber, Sie kämen aus New York.«

»Sicher, das Auto ist aus New York, und ich bin da auch durchgekommen. Aber wohnen tue ich in Deutschland.«

»Deutschland«, ruft er. »Und ich dachte, Sie seien aus Irland, wegen dem roten Bart. In Deutschland war ich auch schon mal.«

»Wo warst du denn da?« Scheint ja weit gereist zu sein, der Kleine. Erst New York, wo er keine Sonnenblumen gesehen hat, und jetzt auch noch Deutschland.

»Hab nicht viel davon gesehen, Mister, ich war damals noch ziemlich klein.«

Und seine Hände deuten etwa die Größe von einem Goldhamster an.

Als wieder Mais die Sonnenblumen am Straßenrand ablöst, zeigt er noch mal mit allumfassender Geste aus dem Fenster: »Das ist jetzt Mais!«

»Kenne ich auch, gibt's auch bei uns in Deutschland.«

»Kennen Sie alles schon, he? Warum fahren Sie dann überhaupt noch hier entlang, wenn Sie alles schon kennen?«
Er angelt sich grinsend eine von meinen Zigaretten. »Darf doch im Auto rauchen, was?«
»Im Auto schon«, sage ich, schaue wohl ein bißchen scharf auf meine Zigaretten und ziehe die Stirn in Falten.
»Oh, oh, Mister. Sorry, sorry. Wußte nicht, daß Sie so an Ihren Zigaretten hängen.«
»Ach was, nimm ruhig«, lenke ich ein. Aber er steckt sie zurück, wühlt hinten im Auto in seinem blauen Seesackmonster herum, bis er eine verdrückte Schachtel Camel zutage fördert.
»Auch eine?« Erst zögere ich, aber dann besiegt mich sein Kinderlachen. Eins zu null, muß ich zugeben, und ich lasse mir von ihm seine vorletzte Camel anzünden.
»Man nennt mich Sparky.« Er streckt mir seine Hand hin. Ich versuche ihm »Achim« beizubringen, aber er hört nur kurz hin und hat es einen Augenblick später wohl schon wieder vergessen.
»Wo kommst du eigentlich her, Sparky?« frage ich ihn noch mal. Er grinst verlegen.
»Ach, Mister Whatsyourname, das ist eine lange Geschichte, viel zu lang für den kurzen Weg von hier bis nach Regina. Wo kommen denn Sie eigentlich her?«
»Aus Deutschland, hab ich dir doch schon erzählt.«
»Richtig, richtig. Deutschland. Nicht Irland, wie ich erst dachte – hatte ich schon wieder vergessen.«
Und dann schweigt er wieder. Anscheinend will er wirklich mit seiner eigenen Geschichte nicht raus.
»Okay, Sparky«, mache ich noch einen Versuch, »dann sage mir wenigstens, wie alt du bist.«
»Achtzehn!« Er sieht mir gerade ins Gesicht, wird nicht mal rot dabei.
»Du bist aber verdammt jung für einen Achtzehnjährigen. Sozusagen der jüngste Achtzehnjährige, der mir je begegnet ist.«
»Ja, ja, ich weiß«, stöhnt er, »das ist genau mein Problem.«

»Hör mal, Sparky, oder wer immer du bist. Du kannst mich nicht ganz für dumm verkaufen. Mir macht es nichts aus, wenn du erst sechzehn oder siebzehn bist, aber ich kann es auf den Tod nicht ausstehen, wenn du anfängst, mir hier Lügenmärchen zu erzählen.«
»Vierzehn«, meint er daraufhin kleinlaut, »aber schon fast fünfzehn. Und von der Welt habe ich schon mehr gesehen als manche anderen, die schon achtzig sind. Sie werden mich nicht irgendwo raussetzen und die Bullen rufen, oder?«
»Nein, werde ich nicht.«
»Ich hätte auch keine Angst vor den Bullen – ich mag sie nur eben nicht.«
»Schon gut«, beschwichtige ich ihn. »Aber ist es denn in Ordnung, daß du mit deinen vierzehn Jahren hier mutterseelenallein auf dem Weg nach Kalifornien bist?«
»In Ordnung, sir, völlig in Ordnung!«
»Wissen deine Eltern davon?«
»Sehen Sie, Mister Whatsyourname, genau das ist diese lange Geschichte, von der ich Ihnen vorhin schon erzählt habe. Lohnt einfach nicht auf dem kurzen Weg, ich käme nicht weit.«
Aber ich will allmählich diese lange Geschichte wirklich hören. Es sind noch gut zwei Stunden bis Regina, da kann man einiges erzählen, wenn man nur will. »Fang mal an mit deiner Geschichte. Solltest du sie nicht zu Ende kriegen, könnte ich dich noch immer zum Essen einladen.«
Er überlegt noch kurz, aber dann fängt er an. Erzählt seine lange Geschichte, erzählt sie mit Händen und Füßen, mit Tränen in den Augen und Lachen, abwechselnd heiß und kalt, Zuckerbrot und Peitsche. Sparkys Leben, das ihn nach seinen eigenen Worten von Ufer zu Ufer geworfen hat, bis er schließlich vor einer halben Stunde hier in diesem Sonnenblumenfeld in Saskatchewan aufgetaucht ist.
Er sei der Sohn einer Tankwartin und eines Holzfällers, oben in Moosonee, direkt an der Hudson Bay. »Kennen Sie Moosonee, Mister? – Sehen Sie, das ist das Problem. Niemand kennt Moosonee – aber ich kannte Moosonee, o ja, ich kannte es. Meine Mutter, die die ein-

zige Tankstelle dort oben hat, die einzige im weiten Umkreis, so hundert Meilen ungefähr, also meine Mutter ist gestorben, als ich auf die Welt kam. Ein paar Jahre, nachdem es mich gab. Und mein Vater heißt Jonas und hat das natürlich nicht so besonders gut vertragen, mit der toten Frau. Er ist ein paar Tage danach einfach aufgebrochen Richtung Wald. Um Moosonee gibt es nur Wasser auf der einen Seite und Wald auf der anderen. Da ist er hin. Hatte nur mich dabei und seine Axt, so hat das angefangen.«

Und dann erzählt der kleine Sparky aus Moosonee, wie er aufgewachsen ist. Ohne Kühlschrank oder Telefon oder so'n Kram. »Kenn ich alles nicht, Mister.« Von seinem Vater ernährt mit Baumrindenbrot und Elchkuhmilch. Eine ganze Herde zahmer Elche hätte sein Vater schließlich gehabt, das seien seine Freunde gewesen.

»Einer hieß Luzifer, den Namen habe ich ihm gegeben. Er hat mir später den Schlitten gezogen, und ich konnte auch auf ihm reiten. Am Anfang war er klein, wie eine Ziege, aber schon nach einem halben Jahr war Luzifer größer als alle anderen Elche, die wir hatten. Jonas war natürlich auch groß. Habe ich schon erzählt, daß Daddys Name Jonas war? Er hätte allerdings auch gut Mohammed Ali heißen können, weil er ungefähr genauso groß und stark war. Nur nicht schwarz, natürlich.«

Seine Probleme begannen, als seine Tante Linda in seinem Leben auftauchte. Sie behauptete wohl, die Schwester der armen Mutter zu sein, was weder Jonas noch der kleine Sparky glauben mochten. Tante Linda wollte Sparky in die Zivilisation zurückbringen.

»Sie kam mit zwei Männern in einem Wasserflugzeug, zeigte mir einige Papiere, obwohl ich gar nicht lesen konnte. Jonas war gerade nicht da, er war im Wald. Jonas hätte es lesen können. Ein Glück, daß er nicht da war, sonst hätte er sie alle drei erschlagen. Glück für die drei und für ihn, weil sie ihn natürlich eingelocht hätten auf immer. Pech allerdings für mich. Tante Linda hat mich mitgenommen. Im Wasserflugzeug. Bis runter nach Halifax in Nova Scotia sind wir geflogen, ich war zehn Jahre alt.«

Dort wurde er wohl erst einmal gewaschen und gebadet, die Haare wurden ihm geschnitten, und er wurde in Kleider gesteckt, in denen er fast erstickt wäre. Dann mußte er in die Schule und Lesen und Schreiben lernen. »Deswegen kann ich es jetzt, Mister, obwohl es die schlimmsten Jahre meines Lebens waren. Im Ernst, Mister. Waren Sie mal auf einer Schule? Das ist schlimmer als Bäume umhauen und sich zugleich die Bären vom Hals halten müssen. Vor allem habe ich Luzifer vermißt. In Halifax gab es nur einen Tierpark mit Enten und Schwänen. Und Jonas – den habe ich natürlich auch vermißt.«

Also kam es, wie es kommen mußte. Nach ein paar Jahren nutzt Sparky eine Unachtsamkeit seiner Tante Linda und macht sich aus dem Staub. Wochenlange Fußmärsche, Eisenbahnfahrten auf den Pritschen von Güterwagen, immer in Richtung Nordwesten, bis er irgendwo im Wald wieder auf Papa Jonas stößt. Aber welch böse Überraschung: Jonas hatte sich inzwischen dem Feuerwasser verschrieben, Luzifers Gehege war zusammengebrochen und Luzifer abgehauen, die alte Hütte im Wald schon fast von Moos überwuchert und kaum mehr zu finden. Sparky versuchte Jonas zu kurieren, aber da war wohl nichts mehr, der alte Holzfäller war gebrochen und geknickt, schlichtweg zu nichts mehr zu gebrauchen, nicht mal mehr als Daddy.

»Eines hat er noch zu mir gesagt: Sieh dich um, Junge. Es geht zu Ende mit mir, und ich will nur noch hier im Wald sitzen und auf den Tod warten, weil das Leben kein Glück für mich war. Du aber, mein Sohn, sollst hinausgehen und dir die Welt ansehen. Bleib nicht hier in Moosonee, geh nach Europa, nach China, sieh dir Amerika an. Amerika ist groß, fahr los und sieh's dir an.«

Sparky macht ein Pause, seine Hände werden plötzlich ruhig.

»Und wann war das?«

»Das war genau vor sieben Monaten, Mister. Ich habe ein paar Sachen zusammengepackt und bin los. New York City, Chicago, Detroit, Washington D.C. und Atlantic City, ich habe den ganzen Osten gesehen. Jetzt ist der Westen dran – Kalifornien. Los Angeles, San Diego und Frisco. Mädchen, Wellenreiten und West-Coast-Culture.«

Wieder schweigt er.
»Das war die lange Geschichte?«
»Richtig, das war sie. War doch nicht so lang, wie ich zuerst dachte.«
»Und was ist jetzt wirklich?«
Er schüttelt sich vor Lachen: »Was wirklich ist? Nichts ist wirklich – *nothing is real, and nothing to get hung about.*«
»*Strawberry fields forever*«, antworte ich, und plötzlich ist es wie eine Losung, an der wir beide uns erkannt haben.
Denn wie er so dasitzt, weiße Segeltuchhose und verdrecktes T-Shirt, finde ich es gut möglich, daß ihn ein Elch gesäugt hat. Die Schultern hat er wohl auch von Jonas. Jonas, dem Riesen. Bloß seine dünnen, blondbeflaumten Ärmchen wollen noch nicht so richtig dazu passen. Für einen Moment sehe ich mich dort sitzen – vor fünfzehn Jahren, Vater an meiner Seite.
Sparky grübelt, plötzlich kommt er raus mit seinem Problem: »Sie fahren auch nach Kalifornien, Mister Whatsyourname, stimmt's?«
»Ja, stimmt«, gebe ich zu.
Er sagt nichts mehr, starrt mich nur voll Erwartung an. Ich neben Vater. Vater fährt zum Flughafen, er fliegt nach Amerika. Ich sitze neben ihm und habe nur einen Wunsch: Ich will mit nach Amerika.
»Du willst mit mir nach Kalifornien?«
Er starrt mich an, nickt. Erwartungen und Träume. Er ist vierzehn. Wenn er gesucht wird, kann's sein, sie machen eine Kindesentführung draus. Und wenn er mir irgendwann nicht mehr paßt? Ich kann ihn nicht einfach zweitausend Kilometer weiter aus dem Auto schmeißen.
Aber Moosonee, Halifax, Luzifer und Jonas. Der kleine Kerl mit seinen Geschichten und seinem Sommersprossengesicht hat etwas zum Gernhaben.
Er schaut mich an und wartet. Er spürt genau, daß sich in meinem Kopf gerade seine Zukunft entscheidet.
»Paß auf, Kleiner«, sage ich schließlich, »wir machen einen Vertrag. Wir fahren jetzt einfach mal zusammen, solange wir uns vertragen. Wenn du mir auf den Geist gehst oder wenn du keine Lust mehr hast,

bringe ich dich irgendwohin, von wo aus du zurückfahren oder alleine weiterziehen kannst. Ist das okay?«
Trotz voller Fahrt fällt er mir um den Hals, strahlt, als sei die Welt für ihn neu geschaffen worden.
»Das ist großartig, Mister. Ein großartiger Vertrag. Wann sind wir in Kalifornien, Mister?«
Dann krabbelt er nach hinten und sucht in seinem Seesack herum.
»Noch was«, ruft er nach vorne, »es wäre besser, wenn du mich nicht mehr ›Kleiner‹ nennst, okay?«
»Okay!«
Und er zieht aus seinem Sack eine Polaroid-Kamera. Ich merke es erst nicht, erschrecke nur fürchterlich, als plötzlich der Blitz aufflammt. Klick – Sssst.
Dann hält er das Papier in den Händen, beobachtet voller Spannung, wie es allmählich farbiger und schärfer wird. Schließlich kramt er einen Filzschreiber raus und schreibt in violetter Schrift auf den weißen Rand: *A man, driving to California*.

The Polaroid-Man-Photographer

»Hey, Partner«, ruft er, »ich darf dich doch Partner nennen, oder?«
Ich nicke.
Sparky lacht stolz.
»Also Partner – du hast mich noch gar nicht gefragt, was ich einmal werden will.«
»Muß ich das?« Schließlich hatte ich mir extra Mühe gegeben, ihn nicht dauernd auszufragen.
»Normalerweise fragen einen das die Erwachsenen gleich als erstes, richtige Erwachsene, meine ich.«
Ich denke, nun wird er wohl erzählen, was er einmal werden will, aber er schweigt nur hartnäckig.

»Willst du mich nun fragen oder nicht?« brummt er schließlich beleidigt.
»Also gut. Scheint dir ja viel dran zu liegen.« Ich mache eine kleine Pause, damit es nicht ganz so aufgesetzt wirkt, und dann frage ich: »Sparky, sag mal, was willst du denn eigentlich werden, wenn du groß bist?«
Er hat wieder gewonnen: »Siehst du, das ist schon ganz falsch gefragt – typisch für einen Erwachsenen, der sich gar nicht vorstellen kann, daß ich vielleicht schon was bin. Ich bin nämlich Fotograf. Genauer gesagt: Polaroid-Menschen-Fotograf.«
Sein Beruf bestehe darin, erklärt er mir, Menschen mit seiner Sofortbildkamera zu knipsen.
Menschen, nur Menschen. Lustige und traurige, schöne und häßliche, tote und lebendige. Auch wütende und verrückte – was unter Umständen ganz schön gefährlich sei. Mit Vorliebe drückt er auf Leute ab, die sich zanken, bekämpfen, streiten oder sich lieben. Kurz – ein Menschenfotograf.
»Irgendwann einmal werde ich eine Ausstellung veranstalten. Riesige Hallen, über und über voll mit kleinen Polaroidbildern. Alle werden sehen können, wie der Mensch wirklich ist.«
»Ah«, sage ich, »jetzt verstehe ich. Du hast gerade deine Sammlung begonnen. Mit dem Bild, das du eben von mir aufgenommen hast.«
Er sieht mich beleidigt an. »Du glaubst also, ich erzähle dir die ganze Zeit nur Bullshit. Sitze hier rum und erfinde Geschichten, was?«
Über die Sitzlehne hechtet er nach hinten zu seinem Riesen-Seesack, sucht drin rum, beugt sich immer tiefer hinein, bis ich denke, gleich ist er ganz drin und zieht hinter sich die Schnur zu.
Schließlich kommt er aber mit einem Schuhkarton wieder zum Vorschein.
»Hier«, sagt er, noch immer beleidigt, und er zieht das Gummiband weg, das den Deckel des Kartons hält. »Das ist nur ein kleiner Teil meiner Sammlung.« Der Karton ist fast voll. Ein Bild nach dem anderen fischt er raus, gibt es mir rüber. Bunte, kleine Bilder, mit einem violetten Filzstift-Kommentar auf dem Rand:

Paar auf einer Bank – im Streit.
Warum weint Jonas hier?
Polizist mit Sonnenbrille.
Schönes Mädchen mit Hut auf einer Brücke.
Zwischen Whitewood und den Vorstadthäusern von Regina läßt mich Sparky eine der schönsten Fotosammlungen sehen, die es gibt. Die Welt, aus den Augen eines Jungen, der nichts anderes tut, als im richtigen Augenblick in die richtige Richtung zu sehen.
Tankwart in großer Hitze.
Soldat, der sich zu Tode langweilt.
Holzfäller, wenn der Baum fällt.
»Alle Bilder von dir, Sparky?« frage ich ihn.
»Alle von mir«, sagt er stolz. »Sie gefallen dir?«
»Tolle Bilder sind das, wirklich ganz toll. Ich glaube sicher, daß du einmal deine große Ausstellung bekommen wirst.«
»Du erzählst keinen Mist, oder? Du glaubst wirklich, daß die Bilder ganz toll sind, oder?«
Er strahlt. Dann packt er wieder alles zusammen und klettert nach hinten, um seinen Bilderkarton wieder in den unendlichen Weiten seines Seesacks zu verstauen.
»Sag mal«, ruft er nach vorne, »hängst du eigentlich an deinen Lebensmitteln genauso wie an deinen Zigaretten?«
Er haut so gewaltig rein, daß ich um unsere weitere Verpflegung ernstlich besorgt bin. Erst eine Packung Kekse, die er mit zwei Dosen Cola runterspült, dann sind die Bananen dran.
»Würdest du mir auch mal was geben?« frage ich nach hinten. Eine Banane kommt nach vorne geflogen und trifft den Rückspiegel.
Auf einmal bin ich froh, daß ich Sparky im Auto habe. Was für ein Glück, daß er mit seiner Einsamkeit und seinem Monster-Seesack gerade zu der Zeit an der Straße stand, als ich mit meiner Einsamkeit und meinem Monster-Auto dort vorbeikam.

Ich liege wach.
Vielleicht der viele Kaffee beim späten Lagerfeuer. Oder Sparkys fremder Körper neben mir, die gleichmäßigen, ungewohnten Atemzüge. Ich liege lange so, die Arme hinter dem Kopf verschränkt. Kann mich einfach nicht zur Seite drehen oder mich gemütlich unter den Schlafsack kuscheln, ich will es auch gar nicht.
In manchen Nächten, in denen ich alleine bin mit meinen Gedanken, kommt es mir so vor, als könnte ich klarer denken. Ruhiger als sonst. Diese Nächte sind mir zu schade zum Auf-die-Seite-Rollen und wegschlafen. Auch in dieser Nacht stehe ich schließlich wieder auf, leise, um Sparky nicht zu wecken.
Draußen ist es dunkle Nacht. Dunkel und angenehm frisch und kühl. Der Himmel, das Sommerdreieck, die Venus, der Mond. Ich laufe einfach los, laufe in Richtung des Mondes über eine nachtschwarze Wiese, deren Ende der Horizont ist. Schwarz wie die Nacht selbst, nur ohne das flimmernde Licht der Sterne.
Babe steht schlafend hinter mir. Ein flacher, düsterer Berg abseits der Straße.
Genau in der Mitte zwischen den beiden Horizonten lege ich mich ins Gras. Zehn Uhr könnte es sein, vielleicht elf.
In Deutschland geht jetzt die Sonne auf. Zwischen dem Wäldchen und der Textilfabrik wird sie hochkommen, wird die Häuser unserer Straße am Dach erfassen wie Feuer, wird sich langsam wie der Stundenzeiger der Uhr hinuntermogeln, um dann plötzlich in einem feinen Strahl ins Zimmer zu schießen. Ein winziger Leuchtpunkt, der sich vom Fenster aus in Richtung Bett bewegt und dabei ständig wächst.
Das Licht wird sich in Rikas Haar verfangen. Ohne aufzuwachen wird sie sich auf die andere Seite drehen. Sie wird sich die Decke halb über das Gesicht ziehen, als versuche sie verzweifelt, dort drunten die Nacht noch für ein Weilchen gefangenzuhalten.

Ich habe dieses Bild studiert, habe schlaflose Morgenstunden nur dagelegen und auf den Moment gewartet, wenn der erste Strahl nadelfein ins Zimmer sticht. Ich habe dort gelegen, glücklich und wach – verzweifelt und wach. Ich habe dort gelegen, mit Rika an meiner Seite oder alleine gelassen wie eine einzelne Wolke über dem Meer.

Die Wolke über dem Meer, dieses Gefühl, das hinter allen Panzern und Hüllen, durch Jahre des Verlorenseins und Wiederfindens bei mir geblieben ist. Ein Kind war ich, ein kleiner, dicklicher Junge mit Hornbrille, als ich dieser Stimmung zwischen Angst und Einsamkeit diesen Namen gab: die Wolke über dem Meer.

Rika ist der erste fremde Mensch, der hinein kann zu diesem Gefühl. Sie kann die Nebel lösen und selber Wolke sein. Sie kann mit mir fliegen und mit mir verzweifelt sein. Sie kann mir durchs Haar streichen, sie darf mich »Kleiner« nennen.

Ihre Finger auf meiner Haut durchdringen den antrainierten Panzer der Vernunft. Sie bewegt sich durch alle Grenzen und Barrikaden, als gäbe es sie nicht. Sie nähert sich dem unberührbaren Kern, ohne mir Angst zu machen.

Und ich lasse sie, ich wehre mich nicht. Ich weiß, sie wird mich nicht zerstören. In diesen Momenten wird sie mich nicht zerstören.

Aus meinen Augen vertreibt sie die Spannung, sie löst meine Muskeln und macht mich wehrlos wie ein schlafendes Kind. Ich liege nur da. Sie liebt mich.

Sie soll bei mir bleiben. Ich will nicht, daß sie zu jemand anderem gehört.

Sie nimmt sich zwei Zigaretten, zündet sie an, steckt mir eine zwischen die Lippen. Mutter, Geliebte und Kind.

Ich bleibe die ganze Nacht von ihr umarmt, selbst wenn sie mich nicht mehr berührt.

Dann der Morgen. Wütendes Weckerklingeln und einen schnellen Kaffee im Stehen. Ich bekomme meinen Panzer zurück und Rika ihre sarkastischen Falten um den Mund.

»Träum nicht rum, die Nacht ist zu Ende«, sagte sie an einem Mor-

gen. Ein Satz wie der Stein einer Mauer. Ich weiß, daß ich sie nicht zwingen kann, mir dauernd nahe zu sein, verstehe, daß ich es nicht kann. Verstehe auch, daß Vertrauen nicht zu zwingen ist, noch nicht mal zu erbetteln. Verstehe es mit diesem verdammten, klugen Kopf – aber versuche es trotzdem immer wieder. Ich weiß, daß ich es bin, der sie zu Eis macht.
Ich wünschte, sie wäre jetzt bei mir, jetzt und hier. In diesem Augenblick neben mir, auf der schwarzen Wiese zwischen den Horizonten.
Wenn ich nur heimkönnte. Dieser verdammte Traum vom freien Menschen. Noch ein paar Stunden, und die Sonne wird auch diese Seite der Welt erreichen.
Es wird einen neuen Tag geben, neue Wege, neue Aussichten, neue Erfahrungen.
Aber dieser Traum vom freien Menschen, so kommt es mir jetzt vor, hat einen zu hohen Preis.
Zurück im Wagen leuchte ich mit der Taschenlampe herum, versuche mich zwischen dem ausgebreiteten Elchbaby und verstreuten Lebensmitteln einigermaßen in meinem verdrehten Schlafsack zurechtzufinden. Sparkys Gesicht ist mir zugewandt, sein Atem geht tief und gleichmäßig. Plötzlich kommt ein verträumtes Lächeln auf sein Gesicht. Er sieht wohl schon das Meer vor sich, Wellenreiter und Seehunde in der Morgensonne. Ganz leise lächelt er vor sich hin. Da nehme ich seine Polaroidkamera aus dem Seesack, stecke den Blitz auf. Klick – Sssst.
Im Schein der Taschenlampe beobachte ich, wie sich auf dem matten Papier Sparkys verklärtes Lächeln entwickelt. Mit seinem violetten Filzer schreibe ich auf den Rand: *Little boy, dreaming of California*.
Dann lege ich mich zurück. Ich werde noch ein kleines bißchen weiterschlafen. Ich denke an Wale im Pazifik, Seeottern in Santa Barbara, an weißen Sand und steile Felsen, an Golden Gate und eine Wolke über dem Meer.
Am nächsten Morgen ist Sparky verschwunden. Ein leerer Platz neben mir, ich fange fast an zu heulen. Dann klopft es an der Scheibe. Sein blonder Schopf lugt herein.

»Bist du wach, Partner?« ruft er, »Tee oder Kaffee – die Eier sind schon fertig.«
»Kaffee, wenn's geht – Partner«, rufe ich nach draußen.

Two girls, believing bullshit

Ich hänge noch den Gedanken der letzten Nacht hinterher, reagiere kaum auf Sparkys Sprüche und Ideen, was für verrückte Sachen wir in Kalifornien tun könnten.
Ist es alles Blödsinn, was ich hier mache? Umkehren? Nach Hause gehen – den Vater spielen für Mutter und Kind?
»Ist doch nicht wegen mir, Partner, oder?«
»Was ist nicht wegen dir?« frage ich zurück.
»Na, du redest heute nicht besonders viel.«
»Hab schlecht geschlafen.«
Er hält für knappe zwei Minuten die Klappe, dann fängt er wieder mit irgendeinem Schwachsinn nach dem Motto »schau mal, alles Sonnenblumen« an.
Ich antworte nicht, schaue geradeaus vorne durch meine Scheibe, lenke Babe auf die Rockies zu.
»Ich meine«, fängt er wieder an, »wenn du nicht reden willst, weil du schlecht geschlafen hast, kann ich auch einfach meine Klappe halten und zum Fenster rausgucken. Soll ich das mal machen?«
»Ja, versuch es mal.«
Er versucht's. Ehrlich, er versucht's.
»Ich schau jetzt also nur noch raus«, sagt er, dann schaut er raus. Eine Minute, fünf Minuten.
Dann: »Vielleicht bist du nur traurig?«
»Richtig«, sage ich, »ich bin traurig.«
»Bin ich daran schuld?«
»Nein.«

Wieder ein paar Sekunden, in denen er mit größter Anstrengung durch die Frontscheibe auf die Sonnenblumen starrt. Aber die vielen kleinen Ideen, die so durch seinen Kopf schießen, kann er einfach nicht unter Verschluß halten.

»Weißt du, ich habe mir gerade überlegt, daß du mir einfach erzählen solltest, warum du traurig bist. Dann könnte ich vielleicht auch ein bißchen darüber nachdenken.«

Einen Augenblick muß ich grinsen.

Das reicht Sparky als Bestätigung. »Stimmt doch, oder? Wir könnten beide traurig sein.«

»Ich erzähle es dir ein andermal«, sage ich, »schau du jetzt lieber raus, ob man die Berge schon sehen kann. Traurig sein kannst du auch noch, wenn es dunkel ist.«

»Okay, okay.« Dann schweigt er hartnäckig.

Starrt durch die Scheibe. *Kentucky Fried Chicken*-Bude und Fordhändler, wieder so ein Kaff ohne Anfang, Ende und Mittelpunkt.

Als die Siedler vor Jahrzehnten westlich ins gelobte Land zogen, haben sie anscheinend alle paar Kilometer einige Leute verloren. Die haben sich dann niedergelassen und Stationen gegründet für die, die auf der Suche nach Gold und Reichtum oder einfach auf der Flucht vor der Armut hinterherkamen: Westhope, Milestone, Drinkwater. Aber sie mußten etwas tun, in diesem Land. Diejenigen, die kein Ackerland mehr abbekamen, haben Fords repariert oder Hähnchen gebraten. Die Anfänge der amerikanischen Kultur. Vielleicht ist es deswegen nie eine geworden.

Dieser Ort hier heißt Tilley. Wir müssen gerade am Zentrum vorbeigefahren sein, jedenfalls habe ich einen Briefkasten, eine Telefonzelle und die Maple-Leaf-Fahne über der Post gesehen.

»Wie sieht's mit unseren Lebensmittel-Vorräten aus?« frage ich Sparky.

»Schlecht«, sagt er und schaut etwas verlegen.

»Du hast alles aufgefressen, was?«

Er nickt.

»Also, dann laß uns einkaufen gehen.«

Wir halten an einem Einkaufszentrum mit riesigem Lebensmittel-Supermarkt.
Sparky schnappt sich sofort einen Wagen, rast die Gänge vor mir auf und ab. Abwechselnd links und rechts sehe ich seine Hände in die Regale tauchen. Plötzlich hält er und ruft mich ran.
»Jetzt weiß ich nicht, ißt du Thunfisch oder ißt du keinen Thunfisch?«
Der Wagen ist zur Hälfte voll mit Obst, Brot, Konserven, Süßigkeiten.
»Thunfisch schon«, sage ich, »aber was ist mit dem Rest hier?«
»Ach, das geht schon in Ordnung.« Spricht's und verschwindet wieder zwischen den Regalen.
An der Kasse sehen wir uns wieder. Der Einkaufswagen ist voll. Sparky zupft mich am Ärmel. »Sag mal, Partner, was ich dich fragen wollte: Soll ich da auch was mitbezahlen?«
»Wäre nicht schlecht, oder. Du willst ja schließlich auch mitessen.«
Aus der grundlosen Tiefe seiner Hosentasche kramt er ein paar bunte Scheine raus, bezahlt mit finsterem Gesicht die Hälfte.
Als wir wieder im Wagen sitzen, Schokolade im Mund und Kekse in Wartestellung, fängt er wieder von seinem Geld an: »Ich habe nicht besonders viel dabei, weißt du.«
»Besonders viel wirst du auch nicht brauchen«, sage ich, »aber wieviel genau hast du denn?«
Er kramt noch einmal in seiner Tasche, befördert dann ein ganzes Bündel kanadischer Dollar ans Tageslicht.
»Soviel«, sagt er und zeigt's mir kurz rüber.
»Wieviel sind's denn?«
Er fängt an zu zählen.»336 kanadische Dollar«, sagt er schließlich.
»Also etwa dreihundert amerikanische.«
»Ist doch ganz schön viel«, sage ich, frage ihn nicht, wie er zu dem ganzen Geld gekommen ist.
Aber er will nicht gelten lassen, daß er ja mit dreihundert Dollar ganz gut für sich selber sorgen könnte. Er rechnet mir vor, was ein einziges Polaroid-Bild kostet und wie viele er braucht, um endlich seine Ausstellung eröffnen zu können.

Da ich ein ehrlicher Bewunderer seiner Kunst bin, möchte ich nicht derjenige sein, der durch reinen Geiz und kleinliches Finanzwesen die größte Menschenfotoausstellung aller Zeiten in Frage stellt. Wir einigen uns auf einen zweiten Vertrag: Alle Kosten, die ich ohnehin gehabt hätte, trage ich auch weiterhin alleine. Also: Sprit, Campingplätze, Motelzimmer. Sparky zahlt nur die Hälfte vom Essen.
»Wir machen eine Essenskasse«, schlage ich vor. »Jeder legt fünfzig Dollar rein, und du verwaltest sie.« Er ist einverstanden.
In der Spalte zwischen Sitz und Rückenlehne habe ich meine Dollarnoten versteckt. Soll er's wissen, denke ich, wenn der mich beklaut, muß ich sowieso in Sachen Menschenkenntnis von vorne anfangen. Ich ziehe fünfzig Dollar raus.
»Gutes Versteck«, murmelt er anerkennend.
»Plus fünfzig von dir.«
Er nickt und legt fünfzig Dollar dazu. Dann steckt er die beiden Scheine in seine linke Hosentasche.
»Dein eigenes ist rechts und Essenskasse ist links?«
»Ich verwechsel schon nichts, wenn du das befürchtest«, beruhigt er mich.

Hinter Tilley geht es wieder endlos geradeaus. Das Radio spielt zum hundertsten Mal die Top Forty. Die Berge sind noch nicht zu sehen. Sparky ist inzwischen still geworden, summt nur manchmal bei den Liedern aus dem Autoradio leise mit. Plötzlich schreit er laut auf: »Anhalten, anhalten.«
Er hätte nicht so laut schreien müssen, ich hatte den Fuß sowieso schon auf der Bremse. Am Straßenrand stehen zwei Anhalterinnen, beide so um die sechzehn, schätze ich.
Wir stehen noch nicht ganz, da hat Sparky schon die Scheibe unten: »Wo soll's denn hingehen?« schreit er raus.
Die beiden weichen erst erschrocken zurück, dann faßt sich die größere ein Herz: »Könntet ihr uns vielleicht nach Brooks mitnehmen?«
»Wir können euch nach Kalifornien mitnehmen, wenn es sein muß.«
Er grinst. Auf die beiden hat unser Reiseziel sichtlich Eindruck

gemacht. »Brooks ist aber nur ein paar Meilen«, sagt die Kleinere schüchtern, und da ich nicht wieder belehrt werden will, daß es nur zwei Richtungen gibt, nehme ich an, es liegt vor uns.

Wir machen den beiden die Türen hinten auf, klappen die hintere Sitzbank zurecht. Etwas umständlich steigen sie ein. Babe hat insgesamt neun Sitzplätze – können also noch einige zusteigen, bevor es richtig eng wird.

Die beiden kichern und tuscheln, Sparky dreht sich sofort auf seinem Sitz um und sorgt für Stimmung.

»Fahrt ihr eigentlich wirklich nach Kalifornien?« höre ich die eine fragen. Ich muß ja nach vorne schauen und bin deshalb an der Unterhaltung kaum beteiligt, sehe nur ab und zu mal kurz in den Rückspiegel, ob da hinten alles mit rechten Dingen zugeht.

»Sicher fahren wir nach Kalifornien«, prahlt Sparky, »besser gesagt, wir wandern aus. Wir kaufen ein Haus an der Küste, Santa Barbara vielleicht oder dort in der Nähe. Wir haben die langen Winter von New York City satt.«

Ich drehe die Ohren nach hinten, um nur ja kein Wort zu verpassen von dem, was wir noch vorhaben. Er erzählt von privaten und geschäftlichen Plänen, die beiden kriegen immer größere Augen, ich auch. Dann erzählt er unsere tragische Vergangenheit.

Ich bin sein Vater, Mutter ist dreißig Jahre älter, hat mich als Knabe verführt, und so kam sie zu Sparky. Seitdem tyrannisiert sie uns, nutzt uns aus, hackt auf uns herum. Jetzt schließlich hat es uns gereicht. Zusammen sind wir mit dem Auto unseres netten, aber leider schwachsinnigen Onkels und mit von ihm geklauten fünfzigtausend Dollar unterwegs in Richtung Kalifornien.

Ich sage kein Wort zu der ganzen Geschichte, dementiere aber auch nicht, als mich die ältere der beiden Teens fragt, ob ich wirklich Sparkys Daddy sei.

»Wie wär's denn«, höre ich plötzlich Sparky fragen, »wenn ihr beide mit uns runter nach Kalifornien kämt? Wir hätten da gute Verwendung für euch.«

Die beiden kriegen rote Köpfe und kichern.

»Wir sind doch noch in der Schule.«
»Na, meint ihr, ich bin nicht mehr in der Schule? Schule ist doch kein Problem, die finden einen doch nie.«
Er zuckt kurz zusammen, als ich ihm einen fragenden Blick rüberwerfe.
Die beiden Girls in der zweiten Reihe schweigen beeindruckt.
»Ich wette«, triumphiert Sparky, um dem Ganzen noch eins draufzusetzen, »ich wette, ihr seid noch nie aus eurem Tilley rausgekommen, was?«
»Ich war schon mal in Saskatoon«, protestiert die Kleinere, die Größere schweigt verschämt.
»Hörst du das, Daddy, sie war schon mal in Saskatoon, ist das nicht ein Ding?«
Dann steuern wir durch eine Gruppe von Holzhäusern mit einer Tankstelle in der Mitte.
»Das ist Brooks«, meldet sich die Größere, »hier müssen wir raus.«
»Darf ich ein Erinnerungsfoto machen?« schreit Sparky noch und hat auch schon abgedrückt.
Dann nimmt er seinen Filzstift, wartet, bis wir wieder fahren, und schreibt an den Rand: »Zwei Mädchen, die jeden Mist glauben.«
Er steckt das Bild zu seiner Sammlung.
»Weißt du, was ich glaube? Diese Frau da, die mich verführt hat und die deine Mutter ist, die hieß wieder Linda. Und der arme, schon etwas schwachsinnige Onkel heißt Jonas – stimmt's?«
Er zuckt die Schultern. »Kann sein, was weiß ich.«
»Warum erzählst du solche Geschichten?« frage ich.
»Welche Geschichten?« fragt er zurück.
Ich merke, daß ich auf diesem Weg nie mehr aus ihm rausbringen werde. Also lade ich ihn zum Essen ein, Vertrauen gegen Vertrauen. Aber er streitet nur mit mir rum, will unbedingt Bier statt Cola bestellen, läßt Ketchup auf den Boden tropfen und schießt eine Gurke quer durchs Lokal. Ich zahle und wir verdrücken uns, bevor sie uns rausschmeißen können. Noch immer habe ich keine vernünftige Geschichte von ihm gehört.

Später liegen wir nebeneinander im dunklen Auto. »Wie wäre es, wenn du mir mal ein bißchen von dir erzählst«, fange ich vorsichtig an.
»Erzähle du doch von dir«, antwortet er.
Ich ziehe das letzte Register: »Wenn ich jetzt sage, erzähl deine Geschichte oder steig aus, was machst du dann?«
Einen Moment lang ist Grabesruhe. Er pokert mit meinen Gefühlen, ich weiß es.
Dann sagt er: »Dann steige ich lieber aus.« Triumph schwingt in seiner Stimme – er weiß, jetzt hat er mich.
»Okay«, sage ich, »du hast gewonnen. Behalte deine Geschichte für dich, wenn dir soviel dran liegt. Ich hoffe nur, du ziehst mich nicht irgendwann in irgendwas mit rein.«
»Ich verspreche dir«, erklärt er feierlich, »wenn's irgendwann kritisch wird, dann gibt es mich gar nicht mehr. Dann bin ich jemand, den du nie gesehen hast, und du bist für mich kein Partner mehr, sondern wieder ein Mister Whatsyourname.«
»Gut«, sage ich, »ich verlasse mich drauf.«
Wieder vergeht eine lange Weile. Ich dachte, Sparky schläft schon, aber plötzlich meldet er sich doch wieder.
»Jetzt könntest eigentlich du mal eine Geschichte erzählen, so zum Einschlafen oder so.«
Ich erzähle ihm was von einer Freundin, die etwas mit einem anderen Jungen anfängt und dann schwanger wird. Alles geht drüber und drunter, und dann weiß keiner mehr Bescheid.
»Eine ziemlich üble Geschichte«, unterbricht er mich. »Wie soll denn da jemand gut schlafen können?«
»Also gut«, fange ich noch mal an: »Dann erzähle ich dir eben die Geschichte von meinem Onkel Felix.
Onkel Felix war ein Mann mit Glatze und einem grauen Kranz Haare drum herum. Er trug immer dunkelblaue Anzüge und graue Rollkragenpullover und hatte aus der einen Jackettasche einen Rechenschieber herausstehen. Onkel Felix war nämlich Oberingenieur.«
»Schon besser«, unterbricht mich Sparky wieder, »aber komm all-

mählich zur Sache. Ich will heute nacht auch noch ein bißchen schlafen.«

Ich erzähle ihm die Geschichte von Onkel Felix, der mich zur Technik gebracht hat. Erzähle ihm von Dieselloks, Glockenstühlen und Zeppelinhallen.

Als ich gerade erzählen will, wie ich mein erstes Autorennen auf dem Norisring sah, merke ich, daß er tief und fest atmet.

»Schläfst du schon?« frage ich – aber es kommt keine Antwort mehr.

Beware of bear

Morgens beim Frühstück nicken uns von allen Seiten ächzende Ölpumpen zu. Sparky sitzt auf seinem zusammengerollten Schlafsack neben unserem Frühstücksfeuer. In kleinen Schlückchen zieht er den heißen Kaffee rein, sieht verschlafen dem Auf und Ab der großen Pumpenpleuel zu.

»Ob wir heute die Berge sehen?« fragt er.

Wir holen den Rand McNally Road Atlas aus dem Wagen. Es sind höchstens noch 150 Meilen bis zum Ende dieser endlos ansteigenden Ebene. Dahinter geht es steil nach oben: die Rocky Mountains.

»Los dann«, drängelt Sparky, »trink endlich deinen Kaffee aus – ich will die Berge sehen.«

Über eine Stunde folgen wir noch dem linealgeraden vierspurigen Highway. Rechts und links das ständige Nicken der Pumpenpleuel. Hier wird das flüssige Gold aus der Erde gesaugt, das Alberta zur reichsten Provinz Kanadas gemacht hat. Es ist zwar nicht so viel, wie bei den Saudis aus dem Sand spritzt, aber es hat doch immerhin gelangt, um jahrzehntelang Kanada mit Benzin zu versorgen.

»Mir haben die Sonnenblumen besser gefallen«, meint Sparky trokken, »die wackeln wenigstens nicht dauernd mit den Köpfen hin und her.«

Er reißt eine Tüte mit Erdnüssen auf: »Hier, damit du nicht verhungerst. Wir sollten nicht mehr anhalten, bevor wir in den Bergen sind.«
Irgendwann bemerke ich eine Zacke am Horizont. Nur schemenhaft zu sehen, es könnte eine Wolke sein, aber sie bewegt sich nicht von der Stelle.
Die Straße führt direkt drauf zu. Auch Sparky hat es bemerkt, minutenlang starrt er gebannt nach vorne.
»Das sind sie, was?« murmelt er dann.
»Ja«, sage ich, »ich glaube schon. Sieht aus wie ein einzelner Berg.«
Sparky schüttelt enttäuscht den Kopf. »Mein Gott, ich hatte sie mir anders vorgestellt. Ich dachte immer, sie ragen hoch, bis in den Himmel.«
»Tun sie doch.«
»Ach was«, er macht eine abwertende Handbewegung, »der Himmel ist viel weiter oben.«
Wir machen uns über die zweite Tüte mit gesalzenen Erdnüssen her, der Motor brummt gleichmäßig, die Tachonadel steht auf 60 Meilen, nur der Zeiger der Tankanzeige sinkt langsam, aber gleichmäßig.
Keine Kurve, kein Strauch, kein Baum. Nur ebene Wiesen mit Ölpumpen oder Sonnenblumen und Mais. Alles wie gestern und vorgestern, bis auf diesen Zacken dort hinten, der nur ganz, ganz langsam aus dem Dunst auftaucht.
»In einer halben Stunde stehen wir direkt davor«, verspreche ich Sparky – aber ich kann es nicht halten.
Denn auch nach dieser halben Stunde sind erst ein paar Zacken zu sehen, vor uns noch meilenweit grüne Ebene. Es ist wie das älter werden. Irgend etwas zeigt sich schemenhaft am Horizont, von dem man nicht weiß, ob es gut ist oder schlecht. Vor zwanzig Jahren war ich Tom Sawyer auf dem Schwabach-Floß, vor fünfzehn der Lonesome Rider auf dem Mofa von Dorf zu Dorf. Vor zehn Jahren zum erstenmal richtig verliebt, vor fünf Jahren den ersten Tag mit Rika zusammen. Niemals hat man den Eindruck, in dauernder Bewegung zu sein. Nur beim Umdrehen sieht man den langen Weg, den man schon

gekommen ist. Und vor einem die Zacken der Berge, die zugleich locken und drohen. Angst und Mut.
»Ich halte an«, erkläre ich Sparky, »mir ist zum Kotzen schlecht.« Gesalzene Erdnüsse und Lebensphilosophie – das konnte nicht gutgehen. Ich versuche meinen Magen mit einem halben Liter Milch zu einem Entweder-Oder zu zwingen. Sparky rennt in der Gegend rum und ärgert Heuschrecken mit einem langen Grashalm.
»Ist dir besser?« fragt er, als er nach einiger Zeit wieder zum Wagen kommt. Ich nicke.
»Dann solltest du vielleicht jetzt deine Kamera nehmen und hier ein Foto von den Bergen machen. Noch ist schönes Gegenlicht, und auch der Abstand ist so gerade richtig. Es ist noch genug Ebene und Highway drauf, um zu sehen, wie hoch sie sind.« Es sprach der Profi.
Ich drücke ihm seine Polaroid-Kamera in die Hand, aber er schüttelt den Kopf: »Siehst du vielleicht irgendwo Menschen? Du weißt doch, daß ich solche Sachen nicht aufnehme.«
»Dann laß es«, sage ich böse, »ich jedenfalls suche mir meine Motive selber aus.« Selbst wenn er recht hätte mit seinem Gegenlicht und der Perspektive. Der soll nur nicht meinen, er könnte mich hier rumkommandieren. Einen Moment später höre ich hinter mir den Verschluß meiner Canon klicken.
Sparkys Grinsen gefriert ihm auf dem Gesicht, denn ich bekomme einen Wutanfall, stürze auf ihn zu, reiße ihm die Kamera aus der Hand – was glaubt der eigentlich, was will der sich denn noch alles rausnehmen? Für einen Augenblick will ich ins Auto springen, ihm seinen Seesack rauswerfen und wegfahren.
Aber ich klammere mich nur am Lenkrad fest, lasse mal den ersten Schub verrauchen. Er steigt ein, fast ängstlich, zieht die Tür zu.
Ich werfe den Motor an, lege mit einem Schlag den Fahrgang ein und schleudere mit durchdrehenden Reifen wieder auf den Highway zurück.
»Mach bitte Babe nicht kaputt«, sagt er kleinlaut, aber ich trete das Gas noch ein Stück weiter durch. Ist das mein Auto oder seins?
»Außerdem«, fängt er nach langer Zeit wieder vorsichtig an«, hast

du neulich auch mit meiner Kamera ein Bild gemacht, als ich geschlafen habe.«
Er schielt mich aus den Augenwinkeln an, ich antworte nicht. Wortloses Schweigen in der nächsten Stunde. Ich schiebe die Gedanken beiseite, daß ich von Sparky vielleicht etwas bekomme, was nichts zu tun hat mit Dollars, Zigaretten oder Bildern auf einem Kodachrome Film.
Schließlich biegt die 300-Meilen-Highway-Gerade in einer sanften Linkskurve in ein Tal ein, rechts neben uns eine Eisenbahnlinie, links ein schäumender Fluß, der uns aus den Bergen entgegenkommt. Wortlos schlängeln wir uns dann in engen Kurven die Rockies hoch, vorbei an kleinen, grünen Seen, vorbei an Bäumen, Vögeln und Sonnenstrahlen. Aus Sonnenblumen, Mais und Ölpumpen ist die Welt neu entstanden, und ich habe Streit mit Sparky und überlege, ob ich ihn in Vancouver an die Greyhound-Station bringe. Weit oben in den Bergen kommen wir an ein Parktor, Banff National Park. Es ist fünf Uhr abends, Sparky und ich haben seit Stunden kein Wort mehr miteinander geredet.
Die Rangerfrau am Tor erklärt, daß alle Campingplätze im Banff schon überfüllt seien, wir müßten weiterfahren bis British Columbia, der nächsten kanadischen Provinz. Dort, im Yoho Park, sei noch Platz. Noch mal eine Stunde Fahrt. Noch mal eine Stunde Schweigen?
»Sollen wir weiterfahren, Sparky, oder sollen wir uns hier irgendwo heimlich in die Büsche schlagen?«
Sparky zuckt nur die Schultern, schaut mich nicht einmal an.
Ich nehme ihn an der Schulter: »Los, sag was.«
Da dreht er den Kopf, Wasser in den Augen, ein verlassenes Kind.
»Wenn du mich nicht mehr leiden kannst, ist es sowieso egal, wo ich schlafe, vollkommen verdammt egal.«
Und dann fängt er laut an zu weinen.
Ich fahr rechts ran, rutsche rüber zu ihm, lege ihm den Arm um die Schultern und drücke ihn.
»Natürlich kann ich dich leiden«, ich streichle ihm über seinen Blond-

schopf, »du machst's einem nur manchmal schwer, weil du immer bis an die Grenze gehen mußt.«
Und ich will noch die Gelegenheit nutzen, um ihm zu erklären, wo die Grenzen sind, aber er schnieft noch zweimal tief und grinst mich dann von unten her an, wischt sich Rotz und Tränen mit dem Ärmel ab.
Ganz klar, er hat schon wieder gewonnen.
»Also«, frage ich noch mal, »hier schlafen oder weiterfahren?«
»Weiterfahren«, kommandiert er und lacht mich an aus kleinen, roten, verheulten Augen.
Während ich Babe in gewagten Links-Rechts-Kombinationen die Ostflanke der Rockies hinaufscheuche, fängt Sparky an, mir etwas aus einem Informationsblatt vorzulesen, das sie uns am Tor vom Banff-Park gegeben haben. Es geht um Grislybären:
»Liebe Parkbesucher. In diesem Park der Rocky-Mountains gibt es noch Grislybären. Bitte seien Sie sich darüber klar, daß diese Bären keine zahmen Haustiere sind, sondern Raubtiere, die unter besonderen Umständen auch dem Menschen gefährlich werden können. Grislybären unterscheiden sich von dem im übrigen Kanada vorkommenden Schwarzbären durch den Muskelhöcker auf den Schultern, die Größe und die Färbung. Ein ausgewachsener, aufrecht stehender Grisly ist bis zu drei Meter hoch.«
An dieser Stelle stockt Sparky das erste Mal, und auch mir bleibt mal kurz die Luft weg.
In munterem, erfrischenden Ton geht der Text weiter. Von den netten Burschen haben sich einige auf Menschen spezialisiert. Nachdem das Blatt dann ausführlich erläutert, daß die Grislybären fast ausgestorben sind, daß sie früher einmal ganz Nordamerika bewohnt haben und jetzt südlich dieses Parks überhaupt nicht mehr, nördlich nur noch ganz selten vorkommen, stehen am Ende noch ein paar goldene Regeln fürs Überleben:
Grislybären, sobald man sie gesehen hat, weit umgehen – sehr weit. Läuft man in einem Tal und mittendrin taucht so ein Menschenspezialist auf, am besten gleich umdrehen. Sollte alles Fortlaufen nichts

geholfen haben und der Kerl taucht plötzlich persönlich vor einem auf, dann suche man sich möglichst schnell einen Baum, auf dem man mindestens fünf Meter hoch klettern kann. Grislybären sind nämlich so schwer, daß sie nicht auf Bäume kommen.
Findet man aber keinen Baum, hilft nur noch eines – totstellen. Vielleicht verläßt den Bären dann der Jagdtrieb nebst Hunger und Spezialgebiet. Er schnüffelt noch ein bißchen rum, knabbert vielleicht auch an den besonders schmackhaften Stellen und läßt einen dann in Ruhe, um sich neuen Taten zuzuwenden.
»Lies doch weiter«, sage ich. Aber Sparky ist mittlerweile kreidebleich geworden. »Bist du sicher«, stammelt er, »daß wir dort hinwollen?«
»Hinwollen?« frage ich. »Wer spricht von hinwollen, Sparky? Wir sind schon mittendrin.«
Im Yoho-Park schließlich finden wir einen Platz für die Nacht. Sparky hat Angst vor den Bären, sein einziges Thema an diesem Abend. Ich versuche ihn zu beruhigen und ihm zugleich die Tour schmackhaft zu machen, die ich früh am nächsten Morgen hinauf auf den einen Gletscher machen will.
»Hast du überhaupt schon einmal einen Gletscher gesehen, Sparky?« frage ich ihn, »hast du schon mal vor einem Wasserfall gestanden, der hundert Meter tief runterstürzt?«
Tausend Dinge, dort oben, die er vor lauter Angst einfach auslassen würde.
»Im Grislybären innendrin nützt mir der ganze schöne Gletscheranblick nichts mehr.«
Je mehr Mühe ich mir gebe, Argumente zu finden, um so größer wird seine Angst. Er weiß ja nicht, daß ich zumindest auch ein komisches Gefühl habe. Daß ich zwar über seine Frage, ob Grislybären ein Auto aufrollen können wie eine Sardinendose, laut rauslache, daß ich aber selber überlege: Können sie, oder können sie nicht? Angst für zwei wird zu einem Spiel von Durchdrehen und Beruhigen.
Rika meint auch, ich hätte nie Angst.
»Die Welt«, behauptet sie, »besteht für dich nur aus Dingen, die

garantiert nicht oder doch nur mit einer unendlich kleinen Wahrscheinlichkeit passieren, falls sie unangenehm sind – fertig.«
Und sie hat gar nicht bemerkt, daß dies nur die Gegenform ist zu ihrer Welt: in der die schrecklichen Dinge immer ausgerechnet ihr passieren und die vollkommen unmöglichen Dinge bei ihr eben doch passieren. Schon sind die Rollen verteilt. Einer zittert, und der andere beruhigt. Einer ist klein, und der andere ist groß. Einer ist ohnmächtig, und der andere wird dadurch mächtig.
Hier ist es genau dasselbe: Sparky, der große, weitgereiste, welterfahrene Sparky, wird kleiner und schwächer und ängstlicher. Die winzige Zahl von drei gefressenen Parkbesuchern im Jahr im Vergleich zu den Millionen, die jedes Jahr kommen, die vielen hundert Wanderer, die jeden Tag dort oben rumsteigen – das alles kann mich mehr beruhigen als ihn.
Erst am Morgen, nach ein paar Stunden Heldenschlaf, ist er wieder der alte. »Los«, sagte er, »laß uns auf Bärensuche gehen.«
Dann sehe ich Sparky nur noch vor mir her den Berg hinaufspringen. Der ganze Kerl wiegt ja wahrscheinlich kaum vierzig Kilo, kein Wunder also, daß ich mit meinem Bürogewicht da nicht hinterherkomme. Ich trotte gleichmäßig, Schritt für Schritt. In engen Kehren geht es den schmalen Weg hinauf, Babe unten auf dem Parkplatz wird klein wie ein Matchbox-Auto. Sparky mitsamt seinen Bären hatte ich schon fast vergessen, da steht er plötzlich nach einer Kehre vor mir. Schreckensbleich, mit weit aufgerissenen Augen. Er gibt mir ein Zeichen, auf keinen Fall ein Geräusch zu machen. Dann zeigt er auf eine fast eingetrocknete Pfütze vor sich.
»Was ist denn da?« frage ich.
»Sei still!« zischt er und schaut sich ängstlich um, ob uns auch niemand gehört hat. Wieder deutet er erregt auf die Pfütze. Dann sehe ich es: In der Pfütze ist ein Abdruck von einem Fuß. Könnte ein Menschenfuß sein, wenn da nicht vor den Zehen noch diese fünf sauberen Linien wären, die nur von langen Krallen stammen können.
»Ist das einer?« flüstert er. Ich nicke. Die Prospekte und Warntafeln hier im Park sind voll von diesen Abdrücken, kein Zweifel.

Vorsichtig schaue ich mich in der Gegend um. Kein Märchen also, die leben wirklich hier. Die sind so echt wie Sparky oder ich oder die Ranger unten auf dem Campground.

»Laß uns umkehren, los«, flüstert Sparky. Die Angst läßt seine Augen flimmern, als würde er schon jetzt von einer ganzen Horde Grislybären gehetzt.

»Mal ganz ruhig jetzt«, sage ich, obwohl ich mich selber mächtig am Riemen reißen muß. »Vielleicht ist die Spur ja schon uralt.«

Sparky schüttelt nur den Kopf.

»Laß uns zurück«, sagt er.

»Hörst du ihn, siehst du ihn oder riechst du ihn?« frage ich.

»Laß uns zurück«, sagt er. Er hat nur noch diesen einen Satz.

Dabei könnten wir nur ein kleines Stückchen weiter oben schon den Gletscher sehen, grünweißes Eis, mit Rissen und Spalten, aus denen Wasser quillt.

Ich werde nicht umkehren. Bin ich etwa vor Prüfungen weggelaufen? Hab ich Vorstellungsgespräche oder Gerichtstermine versäumt, nur weil ich Angst hatt? Aber diesmal geht es nicht um Ruhm und Ehre und auch nicht um Image oder Karriere. Jetzt geht es um das nackte Leben. Ein großer Bär, der Jagd auf mich macht. Zum erstenmal sehe ich die Angst als eine Herausforderung. Entweder du oder ich, das ist die Vorgabe der anderen Seite.

»Ich gehe weiter«, sage ich zu Sparky, »ich glaube nicht an Grislybären.«

Er schüttelt nur entsetzt den Kopf. Ich weiß, daß ich ihn nie von dieser Stelle dort weiterbekommen hätte, wenn mir nicht der Zufall geholfen hätte.

Fröhlich plaudernd kommt nämlich auf einmal ein Pärchen den Weg hinunter. »Habt ihr den Bären gesehen?« fragt Sparky sofort.

»Welchen Bären?« fragen die.

Sparky deutet aufgeregt in die Pfütze.

»Grislybär, was?« Die sagen das so, als hätte ihnen gerade jemand eine Karnickelspur gezeigt.

Sie erzählen, daß sie im letzten Jahr ein paarmal einen hier oben

gesehen haben. Dieses Jahr noch nicht. »Die Spur ist uralt«, beruhigt uns die Frau, »drei oder vier Tage. Der wird schon längst über alle Berge sein. Die bleiben nie lange hier in diesem Tal.«
Ein Glück, daß sie von oben kommen und noch sämtliche Arme und Beine und auch sonst alles haben. Sparky läßt sich ein bißchen beruhigen. Laut reden, raten sie uns, pfeifen und singen.
»Die Bären haben mehr Angst vor euch als ihr vor ihnen.«
»Dann müssen sie aber verdammt viel Angst vor uns haben«, sagt Sparky. Aber er hat gewartet, bis die beiden es nicht mehr hören konnten.
Wir gehen weiter. Sparky springt nicht mehr voraus. Sorgsam hält er sich in meiner Nähe, redet viel und laut, klatscht vor Kehren in die Hände, pfeift und brüllt dummes Zeug in der Gegend rum. Mir nimmt er die Angst mit ab.
Für den Rückweg wählen wir eine andere Strecke, das heißt: Ich wähle sie, was zur Folge hat, daß Sparky mich wild beschimpft, als er beim Klettern ausrutscht und der Länge nach in einen Bach fällt. Wie das doppelt heulende Elend kommen wir unten an. Sparky naß und durchgefroren, ich völlig erschöpft und mit Blasen an den Füßen. »Das war das letztemal, daß ich mit dir zu einem Gletscher gelaufen bin, verlaß dich drauf«, sagt Sparky wütend. Aber mich interessiert das nicht. Ich ziehe die Schuhe aus und lege mich in den Schlafsack. »Geh heiß duschen«, rate ich ihm, »sonst erkältest du dich.« Dann schlafe ich ein.
Als ich aufwache, ist Sparky weg. Mein erster Blick: sein Seesack – aber der ist noch da.
Dann ist er mit Kamera auf Menschenjagd. Das kenne ich inzwischen. Als es dunkel wird, kommt er wieder und bringt reiche Beute mit.
Einen Fettwanst im Liegestuhl, dem der Bauch über den Gürtel quillt. Eine Reihe Angler am Ufer, die Angelruten ausgerichtet wie Salutgewehre. Ein großes buntes Handtuch mit Beulen und Falten: *Frau beim Umziehen* hat er dieses Bild genannt. Dann rückt er sein Starbild raus.

Desiré in love heißt es. Eine kleine, wilde Schönheit. »Sie ist vierzehn«, sagt er.
»Na, und weiter?« frage ich.
»Was weiter?« fragt er zurück.
Erst abends, als wir nebeneinander im Wagen liegen, kommt wieder sein: »He, Partner, schläfst du schon?«
»Ja«, sage ich.
»Du hast doch eine Frau, oder?«
»Eine Freundin«, sage ich.
»Wie alt warst du?«
»Wann?«
Er wird verlegen: »Na ja, als ihr das erste Mal – eben.«
»Vierundzwanzig.«
»So alt? Und vorher hast du mit keiner?«
»Doch«, sage ich, »vorher habe ich natürlich auch schon.«
Pause – er muß nachdenken.
»Wie ist das, erzähl mal«, sagt er dann.
»Schön«, antworte ich ihm, »das ist schön. Ein bißchen so, als würde man schwimmen lernen. Eigentlich kann man von Natur aus schwimmen, aber man ist zu doof, um wirklich über Wasser zu bleiben. Je mehr man dann kapiert und lernt, um so mehr Spaß macht es. Und wirklich fertig mit dem Lernen wird man natürlich nie. Jedes Wasser ist jeden Tag anders.«
»Ich kann nicht schwimmen«, sagt er enttäuscht.
»Macht doch nichts«, sage ich, »war ja nur ein Vergleich. Du wirst es lernen.«
»Und wie alt warst du beim erstenmal?«
»Siebzehn. Gerade siebzehn geworden. War so eine Art Geburtstagsgeschenk.«
Er seufzt. »O je, ich bin vierzehn.«
»Aber doch bald fünfzehn, oder?«
»Richtig«, sagt er lachend, »ich habe ja demnächst Geburtstag.«
Dann schweigt er und läßt mich ein bißchen einnicken.
»He, Partner«, kommt es dann wieder, »schläfst du schon?«

Ich antworte nicht, aber er weiß, daß ich wieder wach bin.
»Wann willst du denn hier wegfahren?«
»Kommt drauf an.«
»Worauf kommt's an?«
»Na, auf alles kommt es an. Was wir hier noch tun wollen, wen wir treffen, wen du noch triffst. Auf dich kommt es zum Beispiel auch an, weil wir doch Partner sind.«
»Du meinst, wenn ich jetzt sage, wir bleiben noch soundsoviel Tage, dann bleiben wir noch soundsoviel Tage?«
»Klar«, sage ich, »wenn du das sagst, dann kommt es natürlich auch darauf an.«
Er überlegt eine Weile.
»Gut«, sagt er dann, »wir bleiben noch vier Tage.«
»In Ordnung«, sage ich, »vier Tage.« Und ich weiß, daß er jetzt selig und zufrieden einschläft, von Desiré träumt und mich in Ruhe läßt.

Lonesome hobo

Ein Stück weiter das Tal hinunter gibt es einen ganz besonderen Lekkerbissen für Techniker, besonders für die Eisenbahnfreaks unter ihnen. Die Ost-West Strecke der Canadian Pacific verläuft hier wegen des sehr starken Gefälles in einem doppelt gewundenen Eisenbahntunnel. Und weil es diesen Onkel Felix ja nun wirklich gab, von dem ich Sparky neulich mal erzählt habe, und weil Onkel Felix mir auch immer die großen Loks und Züge zeigte...
Ich muß einfach diese Tunnel sehen und die alten Fachwerkbrücken und was es dort sonst noch so alles gibt. Sparky hat an diesem Morgen eigentlich andere Pläne. Gleich nach dem Frühstück setzt er sich in Trab, kommt aber schon nach zehn Minuten wieder zurück.
»Ich laufe doch mit dir rum«, sagt er, »Desiré muß mit Mom und Daddy einen Familienausflug machen.«

»Nimm was gegen Regen mit«, sage ich noch.
»Ich kann mich alleine anziehen«, mosert er, einpacken tut er dann doch nichts.
Wir laufen entlang der Straße, ich hatte Sparky gesagt, daß es rund fünf Kilometer sind, aber die Karte vom Park hier hat wohl doch einen etwas anderen Maßstab. Nach zehn Kilometern stehen wir endlich vor dem Wunderwerk kanadischer Eisenbahn-Pioniere. Sehen kann man fast nichts. Irgendwo verschwindet das Gleis im Berg, irgendwo anders taucht wieder eines auf, verläuft über einen kleinen Steg und verschwindet im nächsten Berg.
»Ist ja gigantisch, sensationell«, ärgert mich Sparky, »dafür lohnt es sich wirklich, mal kurz von Germany herüber zu jetten – weißt du, daß ich keinerlei Lust habe, den ganzen Weg wieder zurück zu laufen?«
»Wird uns wohl nicht viel anderes übrigbleiben«, sage ich.
Aber Sparky deutet runter ins Tal. Im Schrittempo quält sich von dort unten ein endloser Güterzug zu uns hinauf. Vorne hintereinander fünf gelb-blaue Dieselloks, dahinter eine unübersehbare Schlange graubrauner Güterwagen.
»Wie wär's«, fragt Sparky, »wenn wir einfach den nehmen? Der fährt doch direkt oben am Campingplatz vorbei?«
Ich tippe mal ganz kurz mit dem Finger auf seine Stirn. »Du spinnst wohl, was. Du glaubst doch wohl nicht, daß ich auf einen fahrenden Zug aufspringe?«
Aber er will wirklich aufspringen. Er sei schon hundertmal auf fahrende Züge aufgesprungen. Jeder in Amerika würde das tun, das sei sozusagen täglich Brot der Zugreisenden ohne Karte.
Die dröhnende Schlange ist gerade unter uns in den ersten Tunnel geschlüpft.
»Wir müssen uns fertigmachen«, schreit Sparky.
»Du wirst nicht aufspringen!«
Der Zug kommt aus dem ersten Tunnel, verschwindet im zweiten.
Ich halte Sparky am Arm fest. Wir stehen ein paar hundert Meter hinter dem Ausgang des zweiten Tunnels. Aus dem Loch im Berg

können wir schon das Dröhnen der Loks hören. Sparky will sich losreißen, aber für seine Kräfte langen meine noch allemal.
Dann donnern die Loks und die Wagen an uns vorbei. Sparky steht mit wütendem Gesicht neben mir, ich halte ihn noch immer eisern am Arm.
»Komm«, sage ich, »wir trampen auf der Straße zurück.«
Aber er rührt sich nicht. »Ich warte hier auf den nächsten, du kannst mich nicht ewig festhalten«, schreit er. Dann fängt es an zu regnen. Kalter Gebirgsregen mit kaltem Wind. Als Geste der Versöhnung hänge ich Sparky meinen Regenumhang über die Schultern, aber er schmeißt ihn auf den Boden. »Ich brauche deinen Scheißmantel nicht, im Güterwagen drin säßen wir jetzt trocken.«
Oben auf der Kuppe verschwindet gerade der letzte Wagen.
»Außerdem«, sage ich, »glaube ich nicht, daß du sehr viel Ahnung vom Aufspringen hast. Die Wagen waren viel zu schnell und die Böschung viel zu steil zum Anlaufnehmen.«
Sparky schaut mich zweifelnd an. »Bist du etwa auch schon mal aufgesprungen?«
»Was glaubst du«, sage ich, »was die Leute in Deutschland machen, wenn sie kein Geld für eine Karte haben, he?«
»Gut«, lenkt er ein, »wie wäre es, wenn wir noch ein bißchen weiter runter gehen, dort unten, bevor das Gleis in die Tunnel führt. Der Zug war dort noch langsamer.«
Inzwischen ist mir alles egal. Meine Hosen und Socken und Schuhe sind durchnäßt, Sparky, der ohne Umhang im strömenden Regen steht, hat inzwischen blaue Lippen von der Kälte.
»Also gut«, sage ich und bin doch überzeugt, wenn er erst einmal direkt neben den donnernden Dieselloks steht, wird er's lassen, »springen wir halt auf.«
Wir laufen die Straße noch ein Stück weiter runter, bis vor die beiden Tunnel.
»Das war nur Angeberei, oder?« fragt er, »du bist in Wirklichkeit noch nie aufgesprungen?«
»Nein«, sage ich, »außer ab und zu auf die Straßenbahn.«

Wir finden tatsächlich eine Stelle, an der das Gleis ohne Böschung verläuft. Sparky zieht mich in einen Busch, meinen grünen Umhang legen wir wie ein Tarnzelt über uns.
»Du bist in Wirklichkeit auch noch nie aufgesprungen«, frage ich ihn, »stimmt's?«
Er lacht: »Hundertmal bin ich mindestens schon so gefahren. Ich sage dir doch, hier in Amerika fahren alle Leute so.«
Es gibt kein Zurück mehr. Wieder hat er es geschafft, mich irgendwie auszurangieren. Ich will noch etwas sagen, aber Sparky schreit plötzlich »Ruhe«, springt dann aus unserem Versteck raus und legt sein Ohr auf die Schiene.
»Komm mal her und hör dir das an«, schreit er.
Ich habe keine große Lust, mir von einem Zug meinen Schädel spalten zu lassen, aber weit und breit ist nichts zu sehen und zu hören, also wage ich's auch. Es zischt und rauscht und pfeift in dem Stahl, einfach wunderbar.
»Hörst du's?«
Ich nicke.
»Du solltest dein Ohr dann langsam mal wieder wegziehen«, schreit er, »sonst wird's plötzlich ganz laut.«
Wir kriechen zurück in unser Versteck. Nach ein paar Minuten sieht man die erste Lok aus der Kurve auftauchen.
»Wollen wir nicht doch lieber auf der Straße zurücktrampen?« frage ich noch mal, aber er schüttelt nur den Kopf.
Dann sind die Loks neben uns, riesengroß, sechs Stück hintereinander sind es bei diesem Zug.
»Los«, schreit Sparky durch den Lärm und den Dieselgestank und zieht mich mit. Ich reiße meinen Regenumhang von den Sträuchern, laufe hinter ihm her. Von wegen Fußgängertempo. Wir müssen richtig über den Schotter sprinten, um auch nur annähernd die Geschwindigkeit der Wagen zu bekommen. Sparky zeigt wild winkend auf einen leeren Wagen mit offener Tür. »Den hier, den hier!« schreit er, hält sich mit einer Hand an einer Strebe fest, schwingt sich hoch.

Ich könnte trampen, schießt es mir durch den Kopf, aber dann mache ich noch drei, vier Schritte, packe die Strebe fest mit der einen Hand, dann bin ich oben.

»Wir haben's geschafft!« brüllt Sparky und fällt mir um den Hals. Wenn wir jetzt rausgucken, sieht alles furchtbar langsam aus. Ich darf mir nur nicht vorstellen, ich wäre beim letzten Schritt gestolpert.

Plötzlich ein ungeheures Dröhnen, dann wird es dunkel. Wir sind im ersten Tunnel. Dieselrauch, Staub und Wasser wirbeln durch das offene Dach und die Tür herein. Ich halte Sparky fest, damit ihn der Fahrtwind nicht rauszieht. Das Gedröhne der sechs Dieselloks hier im Tunnel läßt einem fast die Trommelfelle platzen.

Das Licht kommt wie eine Erlösung, frische Luft beruhigt die Augen, die vom Staub und Qualm brennen.

Wir fahren unter der Straße durch, auf der wir noch vor ein paar Minuten hinuntergelaufen sind. Leute stehen auf der Brücke, sehen uns in unserem offenen Wagen sitzen. Wir winken ihnen – übermütig, glücklich und stolz.

Dann der zweite Tunnel. Wieder dieses Verschlucktwerden vom Berg; Blitz, Donner und Rauch. Sparky singt brüllend durch den Lärm Lieder vom »lonesome hobo«, dem einsamen Landstreicher, der durch die Staaten kreuzt.

Ich strecke mit zusammengekniffenen Augen den Kopf zur Tür raus, aber durch die starke Kurve sehe ich den Ausgang erst Sekunden, bevor wir wieder ins Licht tauchen. Danach geht es ziemlich gerade das Tal entlang, noch immer bergauf und im Schrittempo. Wenn man nicht gerade im Tunnel steckt, ist Güterwagenfahren wie Pauschalreise mit Neckermann. Mal vom Regen abgesehen, der oben in den Wagen wirbelt.

Der Zeltplatz kommt in Sicht. »Drei, zwei, eins, los!« brüllt Hobo Sparky, dann springen wir ab.

Mein Knie blutet. Auf dem Schotter bin ich umgeknickt und gefallen.

»Tut's weh?«

»Ach was«, sage ich, »das war's mir wert.«

Ein paar Minuten danach stehen wir unter der heißen Dusche, kikken die Seife unter der Trennwand hin und her und lassen die Shampooflasche oben drüber hüpfen. Sparky singt noch immer Lieder aus dem Wilden Westen und der guten alten Zeit.
»Ich werde dann mal schauen«, ruft er rüber, »ob die kleine Desiré schon zurück ist.«
»Ja, tu das.«
»Macht dir doch nichts aus, oder, wenn ich dich ein bißchen alleine lasse?«
»Nein«, rufe ich zurück, »macht mir nichts aus.«
Dann höre ich ihn pfeifend aus dem Duschhaus zum Wagen laufen. Macht es mir was aus, wenn er mich einen Nachmittag alleine läßt?

...and her little bluejeans rolled up to her knees

Was unsere allabendlichen Lagerfeuer anbelangt, so hat sich so eine Art Arbeitsteilung eingespielt: Ich sorge für das Brennholz, und Sparky schafft die Leute ran. Genauso, wie er auf Menschenjagd für seine Fotos loszieht, so fängt er auch Abendgäste. Fängt sie mit Geschichten und Lachen und mit der sicheren Gewißheit, daß es praktisch niemanden gibt, der ihm widerstehen könnte.
Mir bleibt also nur der leichtere Teil der Arbeit: Ich habe dafür zu sorgen, daß genug Bier da ist und daß unser Holzvorrat groß genug ist, um die Nacht zu überstehen.
Auch als Desiré das erstemal an unserer Campsite vorbeiläuft, bin ich gerade damit beschäftigt, einen größeren Haufen Holz zu zerkleinern.
Sie ist barfuß. Kleine, braungebrannte Füßchen, die vorsichtig nach Plätzen ohne Tannenzapfen oder spitze Steine und Äste suchen. So beschäftigt ist sie mit ihrem vorsichtigen Laufen, daß man meinen könnte, sie sehe nichts außer ihrem Weg. Aber ich bemerke den kur-

zen suchenden Blick, den sie zu uns reinwirft. Sie kann ja nicht wissen, daß ich sie von Sparkys Foto her längst kenne.
Ich lasse sie weitergehen, vorsichtig, Schritt um Schritt. Sparky ist vor zehn Minuten gegangen, und wenn ich ihn recht verstanden habe, wollte er sich unten am Fluß mit ihr treffen.
Dann passiert sie zum zweitenmal. Sie sieht ein bißchen länger zu mir rüber, so als wollte sie nur zufällig beobachten, was ich mit dem Holz dort mache. Als ich aufsehe, schaut sie weg und geht weiter.
Jetzt wird sie sich einen Grund suchen, um noch mal hier vorbeizukommen, denke ich. Ein Eis kaufen oder zur Dusche gehen oder etwas Ähnliches.
Aber sie ist mutiger. Schon ein paar Minuten später schlendert sie wieder ganz zufällig vorbei, offensichtlich grundlos. Ihre Bluse ist überm Nabel geknotet, der Bauch genauso knusprig braun wie die Füße.
»Hi, Desiré«, rufe ich, »suchst du Sparky?« Sie bleibt erschrocken stehen, wird rot im Gesicht, dort wo die Sommersprossen noch Platz lassen, und sieht mich entgeistert an. Dann nickt sie schüchtern.
»Ich bin Achim«, sage ich und strecke ihr die Hand entgegen, »ich kenne dich von den Bildern, die Sparky von dir hat.«
»Du bist sein Bruder, oder? Ist er selbst nicht hier?« Sie kommt die paar Schritte schnell auf mich zu und schüttelt mir die Hand. Auf einmal ist es ihr anscheinend egal, wohin sie tritt.
»Du bist doch Sparkys Bruder, oder?« fragt sie noch einmal. Ich nicke, klar, Sparky ist mein kleiner Bruder.
»Am besten ist es«, rate ich ihr, »wenn du hier auf ihn wartest. Sonst verfehlt ihr euch vielleicht noch einmal.«
Sie setzt sich auf die Holzbank und schlägt die dünnen Beine übereinander. Ihre Jeans hat sie hochgerollt bis zu den Knien. Sie müssen lange Schulferien haben, hier in Kanada, denke ich, wenn sie so verteufelt braun werden.
»Willst du was zu trinken?«
»Hast du Coke?«
Ich fische ihr eine Dose aus unserem Vorrat. Bevor ich richtig

zuschauen kann, bringt sie den Trick an, den ich bei allen amerikanischen Kids seit Wochen bewundere: Sie nehmen die Dose in eine Hand und reißen den Verschluß auf, ohne die andere Hand auch nur aus der Tasche zu nehmen.
»He, wie machst du das? Mir fällt jedesmal die Dose runter oder ich klemme mir den Finger ein.«
»Alle machen es so«, lacht sie, »bei der nächsten Dose zeig ich's dir.«
Es gibt nicht allzuviele so unverfängliche Themen wie das Öffnen von Coladosen. Aber ich weiß, daß ich auf keinen Fall anfangen darf, irgend etwas von Sparky oder mir zu erzählen. Zwei verschiedene Geschichten sind bestimmt gegen seine Spielregeln. Ich wundere mich schon, daß er Desiré überhaupt unsere richtige Campsite-Nummer gegeben hat.
»Du bist Musiker?« fragt sie.
Daher weht also der Wind. Ich wage einen Schuß mit verbundenen Augen: »Ja, Saxer.«
Richtig getroffen? Gottseidank, sie nickt. Das gibt mir Mut. Was könnte er sonst noch erzählt haben?
»Wir sind aus New York«, tippe ich, »ich habe dort lange Zeit gespielt. Jetzt läuft da nicht mehr viel. Deswegen gehen wir jetzt rüber nach Kalifornien.«
Sie nickt zustimmend bei allem, was ich sage.
»Sparky hat sicher alles erzählt, oder?« frage ich vorsichtshalber.
»Nein, er hat gar nicht viel erzählt. Wir sehen uns doch gar nicht so oft. Meine Eltern sind doch so komisch.«
Daher seine schlechte Laune in den letzten Tagen, allmählich geht mir ein Licht auf. Immerhin gibt mir diese Situation genug Möglichkeiten, selber ein paar Geschichten anzubringen.
»Na ja«, fange ich an, »wir waren halt zusammen in New York. Hatten eine kleine Wohnung im East Village. Ich ging jeden Abend los, machte Musik in Kneipen und Bars, um das nötige Geld zusammenzukriegen. Zwei Jahre lang. Dann hatten wir genug, um uns dieses Auto zu leisten.«
Sie schaut etwas erstaunt an Babes verrosteten Flanken entlang.

»Man verdient nicht soviel beim Saxophonspielen«, sage ich zur Entschuldigung.
»Und eure Eltern sind gestorben, oder?«
»Ja, genau. Dieser Unfall. Damals ging die harte Zeit in New York erst richtig los. Schließlich mußte ich Sparky durchfüttern, der war ja erst zwölf.«
»Zwölf?« fragt sie erstaunt. »Du hast doch gesagt, das ist vor zwei Jahren gewesen. Sparky ist doch schon siebzehn.«
»Ach richtig«, sage ich, »genau. Da bringe ich wohl was durcheinander.« Sie nickt. aber das Mißtrauen in ihren Augen bleibt.
Trotzdem erzähle ich ihr weiter. Zukunftspläne, da kann nicht viel schiefgehen. Könnte ja sein, Sparky und ich haben verschiedene Pläne. Ich erzähle von Kalifornien und der Band, die wir dort aufmachen werden, Sparky sei jetzt alt genug, um auch öffentlich als Sänger aufzutreten. Sie nickt heftig. Sparky als Rocksänger mit Schallplatten und Fernsehshow – diese Vorstellung gefällt ihr. Bei der zweiten Dose Cola versucht sie mir den Trick zu zeigen. Der Zeigefinger schnappt sich den Ring, soviel kann ich sehen.
Kurz darauf taucht Sparky auf.
»Zurück vom Fluß?« rufe ich und sehe, daß er richtig nervös wird, als er Desiré bei mir sitzen sieht. »Du hast meinen großen Bruder schon kennengelernt?« fragt er und sieht mich dabei bittend an.
»Ja«, antworte ich an ihrer Stelle, »sie hat deinen großen Bruder schon kennengelernt.«
Sie springt auf, gibt ihm einen Kuß auf die Backe, erzählt ihm, daß sie sehr stolz ist, weil er Rock 'n' Roll-Sänger werden wird, und daß sie auch einmal gerne im East Village leben würde.
Ich grinse Sparky unverwandt an. Schon wieder einer, der denkt, alle Phantasie der Welt läge bei ihm und er hätte die Exklusiv-Rechte am Geschichtenerfinden. Aber er rächt sich für mein Grinsen.
»Weißt du«, sagt er zu Desiré, »so gut spielt der gar nicht Saxophon. Wahrscheinlich wird er die erste Zeit in Kalifornien auch wieder als Tellerwäscher gehen müssen.«
Dann nimmt er sie bei der Hand und zieht sie weg. Vorhin hat sie mir

erzählt, daß er sie gestern auf den Mund geküßt hat. Ich nehme fast an, das wird er jetzt wieder tun.

Am selben Abend haben wir hohe Gäste an unserem Lagerfeuer, Desiré mitsamt Eltern.

Die beiden, ein Pärchen wie aus *Psychologie heute*, kaum fünf Jahre älter als ich, aber mit allen Wassern der modernen Pädagogik gewaschen. Die Toleranz leuchtet ihnen flammend aus den Augen, als sie mit ihrem Töchterchen zwischen sich bei uns einbiegen.

»Wir sind die Eltern von Desiré«, stellen sie sich vor. »Wir dachten, wir lernen Sie vielleicht am besten auch mal kennen.«

Mein Gott, denke ich, jetzt muß ich mich mit denen noch über Erziehungspflichten unterhalten – alles nur, weil ich Sparkys großer, verantwortungsbewußter Bruder bin.

»Hi«, sage ich und frage gleich, ob sie schon auf dem Gletscher gewesen seien und ob sie diesen eigenartigen Eisenbahntunnel schon gesehen hätten, der eigentlich zwei Tunnel sei, die sich...

Sie brennen drauf, endlich das Thema zu wechseln. Aber ich weiß genau, worauf die hinauswollen, hänge eine Geschichte an die andere und versuche, keine Pause zu machen.

Die beiden Kids sitzen daneben, grinsen abwechselnd sich und mich an, mischen sich nicht ins Gespräch der Großen und lassen schön brav die Finger voneinander.

»Ist es schwer, sich als Musiker in New York über Wasser zu halten?« fragt der besorgte Vater plötzlich. Ich hatte kein Wort von New York erzählt.

Also fange ich jetzt mit den erfundenen Geschichten an, streue den einen oder anderen Namen einer Bar im Village ein, erzähle auch von meiner Freundin, die mich leider sitzengelassen hat.

»Stellen Sie sich vor, die hat mit diesem simplen Kartentrick – ihr wißt schon, drei Karten, eine schwarze, zwei rote; und dann fragen, wo die rote ist – mit diesem Trick hat sie zeitweise mehr als hundert Dollar täglich nach Hause gebracht.

»Hundert Dollar täglich!« Er pfeift durch die Zähne. Vielleicht habe ich doch ein bißchen hoch gegriffen.

Auf einmal mischt Sparky sich ein, ist plötzlich ganz der liebe Junge von nebenan. Ob er vielleicht mit Desiré ein bißchen runter zum Fluß dürfte, solange es noch hell ist?
»Sicher«, sage ich, »geh ruhig.« Aber mich hat er gar nicht gefragt. Desirés Mutter nickt zustimmend und wirft ihrer Tochter so einen Du-bist-ja-erwachsen-Kind-ich-verlasse-mich-auf-dich-Blick zu. Dann dürfen sie abziehen.
Die Mutter lächelt ihnen nach. »Ich denke, die beiden haben viel Spaß miteinander«, meint sie beruhigt.
»Ganz sicher«, schlüpft mir's raus, »da habe ich keine Sorge.«
»Wissen Sie«, fängt Desirés Vater dann sehr vertraulich an, »sie sind eben noch sehr jung – Sie verstehen, was ich meine?«
»Sicher«, sage ich. Plötzlich knistert dieses ganze Gespräch vor lauter verantwortlich und erwachsen und vernünftig sein.
»Die nächsten Tage – wenn wir gemeinsam ein Auge drauf haben, meine ich. Es wird nichts passieren, denke ich, oder?«
»Sicher«, sage ich wieder, »oder besser – sicher nicht.«
Wie ein Verrückter lege ich Holz nach. Irgendwann müssen doch unsere Vorräte zu Ende sein. Dann wird es kalt und dunkel, und die beiden werden wohl abziehen.
Desirés Mutter hat inzwischen meine Aussprache mißtrauisch gemacht.
»Es kommt mir schon den ganzen Abend so vor, als sprächen Sie mit irgendeinem Akzent, kann das sein?«
Ich bin inzwischen so weit, daß ich am liebsten sagen würde, hört mal, Leute, ich bin Deutscher und habe diesen Knaben auf der Straße aufgelesen. Ich habe keine Ahnung, was mit ihm ist, außer, daß da irgendeiner sein muß namens Jonas, den er mag, und irgendeine namens Linda, die er nicht leiden kann. Und wenn ihr euch um die Unschuld eurer süßen kleinen Tochter sorgt, dann seid ihr bei mir völlig falsch.
Aber ich sage: »Ein Akzent? Deutsch vielleicht?«
»Ja«, meinen sie beide, »es könnte deutsch sein.«
»Tatsächlich, man hört es noch. Ich war sechs Jahre in Berlin auf

der Musikhochschule, habe mir da komische Sachen angewöhnt. Auch die Musiker meinen immer, sie hörten bei mir einen deutschen Stil raus.«

Endlich ist es soweit. Ich schmeiße den letzten Ast aufs Feuer. Los, flehe ich ihm hinterher, brenn runter oder geh aus, aber mach schnell.

Unsere Kleinen sind inzwischen wieder zurück. Sparky hat sein Hemd falsch geknöpft, aber außer mir bemerkt es niemand.

»Es war nett, Sie kennenzulernen«, sage ich, gebe erst der Frau die Hand, dann ihm. Die sollen ruhig merken, wie gut ich erzogen bin.

Dann eilen sie davon, das Töchterchen wie den wehenden Frühling zwischen sich.

»Sparky«, sage ich, »das war eine absolute Krisensituation.«

»Haben sie was gemerkt?«

»Nein, aber ich habe Geschichten erfinden müssen, die hätten für einen ganzen Monat als Gute-Nacht-Geschichten gereicht.«

Später am Abend, als wir nach halbstündiger Mückenjagd endlich friedlich nebeneinander liegen, nehme ich ihm seinen allabendlichen Gag vorweg: »He, Sparky, schläfst du schon?«

»Ja«, sagt er.

»Erzähl mir doch bitte mal eine Geschichte.«

»Du erzählst doch sonst immer abends«, wehrt er ab, »außerdem bin ich todmüde.«

»Ich meine eine bestimmte Geschichte. Du weißt, was ich meine?«

»Ich weiß, was du meinst«, antwortet er.

»Dann mal los«, sage ich. »Ich will sie jetzt endlich hören.«

»Du verpfeifst mich nicht? Wirfst mich nicht raus, verhaust mich nicht?«

»Wenn du wirklich glaubst, daß ich irgend so etwas tun würde, dann erzähle lieber nichts. Aber ich denke, so viel Vertrauen solltest du inzwischen haben.« Ist ein linker Trick aus dem *Eltern*-Magazin, das mit dem Vertrauen – ich weiß. Aber es wirkt.

Es wird eine lächerlich kurze, alberne Geschichte. Sparky wohnt in Sudbury. Sein Vater ist Jonas, die Mutter Linda – na bitte.
Er wollte in diesem Sommer mit einer Jugendgruppe nach Kalifornien. Aber sein Zeugnis war zu schlecht, da wollte Linda ihn auf einmal nicht mehr ziehen lassen. Kurze Familienkrise – dann war Sparky weg. Und ich Idiot habe ihn fast vor seiner Haustüre aufgelesen. »Direkt am zweiten Tag«, sagt er. Nur eine Nacht lang hatte er zwischen Sonnenblumen geschlafen.
»Sie werden dich suchen lassen, oder?«
»Bisher haben sie es jedesmal gemacht, wenn ich ausgebüchst bin.« Aber er verspricht mir, seinen Eltern noch morgen einen Brief zu schreiben. Daß er in guten, treusorgenden Händen ist und daß sie ihn nicht mehr suchen sollen.
»Überleg mal«, sage ich. »Wenn die Polizei hier auftaucht, bin ich mit dran.«
»Wir haben doch unseren Vertrag«, erinnert er mich. »Ich werde so tun, als ob ich erst gerade bei dir eingestiegen bin.«
»Gut«, sage ich, »dann machen wir noch gleich einen anderen Vertrag. Du mußt mir versprechen, der Desiré keinen Trouble zu machen, verstehst du?«
Er will nicht verstehen: »Was ist denn Trouble? Für euch ist doch alles Trouble, was wir machen.«
Plötzlich bin ich ›euch‹, als hätte ich die Fronten gewechselt.
»Eine Schwangerschaft zum Beispiel wäre eine Menge Trouble, glaube mir.«
»Keine Sorge«, sagt er, »vom Hinfassen alleine kriegt man keine Kinder, soviel ich weiß.«
Dann dreht er mir beleidigt den Rücken zu und zeigt damit: Alles besprochen – jetzt laß mich in Ruhe mit deinem Erwachsenengeschwätz.
Und ich bin wieder drin in der alten Gedankenmühle vom Kinderkriegen und Vatersein. Rika muß jetzt im vierten Monat sein. Ich frage mich, ob sich ihr Bauch schon wölbt.

General delivery

Motel »Mountainview«, irgendwo in British Columbia. Bäuchlings liegen wir auf unserem Kingsize-Bett und schauen Fernsehen. *Mash*. Mash ist eigentlich etwas zum Lachen – aber Sparky lacht nicht.

Vorhin, an der Rezeption, habe ich uns mit einem Augenzwinkern als Sam und Achim Lemy eingetragen – auch dabei hat er nicht gelacht, nicht einmal gegrinst. Sparky lacht schon den ganzen Tag nicht – seit heute morgen, als wir und die süße Desiré mit ihren Eltern den Campingplatz im Yohopark in zwei verschiedenen Richtungen verlassen haben. Er saß im Auto neben mir, wortlos, grübelnd.

»Komm«, habe ich gesagt, »laß den Kopf nicht hängen. In einer Woche sind wir in Kalifornien, dann suchst du dir eine andere.«

»Weißt du was«, gibt er als Antwort, »am besten, du schaust da vorne durch die Scheibe auf deine Straße und hältst die Klappe.« Dann wieder Schweigen.

Ich habe die Klappe gehalten.

Ich habe ihm auch nicht erzählt, daß ich seit Tagen an nichts anderes mehr denken kann als an den Brief, den mir Rika nach Vancouver schreiben wollte. Noch ein Tag bis Vancouver, morgen werde ich ihren Brief lesen. Sie hat bestimmt geschrieben.

Als *Mash* zu Ende ist, bleibt Sparky weiter bäuchlings liegen, das Kinn in die Hände gestützt.

»He«, sage ich, »die Sendung ist vorbei.«

»Ich weiß«, brummt er müde, »ich warte auf die nächste.«

»Ich gehe jetzt noch ein Bier trinken«, schlage ich vor, »kommst du mit?«

Er schüttelt nur den Kopf, gehe ich eben alleine.

Aber auch in der Bar quatscht mich niemand an.

Niemand fragt, ob ich eigentlich aus Deutschland käme, und ich sollte doch mal ein paar deutsche Worte sagen, und er könnte auch

welche. Volkswagen, for example, or Nazi, Heidelberg, Porsche. Alle sitzen nur still da, haben Kummerfalten und Säcke unter den Augen.
Ich würde gerne irgendeinem erzählen, hör mal, morgen hole ich mir einen Brief von meiner Freundin, postlagernd, general delivery, you know, ein Stück weiter nur, auf der Post in Vancouver. Und sie wird schreiben, daß sie den anderen Typ abgeschossen hat und nur noch mich liebt und daß ich sofort wiederkommen soll und…
Dann fällt mir wieder ein, daß sie schwanger ist.
Ich erzähle niemandem irgend etwas.

Am nächsten Morgen, sieben Uhr, wache ich auf, weil der Fernseher schon wieder läuft. Sparky sitzt komplett angezogen auf der Bettkante: »Ich wollte dich nicht wecken«, sagt er, als er sieht, daß ich die Augen aufmache.
»Doch, genau das wolltest du. Oder gibt es einen anderen Grund, mitten in der Nacht den Fernseher anzuschalten?«
»Ich mußte dich etwas fragen.«
»Frag in drei Stunden noch mal«, sage ich und drehe mich auf die andere Seite.
»Glaubst du an das alles?«
Ich öffne mit Mühe die Augen wieder, wühle mich aus der Bettdecke und setze mich auf.
»Woran?« frage ich.
»An die Liebe und so, glaubst du daran?«
»Weiß nicht«, sage ich, »Liebe und so. Ist 'ne ziemlich allgemeine Formulierung.«
»Na zum Beispiel du und diese Frau in Deutschland. Das ist doch Liebe, oder?«
»Frag mich heute abend wieder. In Vancouver liegt ein Brief von ihr. Wenn ich den gelesen habe, kann ich dir vielleicht sagen, ob es wirklich Liebe ist.«
Sparky sieht mich schweigend an. Dann schüttelt er den Kopf und lacht: »Meine trottet brav mit ihren Eltern zurück nach Toronto,

anstatt einfach mit uns mitzukommen, und sagt, es wäre Liebe. Deine geht mit anderen Männern schlafen, kriegt ein fremdes Kind und sagt auch noch, es wäre Liebe. Weißt du, was ich glaube? Das ist alles nur ein großes Verarschungsspiel.«
Wir räumen zusammen die Sachen ins Auto. Noch sechs Stunden bis Vancouver, sechs Stunden bis zu ihrem Brief.
Liebe. Ich muß doch dran glauben. Sonst kann ich den Rest auch gleich lassen.

Vor dem Postoffice in Vancouver sind meine Nerven genauso flattrig und zerzaust wie die Maple-Leaf-Fahne über dem Haupteingang.
»Bleib du im Auto, ich bin gleich wieder da«, sage ich und stelle mich an die Schlange am Schalter. Vorne versucht jemand, Geld von einem Konto abzuheben, auf dem anscheinend nichts mehr drauf ist. Es geht und geht nicht voran. Als ich endlich dran bin, ist mein Hemd naßgeschwitzt und der Mund ausgetrocknet.
»General delivery«, ächze ich und schiebe meinen Paß unter der Scheibe durch.
Die Beamtin schaut mich ganz freundlich an und meint, ich sei am verkehrten Schalter. Der richtige ist hinten in der Ecke, und es hat dort die ganze Zeit keine Schlange gestanden.
»General delivery«, sage ich wieder.
»Any passport or I.D.?« fragt der Schaltermensch.
Wo ist denn…?
Vom anderen Schalter her winkt die Beamtin mit meinem vergessenen Paß.
Ich schieb ihn dem Postmenschen hin, er sucht die Fächer »H-L« durch, zieht einen Brief und eine Karte raus.
Der Brief ist von meinen Eltern, die Karte von Tom, der inzwischen anscheinend wieder in Deutschland ist. »Sonst nichts?« frage ich.
Wieder sucht er das Fach durch.
»No, sir, nothing else, I'm sorry.«
Ich nehme die Karte, den Brief von den Eltern, wanke wie ein angeschlagener Boxer auf die Tür zu.

Das war's, denke ich, nichts sonst. Nur: Das war's.
»Excuse me, sir«, ruft es vom Schalter hinter mir her.
Ich atme auf. Also doch. Ich wußte, sie würde schreiben. Sie würde es nicht einfach wortlos zu Ende gehen lassen.
»Sie haben wieder Ihren Paß hier liegenlassen.«
Ich wanke raus zu Sparky und Babe, setze mich auf den Fahrersitz. Sparky braucht nicht zu fragen, sieht mich bloß ernst und traurig an. Irgend etwas anderes tun, denke ich, bloß nicht mehr dran denken. Zerreiße fast den Luftpostbrief von den Eltern, als ich ihn aufmachen will.
Aber ich kann die Schrift von Vater nicht lesen. Alles schwimmt mir vor den Augen.
»Come on«, sagt Sparky leise und legt mir seinen Arm um die Schultern.
Da heule ich los. Halte mich am Lenkrad fest, lege den Kopf auf die Hände und heule.
Sparky hält mir ein Taschentuch hin, ich wisch mir die Augen, schneuze mich. Leute bleiben stehen und schauen in den Wagen.
»Es wird an der verdammten Post liegen«, sagt Sparky. »Ich wette, sie hat geschrieben und die Arschlöcher haben den Brief verschlampt.«
Ich schüttel den Kopf. »Nein, du hattest recht. Es ist alles ein großes Verarschungsspiel.«
»Was machen wir jetzt?« fragt Sparky nach einer Weile. Da merke ich erst, daß ich die ganze Zeit nur dagesessen und wie blöde durch die Scheibe gestarrt habe.
»Keine Ahnung«, sage ich.
Sparky fängt an, Beschlüsse zu fassen: »Laß uns drei Tage hier in Vancouver warten, okay?« Ich nicke.
»Wir suchen uns ein Zimmer, du gehst jeden Tag zur Post, und in der restlichen Zeit schauen wir uns die Stadt an, okay?« Ich nicke.
»Dann fahr jetzt los.« Ich fahr los.
An einer kleinen Straße sagt er plötzlich: »Hier rechts.« Wir stehen vor einem kleinen, schmuddeligen Hotel.

Ich nehme ein Doppelzimmer für drei Tage.
Schreibe Sam und Achim Lemy in die Anmeldung.
Auf der Tapete sind reihenweise Stilleben mit gelben Blumen in roten Vasen. Im Nachttisch liegt die Bibel.
Das war's, das war's, geht's wieder in mir los, und eine Faust drückt in den Magen. Nur die Tränen sind alle.
Um die Lampe an der Decke kreisen Fliegen. Die Arme unterm Kopf verschränkt, starre ich hoch. Sparky schläft längst. Warum kreisen Fliegen um die Lampe, die längst ausgeschaltet ist. Ich denke an den Anfang meiner Flucht. Gibt es jetzt nichts mehr, wovor ich weglaufen müßte? Ich versuche alles zu ordnen. Was kann passiert sein?
Erstens, sie hat geschrieben, und die haben den Brief verschlampt.
Zweitens, sie hat geschrieben, aber zu spät.
Drittens, sie hat nicht geschrieben.
Sie hat nicht geschrieben, weil sie klare Verhältnisse will. Weil sie alleine sein will. Weil sie mit jemand anderem sein will. Sie schickt nur diese eine Nachricht, und die heißt: Bleib, wo du bist.

Um sieben am nächsten Morgen bin ich wieder wach, lege Sparky einen Zettel hin und fahre zur Post zurück. Sie machen erst um acht auf.
Im Coffee-Shop gegenüber setze ich mich ans Fenster und warte, bis sie endlich die rote Fahne mit dem weißen Ahornblatt über dem Haupteingang hochziehen.
»Sie waren doch gestern schon hier, sir, oder?«
Ich nicke.
»Tut mir leid, die neuen Briefe werden erst gegen Mittag einsortiert.« Was soll ich denn bis Mittag anfangen? möchte ich schreien.
Zwei Minuten nach eins, als die Mittagspause zu Ende ist, stehe ich wieder am Schalter. »Lemy«, sage ich. »General delivery for Lemy«, und schiebe meinen Paß unter der Scheibe durch.
Er zieht das Schubfach auf, fängt wieder an durchzublättern. Plötzlich schreie ich auf, ich habe hellblaue Tinte gesehen. Rika schreibt nur mit hellblauer Tinte. Große, weite Bögen mit hellblauer Tinte.

»Wo?« fragt der Schalterbeamte.
»Noch weiter zurück – noch weiter.«
»Das ist schon ›J‹, sir.«
»Da ist er!« schreie ich.
Er zieht den Brief mit der hellblauen Schrift aus dem Fach – er ist es.
»Tut mir leid, sir, wir haben das für »Jemy« gelesen.«
Warum muß sie auch immer die Großbuchstaben so verzieren. Sie macht Bögen in Richtungen, in denen keine sein dürfen.
»Wer um alles in der Welt würde denn Jemy heißen«, sage ich strahlend.
Vor dem Posteingang setze ich mich auf die Stufen in die Sonne. Ich lese vom Schluß her:
»Ich liebe Dich, Deine Rika«, steht da. So, als wäre das nie eine Frage gewesen.
»Ist es wahr«, schreibt sie, »daß Du einen Bart hast? Es wird kitzeln auf meinem Körper.«
Sieben Seiten lang hellblaue Schrift mit großen Bögen. Und immer wieder muß ich zu diesem Satz zurückgucken, der in der Zukunft geschrieben ist und der sagt: Es wird kitzeln auf meinem Körper. Ich springe die zwei Treppen hinauf zu unserem Zimmer mit den gelben Blumen in den roten Vasen an der Wand und der Bibel in der Nachttischschublade.
»Stell dir vor«, schreie ich Sparky zu, »sie hatten ihn unter Jemy.«
»Ist das Kind schon da?« fragt Sparky als erstes.
»Noch nicht, aber sie schreibt, daß sie schon fühlt, wie es strampelt und tritt.«

»Los, Sparky-Partner«, ich packe ihn an den Schultern, schüttel ihn und spreche zu allem Überfluß auch noch deutsch, »laß uns jetzt irgendwo ein paar Bäume ausreißen oder ein paar Berge versetzen oder wenigstens eine Handvoll Pferde stehlen.«
Er schaut mich verständnislos an. »War das deutsch?« fragt er und schüttelt sich.
»Oder wir könnten so richtig einkaufen gehen«, schlage ich vor, weil das Bäumeausreißen schwierig ist, wenn es bloß Hochhäuser gibt.
»Du willst einfach nur Geld ausgeben?« fragt er mißtrauisch, »dann mußt du verdammt glücklich sein – aber von mir aus. Geben wir dein Geld aus oder meins?«
Wir beschließen, unser beider Geld abwechselnd zu verschleudern.
Zuerst kauft Sparky drei Pack Polaroidfilme, für neue sensationelle Menschenfotos in den Staaten.
Dann kaufe ich mir eine schmale, blaue Badehose, für neues, sexy Strandgefühl in Kalifornien.
Sparky entscheidet sich als nächstes für einen doppelten Hamburger »all dressed«, also mit allem drauf, was man kriegen kann. Beim Reinbeißen überflutet er seine weiße Segeltuchhose mit blutrotem Ketchup. Ich bin wieder dran, wähle eine neue Jeans in Bundweite 32. Vor Amerika hat immer nur 34 gepaßt, dieses Land hat mich abgemagert. Ich werde gleich heute abend an Rika schreiben, daß sie mich nicht mehr »König Dickbauch« nennen darf.
Sparky kauft sich auch eine Jeans, allerdings eine weiße. Er läßt sie gleich an und steckt die Hose mit dem Ketchup in die Tüte.
An der nächsten Ecke kauft er sich wieder einen Hamburger. »Ohne Ketchup«, sagt er zu dem Mädchen hinter der Theke, »ich hasse Ketchup.«
»He«, sage ich, »du warst mit Kaufen gar nicht dran.«
Aber er hört nicht, weil er damit beschäftigt ist, ein Foto von dem Mädchen inmitten der Hamburger zu schießen.

Mir fällt ein, daß ich seit Wochen schon die Fummelei mit meinem kleinen Taschenmesser satt habe. Ich will endlich mal einen richtigen Dolch, mit dem ich zur Not auch mal einen Baum fällen und ein Blockhaus bauen kann.
Sparky begleitet mich ins Sportausrüstungsgeschäft, ist dann aber plötzlich nicht mehr zu sehen. Auch als ich zahle, ist er noch verschwunden. Ich suche erst das ganze Erdgeschoß ab, Schlafsäcke, Zelte, Angeln, Messer und Daunenjacken. Dann gehe ich die Treppe hoch.
Sparky steht oben inmitten von Turnschuhen, Golfschlägern und Jagdgewehren. Er hält eine riesige Baseball-Keule in den Händen und läßt sie pfeifend durch die Luft sausen, als er mich sieht.
»Nicht schlecht, was?« sagt er zu mir. Dann dreht er sich wieder zu seinem Verkäufer: »Ganz nett, aber haben Sie nicht noch größere?«
Der Mensch zieht los, um nach noch größeren Keulen zu suchen.
»Sparky«, sage ich erschrocken, »ich will mich ja nicht in deine Angelegenheiten einmischen, aber wofür um alles in der Welt brauchst du so eine Monsterkeule?«
»Genau das tust du aber«, sagt er bockig.
»Was?«
»Dich in meine Angelegenheiten einmischen.«
Der Verkäufer kommt zurück: »Hier«, sagt er und hält ihm einen absoluten Totschläger hin, »die größte, die wir haben. Es ist eine *Johnny Bench Nr. 5* von Wilson.«
»Zuverlässig die größte?«
Der Verkäufer nickt. Das Ding ist fast einen Meter lang.
»Flammengehärtet«, sagt der Verkäufer.
»Auch nicht schlecht«, nickt Sparky, »dann nehme ich die. Wieviel?«
Er bezahlt tatsächlich zwölf seiner raren Dollars für diese Mordwaffe.
»Wollt ihr auch ein paar Bälle?« fragt der Verkäufer.
»Genau, Sparky, laß uns wenigstens ein paar Bälle mitnehmen.«
»Ich brauche keine Bälle«, sagt er bestimmt.
Weder der Verkäufer noch ich können uns ein Spiel mit einer echten

J.B. Nr.5 ohne Bälle vorstellen. »Wofür brauchst du diese Keule?« frage ich Sparky draußen noch mal.
Er drückt sie mir in die Hand, tritt zwei Schritte zurück.
»Schwing sie mal ordentlich im Kreis rum«, sagt er, »aber laß sie nicht los.«
Ich nehme das Ding in beide Hände und stelle mich breitbeinig hin. Habe schließlich oft genug im Fernsehen Baseball gesehen. Dann ziehe ich einen ordentlichen Schlag durch die Luft – der Schwung reißt mich fast um.
»Na«, fragt er erwartungsvoll, »wie fühlt's sich an?«
»Stark fühlt sich's an.«
»Siehst du«, erklärt er stolz, »dafür brauche ich die Keule. Das ist mir zum letzenmal passiert, daß ich einem Grislybären begegne und umkehren muß.«
»Erstens sind wir keinem Grislybären begegnet, und zweitens sind wir nicht umgekehrt«, berichtige ich.
»Hätte aber gut sein können«, sagt er.

Zwei Gestalten laufen in Vancouver, British Columbia, Kanada eine Straße entlang. Der eine ist groß, seine Haare sind ungepflegt und verzottelt. Er hat einen roten Bart und einen Sonnenbrand auf der Nase. In den Händen hält er zwei Einkaufstüten, an seinem Gürtel baumelt ein langer, neublitzender Dolch.
Der andere ist klein und sommersprossig, hat ein Stirnband um die blonden Haare, durch seine Tüte schimmert blutrot verschmierte Kleidung. Über der Schulter trägt er eine riesengroße, feuergehärtete Baseballkeule. Würde mich wundern, wenn sie nicht in Vancouver noch heute von uns reden.
Die drei Tage, die wir voreilig in dem Hotel bezahlt haben, müssen wir nun abwohnen. Wir setzen uns runter ans Meer zu den langweilig segelnden Möwen, gehen am Abend in den neuesten Spielberg-Film, sitzen auf unserem Kingsize-Bett und schauen Color-TV.
Manchmal denken wir an die Grenze zwischen Kanada und den USA, die nur ein paar Meilen weiter südlich liegt.

Sparky hat seinen Eltern nicht geschrieben. Er hat keinen Ausweis und keine Erlaubnis, die Grenze zu überschreiten. Wahrscheinlich wird er in ganz Kanada gesucht, vielleicht sogar in den Staaten. Ganz bestimmt wird er an der Grenze gesucht. Jonas und Linda können sich denken, wo er hinwollte.
Ich habe schon probiert, ihn im Wagen dort zu verstecken, wo vorher die Notsitze drin waren. Er ist klein genug, er paßt rein. Aber wenn sie ihn dort finden, ist die Reise nicht nur für ihn zu Ende. Wir überlegen hin und her, aber wir finden keine Lösung. »Laß mal gut sein«, sagt Sparky schließlich, »mir wird schon noch was einfallen.«
An dem Morgen, als wir aufbrechen, erklärt er mir, was er sich überlegt hat. »Es ist ganz einfach«, sagt er, »hör zu! Du fährst mit dem Wagen in die Staaten rüber und nimmst mein ganzes Zeug mit, und ich laufe seitlich übers freie Land.«
»Und wenn sie schießen?«
»Schießen?« fragt er ungläubig.
»Bei uns«, sage ich, »gibt es Grenzen, da schießen sie.«
Er schüttelt den Kopf »Mann, das hier ist Kanada gegen USA, nicht Deutschland gegen Deutschland.«
Er erklärt mir den zweiten Teil des Plans. »Damit wir uns wiederfinden, fährst du bis nach Bellingham, das ist der erste größere Ort auf amerikanischer Seite. Dort nimmst du dir ein Hotelzimmer und wartest auf mich. Damit ich weiß, in welchem Hotel du bist, gehst du zur ersten Ampel an der Hauptstraße und schreibst den Namen vom Hotel und deine Zimmernummer auf.« Er wühlt seinen vielgeliebten violetten Filzstift aus dem Seesack und gibt ihn mir. »Hier, der schreibt auch auf Ampeln. Hast du alles verstanden?«
»Ich könnte doch auch«, schlage ich vor, »einfach eine Nachricht bei der Tourist Information für dich hinterlassen.«
Aber das ist Sparky nicht aufregend genug. Wir einigen uns auf die Ampel.
Vorne kommt schon das Grenzerhäuschen in Sicht. »Ich muß jetzt raus«, sagt Sparky und schnappt sich seine Kamera.
»Warte mal«, sage ich, »ich schreibe dir noch meine Anschrift in

Deutschland auf, damit du deine Bilder zurückbekommst, falls irgendwas passiert.«

Er lacht spöttisch: »Immer Angst, immer Angst, was?« Den Zettel mit meiner Anschrift steckt er trotzdem ein.

Dann verschwindet mein Sparky zwischen den Sträuchern. Mir bleibt ein komisches Gefühl.

»Belling Bell« in Bellingham, Room Nr. 24. Ich bin zurückgelaufen Richtung Kanada, habe mit seinem heiligen Filzer eine Nachricht an die erste Ampel geschrieben.

Noch war ich ruhig, konnte an diesem Abend einfach ein Restaurant suchen und mir was zu essen bestellen. Im Gegenteil, ich konnte richtig genießen, daß nicht ständig einer an meinem Bier mittrinkt, weil er zu jung ist, um sich selbst eines zu bestellen, und daß wir nicht ständig in der Gefahr waren, wegen seines Benehmens aus dem Lokal geworfen zu werden.

Um zehn Uhr war ich zurück im Motelroom – keine Spur von Sparky. Es wird Mitternacht, ich kann nicht schlafen. Zweimal stehe ich auf und öffne die Türe raus auf den Parkplatz, weil ich meine, ich hätte etwas gehört. Muß der Wind gewesen sein.

Von wegen ruhige Grenze. Die freundlichen Herren dort haben mir den halben Wagen auseinandergerissen. Ich mußte die Matratze rausräumen und den Rucksack, dann haben sie unter alle Teppiche gesehen, haben sogar die Klappe der Notsitze geöffnet. Gottseidank hatten wir den Plan aufgegeben, Sparky dort zu verstecken. Es wäre das Ende unserer Reise gewesen. Ich hatte Äpfel dabei und einen kleinen Sack Kartoffeln. Wurde beides beschlagnahmt – freundlich und mit Erklärungen. Wegen der Mittelmeerfruchtfliegen und der Kartoffelkäfer – weg war es trotzdem.

Kein Lebenszeichen von Sparky bis drei Uhr morgens. Dann ist der späte Spielfilm im Fernsehen zu Ende, und ich schalte endlich ab.

Morgens um sieben bin ich schon wieder wach, setze mich ohne Frühstück ins Auto und fahre die paar Kilometer bis auf Sichtweite vom Schlagbaum. Keine Spur von Sparky. Ich bin fast so weit, daß

ich die Zöllner fragen möchte, ob sie nicht gestern außer meinen Kartoffeln vielleicht auch noch einen kleinen Jungen beschlagnahmt haben.
Durch die Kurverei in Grenznähe muß ich aufgefallen sein, jedenfalls ist plötzlich eine »State Washington Police Patrol« hinter mir. Sie bleiben bis Bellingham dicht dran, dann stoppen sie mich.
»Nur eine ganz normale Verkehrskontrolle«, sagt der Uniformierte, läuft einmal langsam um den Wagen und besieht sich Nummernschilder, Auto und Inhalt. Ich reiche ihm meine Papiere raus.
»Aha, Deutscher?« fragt er, »geschäftlich oder Tourist?«
»Tourist«, sage ich. Er wird freundlicher. Geht zu seinem Auto zurück, kontrolliert über Funk Babes und meine Daten. Schließlich kommt er zurück und gibt mir meine Papiere wieder.
»Alles okay, sir, gute Fahrt«, wünscht er.
Ich versuche herauszufinden, ob er etwas über Sparky weiß. »Und sonst, Officer? Ruhige Nacht gehabt?«
»Das normale, sir. Ein paar Gaunereien, ein paar Betrunkene.« Er wünscht mir nochmals gute Reise, dann dreht er und fährt zur Grenze zurück.
Ein paar Gaunereien, ein paar Betrunkene – wenn's stimmt, hat zumindest er Sparky nicht gefaßt.
Ich fahre wieder ins Motel, hoffe, ihn dort todmüde im Foyersessel zu finden, denke, er würde gleich losschimpfen, warum ich nicht in meinem Zimmer bin – aber er sitzt nicht da.
Alles, was ich von ihm habe, ist dieser Seesack und eine dumme Story aus Sudbury, von der ich inzwischen auch nicht mehr weiß, ob ich sie glauben soll. Vielleicht war's nur eine Antistory, so sehr aus dem wirklichen, tödlich langweiligen Leben, daß ich sie ohne Probleme glauben konnte und endlich Ruhe gab.
Ich frühstücke hastig, suche dann seinen Filzer und schreibe an sämtliche Ampeln in Bellingham das Hotel und meine Zimmernummer.
Vom Motel aus rufe ich die Tourist Information an. »Ich möchte eine Nachricht hinterlassen für Sparky.«
»Für wen bitte?« fragt die Stimme.

»Sparky«, sage ich, »so ähnlich wie funkeln – es ist ein Künstlername.« Dann buche ich das Zimmer für eine weitere Nacht.
Warten. Nichts beschleunigen oder organisieren können. Warten müssen.
Ich esse nicht zu Abend. Lege mich bloß aufs Bett und starre in die Röhre.
Wie lange soll ich warten? Einen Tag, oder zwei. Oder soll ich zurück nach Kanada fahren und ihn suchen? Aber wo? Ich kann ja schlecht zu den Grenzern gehen und fragen, ob sie ihn eingelocht haben.
Auf allen TV-Kanälen läuft nur Schwachsinn. Wofür haben die so viele, wenn doch überall der gleiche Mist läuft? Ich lege mich flach aufs Bett, versuche von hundert bis eins rückwärts zu zählen. Irgendwann gebe ich die Hoffnung auf.
Dann fange ich an Pläne zu machen, wie ich alleine nach Kalifornien fahre und zurück nach New York.
Niemand wird im Auto ständig das Fenster aufreißen, daß es mir kalt an den Ohren zieht, niemand wird mehr das Radio mit den dämlichen Top Forty bis zum Anschlag aufdrehen, niemand wird mehr mein Geld ausgeben. Aber ich werde nicht glücklich bei meinen Gedanken.
Der ist jetzt alleine irgendwo da draußen unterwegs. Hat nicht mal eine Jacke, bloß seine blöde Kamera und drei Pack Film. Aber er mußte ja unbedingt den Helden spielen. Ich mach das schon, Partner, das habe ich schon hundertmal gemacht. Du hast immer nur Angst, immer nur Angst.
Ich muß eingenickt sein, ein Geräusch hat mich geweckt. Dann sehe ich den Schatten am Fenster. Verschlafen stolpere ich zur Tür, er fällt mir heulend in die Arme. Sein Gesicht und seine Kleider sind dreckverschmiert, er stinkt nach Schweinestall.
»Ich dachte, ich finde dich nie wieder – diese verdammte Grenze«, jammert er, »und dann stand ich an dieser verfluchten Ampel und konnte nichts lesen, weil es stockdunkel war.«
»Wie bist du rübergekommen?« frage ich, »du riechst so merkwürdig.«

Da muß er schon wieder grinsen: »In einem Schweinetransporter war eine Box leer, die habe ich genommen.«
»Komm«, sage ich, »zieh dich aus und geh unter die Dusche. Morgen gehen wir in einen Waschsalon, da wird der Gestank schon rausgehen.«
»Weißt du«, erzählt er, während er sich die stinkenden Klamotten vom Leib pellt, »daß sie riesige Colts an der Grenze haben und große deutsche Schäferhunde? Da kannst du doch nicht erwarten, daß ich einfach übers Feld renne.«
»Ich?« frage ich etwas erstaunt, »das ganze Theater war ja wohl deine Idee, oder?«
»Hattest du vielleicht eine bessere?« fragt er zurück. Dann höre ich bloß noch das heiße Wasser rauschen.
Ich gehe rüber zum *Kentucky Fried Chicken* auf der anderen Straßenseite.
»Sieben Stück von einem zerhackten Huhn, 'ne Ladung Pommes und ordentlich Ketchup drüber.«
Firmengründer Colonel Sanders grinst mir von Plakaten entgegen: »Zum Fingerlecken gut!« ist sein Slogan. In einem 24-hour-store hole ich noch einen Sixpack Budweiser.
»Hier«, sage ich und schiebe Sparky die Hähnchenschlegel hin, als er aus der Dusche kommt, »ich habe dir was zum Essen geholt. Du sahst so verhungert aus.«
Er zeigt auf die Tüte: »Vom Colonel Sanders, was? Ich dachte, der sei letztes Jahr beim Fingerlecken erstickt.« Dann sieht er das Bier.
»Mann, Partner«, meint er vorwurfsvoll, »weißt du nicht, daß es verboten ist, Minderjährigen Alkohol zu kaufen?«
Dann nimmt er sich zwei Dosen, in jede Hand eine, und reißt mit einer Bewegung beide Verschlüsse zugleich auf.
Wir trinken gemütlich unser Bier. »Sparky«, sage ich, weil ich glaube, daß jetzt der richtige Augenblick ist. »Sparky, bevor wir morgen hier weiterfahren, nimmst du dir ein Blatt Papier und schreibst einen Brief an deine Eltern nach Sudbury oder wohin auch immer – du hast es mir versprochen.«

»Schon«, sagt er »aber ich glaube nicht, daß es sehr schlau wäre. Sobald sie den Poststempel von Bellingham sehen, wissen sie, wo sie zu suchen haben. Das würde auch für dich nicht besonders lustig.«
»Okay, dann rufst du sie an. Du brauchst ja nicht zu sagen, wo du bist. Ich will nur, daß sie nicht sterben vor Angst.«
Sparky ist nicht begeistert von der Idee, aber er merkt wohl, daß ich in diesem Punkt nicht mehr mit mir reden lasse. Also nickt er widerwillig. Am nächsten Morgen packt er wie gewohnt seine Sachen ins Auto. Dann setzt er sich auf seinen Platz: »Ich bin soweit«, ruft er. Aber ich gucke ihn nur streng an und sage: »Du rufst vorher deine Eltern an.«
Wir laufen zur Telefonzelle an der Ecke, er leiht sich von mir ein paar Quarters.
»Du wartest draußen«, sagt er und zieht die Zellentür hinter sich zu. Dann sehe ich ihn wählen, sehe ihn durch die Scheibe mit jemandem sprechen. Nach nicht einmal einer Minute legt er auf und kommt wieder raus.
»So«, sagt er, »zufrieden?«
»Ging aber schnell, mit wem hast du gesprochen?«
»Mit Mom.«
»Was hat sie gesagt?«
»Junge, wo bist du, komm sofort zurück.«
»Und was hast du gesagt?«
»Ich hab gesagt: ›Hier ist dein Sohn. Mir geht es gut. Bitte sucht mich nicht, ich komme von alleine zurück.‹«
»Und dann?«
»Dann habe ich aufgelegt.«
»Sparky«, frage ich noch mal an, als wir schon aus Bellingham draußen sind, »du hast doch wirklich mit deiner Mutter gesprochen und mir nicht nur was vorgespielt, oder?«
»Glaubst du«, fragt er, »ich würde dir sowas vorspielen?«
»Ich weiß nicht«, sage ich.
»Dann denk drüber nach«, antwortet er beleidigt.

Ich lasse Babe freien Lauf. In jeder Kurve quietschen die billigen Reifen, auf holprigen Abschnitten schlagen ihre alten Federbeine bis zum Anschlag durch.

Sparky klammert sich mit beiden Händen fest und ist ein bißchen weiß um die Nase. »Was ist denn in dich gefahren, verdammt«, schreit er, »mach doch langsamer, du machst sie noch kaputt!«

»Mach du lieber dein Fenster zu, dann hört man das Reifenquietschen nicht so laut«, brülle ich zurück. Der nervt mich schon wieder den ganzen Tag mit seinem Fenster auf, Radio an und dann laufend irgendeinen Scheiß erzählen. Wenn er das Muffensausen hat, ist er wenigstens still, jedenfalls meistens.

»Du, da geht's überall verdammt steil runter, paß doch auf.«

»Ich trainiere für Le Mans, da muß man einfach dauernd im Grenzbereich fahren.«

Weiß selber nicht, warum ich plötzlich so aufdrehe. Wahrscheinlich sind's die schönen Bergstraßen, die meine alten Motorradfahrer-Gelüste zu neuem Leben erwecken. Wir kommen mit vierzig Meilen aus der Kurve, Kickdown, brav schaltet sie runter und macht ordentlich Speed bis zur nächsten Kurve. Dann ein bißchen angebremst, das schöne Schiff, und rum mit dem Lenkrad in die nächste Links-Rechts-Kombination. Wieder pfeift es an allen vier Ecken.

Als ich aus der Kurve komme, bleibt sie im zweiten Gang. Das kenne ich, das macht sie öfter in der letzten Zeit. Wenn man dann den Fuß kurz vom Gas nimmt, klappt's wieder – kleine Altershilfe, sozusagen.

Aber diesmal schaltet sie nicht. Ich gehe ein paarmal vom Gas und wieder drauf, beschleunige ein paar Sekunden und lasse sie dann wieder rollen, aber sie schaltet nicht hoch.

»Scheiße«, sage ich.

»Was?«

»Scheiße, sie schaltet nicht mehr in den Dritten.«

Sparky dreht das Radio aus und läßt eine Schimpfkanonade auf mich nieder: »Du hast sie kaputtgemacht, du wolltest es ja so. Du bist wie ein Verrückter gefahren. Sie ist eine alte Dame und kein Formel-Eins-Wagen.«
Hätte es nicht der Motor sein können oder die Bremsen oder der Auspuff? Über alles weiß ich Bescheid, bloß nicht über diese verdammten amerikanischen Automatikgetriebe. Ich erinnere mich an irgendwelche hydrodynamischen Kupplungen, an Planetenräder und ein paar Bremsbänder.
Unter der Haube ist alles voll mit Maschinenbau – habe bisher selten druntergeguckt, weil sie ja immer gelaufen ist.
Sparky springt aufgeregt um mich rum. »Du hast sie kaputtgemacht«, schreit er immer wieder, »es ist deine Schuld.«
»Halt endlich die Klappe«, brülle ich ihn an, »es ist schließlich mein Auto, und ich kann es kaputtmachen, wann und wo ich will.«
Beleidigt setzt er sich an den Straßenrand. »Ingenieure«, murmelt er, »berühmte deutsche Ingenieure.«
Von oben kommt man an das Scheißzeug überhaupt nicht dran, ich muß darunterkriechen.
Unten ist alles dunkel und ölig. Ich finde einen Hebel, der aus dem Innenraum kommt, und einen anderen, der vom Vergasergestänge zum Getriebe führt. Dann irgendwo eine elektrische Leitung.
Ehrlich, ich habe keine Ahnung, wie die Dinger funktionieren. Wahrscheinlich war ich nicht im Hörsaal, sondern gerade drüben in der PH einen Kaffee trinken, als es durchgenommen wurde.
Aber ich bin wüst entschlossen, mit diesem Wagen nach Kalifornien zu kommen, und wenn's im zweiten Gang ist. Sparky sitzt am Straßenrand und reißt verbissen einzelne Grashalme aus der Erde.
»Los, komm«, sage ich, »wir fahren weiter, es tut mir leid.«
»Wenigstens fährt sie noch«, versucht er einzulenken, »zuerst dachte ich, sie wäre ganz hin.«
Wir fahren knappe vierzig Meilen in der Stunde im zweiten Gang. Babes Motor dreht hoch, ganz so, als heule sie vor Schmerzen. Mir selbst tut's auch weh. Fünf Meilen weiter kommt ein kleines Kaff.

Ich kann dieses Geheule nicht mehr ab, das halten meine Nerven nicht aus.
»Wo ist die nächste Ford-Werkstatt?« frage ich an der einzigen Tankstelle im Ort.
»Zehn Meilen die Straße lang, in Everett.«
»Wenigstens fährt sie noch«, sagt Sparky wieder.
Es fängt an zu stinken. Wahrscheinlich wird der Motor zu heiß, weil sie so hoch dreht. Ich fahre noch langsamer. 35 Meilen in der Stunde.
»Riechst du das?« frage ich Sparky.
»Schon«, antwortet er, »aber wenigstens fährt sie noch.« Dann finden wir die Ford-Werkstätte.
»Das Auto schaltet nicht mehr hoch. Es hat keinen Krach gegeben oder so, es schaltet bloß nicht mehr in den Dritten«, erkläre ich.
»Aber wenigstens fährt es noch«, ergänzt Sparky, der mit ins Büro gekommen ist.
Der Meister aus der Werkstatt läuft zweimal um unser Auto rum.
»Wenn Sie mich fragen«, sagt er dann und zeigt mit dem Daumen über die Schulter, »fahren Sie den Wagen dort hinten hin, zu den anderen.«
Dort, wo er mit dem Daumen hinzeigt, ist ein Schrottplatz.
»Moment, Meister«, verteidige ich meine zwei Tonnen Blech, »sie hat noch nie Schwierigkeiten gemacht. Vielleicht läßt sich der Fehler ja ganz schnell beheben. Wir sind schon seit fünftausend Meilen ohne eine einzige Fehlzündung unterwegs.«
Der Ford-Meister zuckt die Schultern und grinst dumm: »Wenn Sie drauf bestehen, sir. Aber ich sage Ihnen mal, was da auf Sie zukommt. Wir nehmen Ihren Schrott auf die Hebebühne, bauen das Getriebe aus, machen es auf, reparieren alles, was kaputt ist, und bauen das Ganze wieder zusammen. Die Stunde bei uns kostet Sie genau vierzig Dollar, und wir werden acht bis zwölf Stunden brauchen, je nachdem, was hinüber ist.«
Dann nimmt er mich am Ärmel und zieht mich rüber zu so ein paar aufpolierten Schrottleichen.
»Sehen Sie sich den mal an, junger Mann. Ein Ford Pinto, kaum sie-

ben Jahre alt. Würde ich Ihnen für fünfhundert Bucks überlassen.«
Sparky stampft wütend mit dem Fuß auf: »Ich will keinen verdammten Pinto, da fahren wir wieder lieber mit Babe im zweiten Gang nach Frisco.«
»Das versuch mal, Kleiner«, grinst der Mechaniker, »solltest du jemals am Golden Gate ankommen, schick mir 'ne Karte.«
Dann dreht er sich um und geht ohne ein weiteres Wort zum Büro zurück.
»Was jetzt?« fragt Sparky mich. Ich kann nur mit den Schultern zukken.
»Haben wir zusammen fünfhundert Dollar?« fragt er.
»Vergiß es«, sage ich. Wenn wir jetzt fünfhundert Dollar hinlegen, können wir den Rest der Reise vergessen. Wir hätten nicht mal mehr genug Geld, um Wasser und Brot zu kaufen. Uns bleibt nur, alles aus Babe rauszupacken, Saxophon, Seesack, Riesenkeule, Rucksack, es auf die Schultern zu laden und den restlichen Weg zu trampen.
In der Tür der Werkstätte taucht ein alter Mann auf, vielleicht stand er auch schon die ganze Zeit da und hat uns beobachtet. Er hat das blaue Ford-Oval vorne auf seinem Monteuranzug und pafft gemächlich an einer Pfeife. Als ich zu ihm rübersehe, winkt er mich heran.
»Trouble?« fragt er, ohne die Pfeife aus dem Mund zu nehmen. Ich nicke.
»Engine?« fragt er weiter.
»Transmisson!« erkläre ich.
Er wirft einen Blick nach hinten in die Halle, aber wir werden von niemand beobachtet.
»Gary's Garage in Snohomish«, sagt er dann leise, »sieben Meilen den Highway Two East runter, ist gar nicht zu verfehlen.«
»Sie meinen, der kann uns helfen?« frage ich erstaunt.
Er macht mir ein Zeichen, nicht so laut zu reden, anscheinend ist sein Tip, zur Konkurrenz zu gehen, hier nicht so sehr erwünscht.
»Sagt Gary einen Gruß von seinem Daddy, dann wird er euch helfen. Soll ich euch die Adresse aufschreiben?«
»Nicht nötig«, sage ich, »Gary's Garage in Snohomish, ich werd's mir

merken können. Vielen Dank auch, hoffentlich klappt's.« Er nickt und bläst eine Wolke stinkenden Pfeifenrauch in die Luft. Dann geht er in die Halle zurück.

Von Gary sehen wir zunächst nur die Beine und den Hintern. Der Rest steckt irgendwo unter der Haube eines alten Studebaker.

»Daddy schickt euch?« fragt er zurück, als ich ihm unser Problem erläutere, »dann müßt ihr ja richtig Sorgen haben.« Als er vollständig aus dem Motorraum auftaucht, sehe ich, daß er vorne auf der Arbeitskombi statt des Ford-Ovals ein aufgenähtes Cannabisblatt hat. Mein Vertrauen schwindet. Auch das, was sich Gary's Garage nennt, sieht mehr nach einem Autofriedhof als nach einer Werkstatt aus.

Ich versuche ihm zu erklären, was mit Babe los ist.

»Verstehe«, sagt er dann, als ich fast zehn Minuten lang erklärt habe, »das Getriebe schaltet also nicht.«

»Aber wir müssen unbedingt nach Kalifornien, verstehst du, Gary«, mischt sich Sparky ein.

»Ja, ja«, nickt er, »da müßte ich auch mal wieder hin.«

Er öffnet die Haube und rüttelt an ein paar Hebeln – da hatte ich auch schon dran gerüttelt.

»Laßt den Wagen 'ne Stunde da, okay? Ich muß erst den anderen von der Bühne holen.«

Dann wischt er sich die öligen Finger an einem noch öligeren Lappen ab und fischt in den Taschen nach einer Zigarette.

»Hier«, sagt Sparky und bietet ihm eine von meinen an.

Ich hole Streichhölzer aus der Tasche und gebe Gary Feuer. »Wieviel wird uns das alles kosten? Wir haben nämlich nicht allzuviel Geld.«

»Wäre mir nicht aufgefallen«, sagt Gary und lacht. »Sagen wir zehn Dollar für die Arbeit und noch mal zehn als Prämie, wenn ich's schaffe. Ist doch nicht zuviel, oder?«

»Nein, nein«, sagt Sparky gleich, »das ist in Ordnung.«

»Ihr könnt rübergehen zu Donna ins Lokal, vielleicht hat sie was gekocht.«

Auf der anderen Straßenseite ist ein windschiefes Häuschen mit

einem Schild »Donna's Restaurant« an der Tür. »Sagt ihr, es wird heute abend später«, ruft Gary hinter uns her.
Donna nickt resigniert, als ich ihr seinen Gruß ausrichte. »Ja, ja, der hängt tagelang für ein Butterbrot unter fremden Wagen rum, und ich kriege ihn kaum mehr zu sehen. Wollt ihr was zu essen?«
»Ich nicht«, sagt Sparky schnell und schaut angestrengt durch die Scheibe nach draußen auf die Straße. »Ich gehe mich mal draußen umgucken.«
Anscheinend hat er da draußen irgend etwas entdeckt.
Donna stellt mir einen Teller Suppe hin, später ein Spiegelei mit Pommes frites und zum Schluß eine Tasse Kaffee. Dann klingelt das Telefon.
»Gary hat gerade rübergerufen«, sagt sie, als sie zurückkommt. »Dein Wagen ist fertig.« Ich gebe Donna ein Extratrinkgeld, weil es wegen uns heute abend bei Gary wieder später wird. Dann gehe ich zur Werkstatt rüber.
»Euer Babe läuft wieder«, sagt Gary strahlend. »Es war der alte Ford-Transmisson-Trick. Hab noch nie rausgebracht, was eigentlich die Ursache ist. Ich weiß nur, wenn's noch mal passiert, mußt du versuchen, diese Welle hier auszubauen, sauberzumachen und wieder einzubauen. Meistens geht's dann.«
Ich gebe Gary zwanzig Dollar. »Danke dir, Gary«, sage ich, »sag auch deinem Daddy noch mal 'nen schönen Gruß, ihr habt uns wirklich geholfen.«
»Schon gut«, sagt er und schüttelt mir die Hand.
Was soll's, denke ich, irgendwann hätte ich sie eh waschen müssen.
»Hast du meinen kleinen Bruder gesehen?« frage ich ihn noch. Aber Gary weiß nur, daß er vor einer Stunde mit irgendwelchen Kids hinten im Schrott verschwunden ist.
Ich drücke bei Babe auf die Hupe, nehme fast an, diesen Ton wird er erkennen, aber nichts tut sich.
Also hupe ich noch mal, länger.
»Ist ja gut«, sagt er plötzlich hinter mir, »ich habe nur das Spiel noch zu Ende machen müssen.« Er zeigt mir eine Handvoll Quarter-

stücke. »Hab ich gerade den anderen Kids beim Münzenwerfen abgenommen, 11 Dollar 25.«
»Ich habe gerade zwanzig Dollar bezahlt, um Babe wieder flottzumachen«, sage ich. Er läßt sich nicht lumpen, zählt mir vierzig Quarterstücke in die Hand.
»In Sudbury war ich Weltmeister im Münzenwerfen«, erzählt er später, als wir schon längst wieder in Richtung Süden fahren und Babe, munter wie ein Fisch im Bächlein, ihre drei Gänge rauf und runter schaltet.
Ich erzähle Sparky vom Transmisson-Trick und der Welle, die man nur ein- und ausbauen muß.
»Warum hast du das eigentlich nicht gewußt?« frotzelt er. »Du sagst doch immer, du wärst Ingenieur.«

The sea

Hier im Westen gibt es eine Zauberformel für alle, die diese Gegend lieben. Sie heißt: One-O-One. Es klingt ein bißchen wie Mann-oh-Mann, und genau so fühlt es sich an. One-O-One ist eine Straße. Es ist *die* Straße. Parallel zum Interstate Highway Five durchquert sie die Staaten Washington, Oregon, Kalifornien und endet erst weit im Süden bei den Filmstudios von Beverly Hills. Nur Ignoranten und Raser nehmen den Interstate 5. Wir nehmen den Highway 101. Das Ziel des großen Traums, der Weg der Erfüllung. Westcoast, California, Sonne, Meer und Strand, Redwoods, Surfer und Klapperschlangen, alles das ist One-O-One; Mann-oh-Mann.
Wir sind ausgelaugt von der Nerverei mit Babes Getriebe. Sparky redet nicht viel, läßt sein Fenster zu und hält auch die Top Forty im Radio in erträglicher Lautstärke. Ich nehme mir Babes Warnung zu Herzen, lasse keine Reifen mehr quietschen und keinen Motor mehr aufheulen.

»Partner«, sagt Sparky plötzlich in die Stille und hält mir die Karte hin, »siehst du, was ich sehe?«
Ich nicke. Mit den Fingern mißt er auf dem Plan die Entfernung bis zur blauen Fläche »Noch sechs Daumen breit bis zum Meer«, sagt er dann.
Es wird Abend. Die Sonne dreht sich uns entgegen und sinkt langsam runter auf den Horizont. Washingtons Wälder, Himmel und Seen mischen sich zu einem rötlichen Lichtbrei. Trotz Sonnenbrille muß ich die Augen zukneifen, um die Straße noch zu erkennen. Ich überlege schon, ob wir nicht einfach hier irgendwo schlafen, da zeigt Sparky mit einemmal nach vorne und ruft: »Da!«
Vor uns ein Steilhang, drunter das Meer. Ich stelle Babe ab, wo wir gerade sind, wortlos steigen wir aus. Unter uns, an den Felsen, bricht sich brüllend der Pazifik. Es sprüht und schäumt, daß wir es bis hier oben hin fühlen und riechen können.
Sparky lehnt sich an meine Schulter, wir reden nichts. Wieder ist ein Stück geschafft. Ein Stück Reise, ein Stück Traum, Hoffnung und Leben. Schlucken hilft gegen das Zuviel an Gefühl.
Das Meer unter uns ist fast schwarz. Weiter draußen wird es grün, dann bläulich, dann rot gegen die untergehende Sonne, löst sich auf in rötlichem Nebel, steigt hoch rauf, rötlicher, wolkenloser Himmel, der über uns drüber fließt nach hinten, wo er wieder tiefblau in den Bergen verschwindet, aus denen wir gerade gekommen sind.
Möwen fliegen unter uns entlang, nutzen den Seewind für ihre Reisen, freies Gleiten mit Ziel im weit entfernten Nebel.
Autos kommen, Babe steht im Weg. Sie hupen, und es paßt nicht zum Brüllen des Meeres. »Komm«, sage ich zu Sparky, der wie in Trance zum Horizont starrt, »wir müssen weiter.«
Die Straße führt im Bogen immer wieder zurück in die Berge, aber die Abschnitte, an denen sie oben entlang der Steilküste verläuft, werden häufiger. Einmal sieht man in einiger Entfernung vorne auf einer Klippe die Ruine eines Turmes. Ein Leuchtturm vielleicht oder die Wohnung eines Menschen, der das Meer nicht mehr aus den Augen lassen wollte.

Wir drehen um, suchen, bis wir einen schmalen Weg finden, der auf die Klippe führt. Dann setze ich mich auf den Steinsockel, an drei Seiten tobt das Meer. Der Wind ist kalt und feucht. Wie mit Nadeln sticht er ins Gesicht, treibt langsam die Nässe durch die Jeans und den Pullover. Die Sonne hat längst gegen den Nebel weit draußen verloren, nur manchmal noch taucht sie auf, rosafarben und groß wie ein Ballon.
»Willst du hier übernachten?« schreit Sparky vom Wagen her rüber.
»Warum nicht?« brülle ich zurück, »der Platz ist so gut wie jeder andere.«
»Bißchen kalt und windig, findest du nicht«, fragt er und balanciert über Steine und Unkraut rüber zu mir. »Du kannst im Wagen schlafen, da ist es warm«, sage ich. »Ich schlafe hier im Turm.«
Von dem »Turm« ist allerdings nicht mehr allzuviel zu sehen. Nur zwei der Wände stehen noch, der Rest liegt in der Gegend verstreut. Aber in einer Ecke ist eine freie Stelle, groß genug für einen Schlafsack und ein kleines Feuerchen zum Aufwärmen.
»Du kannst Essen machen, wenn du willst«, sage ich zu Sparky und hole mir dann meine Jacke aus dem Wagen. Muß ich ihm jetzt lange erklären, daß ich alleine sein will? Ich ziehe eine Mütze bis weit über die Ohren, suche mir einen Felsen, ganz vorne beim Wasser.
Im Rücken spüre ich Sparkys fragenden Blick. Er wird grübeln, was jetzt wohl mit mir los ist, ob ich sauer bin und ob er schuld hat. Natürlich könnte ich versuchen, etwas zu erklären. Aber ich will nicht erklären, will nur für mich sein, ohne Erklärung, ohne Rechtfertigung, ohne schlechtes Gewissen.
Dieses Meer hier hat nur mit mir zu tun. Es macht etwas mit mir, was ich weder zu erklären noch zu rechtfertigen brauche. Eine Ruhe, die ich mit niemandem teilen kann.
Rika kann es manchmal verstehen, kann dann selbst stundenlang sitzen und mich zufriedenlassen.
Manchmal kann sie es nicht. Schüttelt mich und lacht und fragt: »Wo bist du?«
Aber dann bin ich schon nicht mehr da, wo ich gewesen bin. Dann

ist die Türe weit aufgerissen, und der Wind fährt in den Raum mit der Zauberwelt aus Kartenhäusern, und alles wirbelt drunter und drüber und fällt bedeutungslos in sich zusammen.
»Ich hatte so Hunger«, sagt sie dann entschuldigend, weil sie sehen kann, was sie angerichtet hat.
Sparky reißt keine Türe auf. Ich höre ihn leise herumschleichen und Holz suchen, dann sehe ich den Widerschein der Flammen an den Wänden des Turmes.
Vor meinen Füßen findet zur selben Zeit ein Wettbewerb statt. Das Meer spielt gegen die Zeit. Es füllt mit seinen höchsten Wellen gerade eine kleine Senke, aus der das Wasser dann nur langsam wieder abfließt. Ist die Senke leer, bevor das Meer eine neue hohe Welle schafft, bekommt die Zeit einen Punkt. Kommt die hohe Welle vorher, zählt der Punkt fürs Meer. Die beiden spielen dieses Spiel seit Tausenden von Jahren. Es steht unentschieden. Sie sagen, ich dürfte eine Weile zusehen, wenn ich keinem ein Zeichen gebe oder gar helfe. Trotzdem halte ich dem Meer die Daumen. Als gerade die Zeit wieder drei Punkte hintereinander gewonnen hat, landet eine Möwe auf dem Nachbarfelsen. Sie ist Stammgast hier und darf auch zusehen. Aber ich merke, sie ist gegen das Meer und für die Zeit, und so haben wir uns nichts zu sagen.
Sparky wartet, bis die dünne Sonne ganz hinter dem Wasser verschwunden ist, dann ruft er leise zum Essen. Das Ende des Spiels konnte er nicht mehr abwarten.

Stunden später liege ich alleine in meinem Turm. Sparky hat sich frierend ins Auto verzogen, eine Weile noch sehe ich ihn im Licht der Innenbeleuchtung irgendein Comic-Heft lesen. Er hat nicht gefragt, willst du mich wirklich ganz alleine im Wagen lassen, er hat keine Erklärungen von mir verlangt. Ich merke, daß ich ihn oft unterschätze.
Als es vollständig dunkel ist, beginnt eine Theateraufführung über mir.
Wolken öffnen den Himmel und ziehen ihn zu, wie ein großer, dunk-

ler Vorhang. In den einzelnen Szenen kommen die Sterne vor, leuchtende Punkte als Anfang und Ziel.
Die Phantasie erzählt die Geschichte und bildet die Handlung. Wenn die Vorhänge geschlossen sind, kann nichts geschehen. Spannung – bis eine Wolke wieder den Blick frei gibt. Dann, auf der Bühne, ein Mann und eine Frau. Vorhang. Ein anderer Mann. Vorhang. Ein Kind.
Ein schlecht gespieltes Stück. Schmierentheater. Tausendmal in Hollywood lieblos heruntergekurbelt, bis es einem selbst begegnet.
Ich habe keine Chance. Ich kann nicht aufstehen und sagen: Schluß, aus, Schnitt.
Es ist nur gerade große Pause. Aber die Darsteller der nächsten Szene stehen schon bereit. Sie haben schon ihre Maske aufgefrischt und üben bereits ihr Lachen und Weinen im Spiegel. Noch kann jeder munter plaudern, aber sobald der Vorhang aufgeht, diktiert wieder die Rolle. Einer muß den Sieger mimen und einer den Verlierer. Und der, der den Heldentod sterben soll, wird ihn sterben. Niemand fragt ihn, ob ihm auch wirklich nach Sterben zumute ist.
Aber ich werde die Hoffnung nicht aufgeben, daß es nicht doch ein Stück ist, das ich noch nicht kenne. Vielleicht eine unerwartete Wende im vierten Akt.
Szenen stürzen von dort oben auf mich runter, die gegen ein gutes Ende sprechen. Die letzte Szene vor der großen Pause:
Eine Frau liegt im Bett, neben ihr ein Mann. Ihr Mann. Sie können nicht schlafen. Der Mann starrt hoch zur Decke, sieht dort oben einen kleinen, grauen Fleck. Es ist der Einschlag eines Sektkorkens. Eines verirrten Sektkorkens, abgeschossen Jahre zuvor auf einem wilden Fest für zwei Liebende.
Der Mann schiebt seine Hand hinüber zur Frau und streichelt ihre Haare.
»Nein, nicht«, sagt sie und dreht sich zur Seite.
Sie liegen nebeneinander, schlaflos, grübelnd, starren hoch zu dem winzigen Fleck an der Decke.
»Was ist denn?« fragt der Mann.

»Nichts«, sagt sie.
Langsam schiebt er seine Hand wieder zu ihr rüber.
»Sei doch nicht so«, bittet er.
Aber sie fährt herum, schüttelt die Hand ab: »Sei doch nicht wie?«
Sie starren nach oben. Weiß getünchte Decke mit einem kleinen verirrten Einschlag. Er rutscht näher zu ihr rüber, legt ihr seinen Kopf auf die Schulter, streicht ihr übers Haar.
Wütend setzt sie sich auf. »Soll ich deine Nutte spielen? Ist es das, was du willst?«
Eine Mauer aus Eis, gefrorene Tränen.
Nach einer langen Zeit rückt sie plötzlich rüber zu ihm, drückt ihn, streichelt, kratzt, liebt und beißt. Er nimmt ihren Kopf in die Hände, drückt sie auf sich. Mit mechanischen Bewegungen lieben sie. Aber sie sind längst erfroren und spüren nichts mehr.
Ich muß aufstehen in diesem Theaterstück, in dem ich Darsteller und Zuschauer zugleich bin, muß brüllen: Aufhören, aufhören.
Die Wolken über mir ziehen den Vorhang wieder zu, ich werde kämpfen und erreichen, daß das Stück umgeschrieben wird.
Ich entwerfe einen Brief an Rika, lerne ihn auswendig, damit ich ihn morgen im neuen Licht gleich aufschreiben kann.
Ein Brief wie ein Glaubensbekenntnis, das keinen Platz mehr läßt für Rechthabereien oder Machtkämpfe. Die Definition der Mitte zwischen Alleinsein und Nie-für-sich-selbst-Sein.
Ich erinnere mich, daß ich Worte fand, in dieser Nacht zwischen Himmelstheater und Meeresdonner. Ich fand neue Wege zum Begründen, Erklären, Beweisen, Einsehen und Verstehen.
Nur als es hell wurde, als das Licht vom nächsten Tag mich weckte und die klamme Kälte, die durch den Schlafsack kroch, waren die auswendig gelernten Worte vergessen. Nur noch Gedankenfetzen waren da, die nicht zusammenpaßten und die sich um sich selber drehten wie losgelassene Kreisel. Und einer dieser Fetzen war die Angst vor dem Moment, wenn der Vorhang sich wieder öffnet und das Spiel weitergeht.

Das Meer wird zur Gewohnheit. Wie Geschenke, die an Weihnachten riesengroße Augen verursachen. Am Neujahrstag werden sie noch rumgezeigt, spätestens Dreikönig sind sie alltäglich.
Wir sehen Meer mit Morgennebel, Meer mit Abendsonne, Meer mit Felsenküste, Meer mit Sandstrand.
Jeder Blick durch die Windschutzscheibe ist gut für ein vierfarbiges Kitsch-Poster.
Auch die Stimmung im Auto gleicht immer mehr einer Sonntagnachmittag-Familienfahrt als einer Abenteuer-Reise.
Sparky entwickelt sich zum notorischen Nörgler, ich reagiere als dauernder Nein-Sager.
»Kannst du nicht hinten mal das Fenster runterlassen?«
»Nein.«
»Können wir nicht das Radio lauter machen?»
»Nein.«
»Hier will ich bleiben.«
»Nein, wir fahren weiter.«
Dann verschränkt er die Arme hinter dem Kopf und schweigt. Ich kenne das – lange ist er nie beleidigt, eine Viertelstunde vielleicht, in der er die Klappe hält, dann geht es wieder los.
Wir durchqueren den Staat Washington – die Fenster sind meistens geschlossen, das Radio ist meistens aus.
Sparky ist nicht mehr der große Entertainer wie in Kanada. Er geht auch in den Campingplätzen nicht mehr los und sammelt Menschen fürs abendliche Lagerfeuer. Er ist ruhiger geworden und trauriger.

Nach der Nacht am Leuchtturm hat er mich beim Frühstück gefragt, ob es mir lieber wäre, in Zukunft nachts alleine zu liegen. »Ja«, habe ich gesagt, »das wäre mir oft lieber.«
Daraufhin hat er am Abend seine Matratze neben den Wagen auf die Erde gelegt. Wir haben eine Wolldecke genommen, sie mit zwei Pfäh-

len am Boden festgemacht und oben an der Regenrinne des Wagens. Wenn man die Seitenscheibe runterkurbelt, kann man sich noch immer Geschichten zur Nacht erzählen, aber man kann die Seitenscheibe auch oben lassen und seine Ruhe haben.
Jeden Abend würfeln wir, wer im Auto und wer im Vorzelt schläft.
In einer Nacht, in der ich unten liege und Sparky oben im Wagen, höre ich, wie er die Scheibe runterkurbelt und den Kopf rausstreckt. Es ist schon stockdunkel, deswegen sehe ich ihn nur noch als dunkle Silhouette. Erst ist es, als wollte er etwas erzählen, aber dann sagt er nur matt »Gute Nacht, Partner« und zieht den Kopf wieder zurück.
Ich liege da und starre hoch, wo eben noch sein Gesicht war. Jetzt müßte es möglich sein, einen Weg zu finden. Es ist hoffnungslos, fünf Jahre später nach Lösungen zu suchen, wenn alle zunächst harmlosen Konflikte sich aus Ignoranz, Trägheit und Feigheit als tiefe Furchen in den Alltag eingegraben haben.
Aber gegen diese Furchen im Alltag gibt es nur ein Mittel – den Mut am Anfang.
Also fasse ich Mut: »Sparky, schläfst du schon?«
Sein Kopf taucht so schnell wieder auf, als hätte er darauf gewartet.
»Willst du mir eine Geschichte erzählen?« frage ich.
»An was hattest du denn gedacht?«
»Erzähl mir die Geschichte, warum du so traurig bist.«
Er kurbelt die Scheibe ganz runter, legt seine Arme auf den Fensterrahmen und stützt den Kopf darauf. »Weil du mich nicht mehr magst, deswegen bin ich traurig, denke ich«, sagt er schließlich.
»Aber ich mag dich doch.«
»Was magst du denn?« fragt er. »Wenn ich das Fenster aufmache, magst du es nicht; wenn ich das Radio anmache, magst du es nicht; wenn ich Bier bestelle in der Kneipe, magst du es nicht, und wenn ich einkaufen gehe, magst du es schon gar nicht. Was magst du denn überhaupt?«
»Na«, sage ich, »da ist doch noch eine ganze Menge übrig.« Aber er läßt nicht locker und fragt: »Was?«
»Na, zum Beispiel, daß du viel mutiger bist als alle anderen Men-

schen, die ich kenne. Daß du die besten Bilder machst von allen Menschen, die ich kenne. Und daß du von allen Menschen, die ich kenne, die tollsten Geschichten erfinden kannst. Außerdem bist du nett und schlau und schön.«

»So«, sagt er. »Und warum ist dann alles nicht mehr so, wie noch vor ein paar Wochen?«

»Ich glaube, es ist anders«, antworte ich ihm nach einer Weile, »weil es das ›jeden Tag‹ gibt. Das ›jeden Tag‹ und das ›immer wieder‹. Das ›unaufhörlich‹ und das ›nichts Neues‹. Und dann kommt das ›größer, stärker und besser sein wollen‹ wieder zum Vorschein. Es macht aus dem anfänglichen Miteinander ein Gegeneinander.«

»Und das Gegeneinander«, sagt Sparky, »ist ein Kampf, den einfach der Schwächere verliert, stimmt's?«

»Ja«, gebe ich zu, »stimmt.«

Eine lange Zeit starren wir beide ins Dunkel. Ich weiß, was ihm jetzt im Kopf rumgeht. Schließlich kommt er damit raus: »Willst du alleine weiterfahren?«

»Nein«, sage ich, »genau das will ich nicht. Ich will mit dir nach Kalifornien. Ich wollte das vor zwei Wochen und will es noch immer. Ich will nur manchmal ein bißchen mehr alleine sein, ein bißchen mehr ich selbst sein. Und ich brauche mehr als nur fahren, schlafen – schlafen, fahren. Ich glaube, ich brauche eine Pause. Pause von dir, Pause von Babe, Pause von der Straße. Ich muß einfach mal wieder ein bißchen Kraft sammeln.«

»Gut«, sagt er, »einverstanden. Machen wir eine Kraft-Sammel-Pause für Kalifornien. Wollen wir gleich morgen damit anfangen?«

»Ja, gleich morgen.«

»Also dann – gute Nacht, Partner.«

Und das Wort ›Partner‹ scheint wieder neues Leben zu haben.

Am nächsten Tag finden wir nach langem Suchen einen Campingplatz, der unseren Vorstellungen für eine Kraft-Sammel-Pause entspricht. Er liegt in einem kleinen Wäldchen, etwa zwei Kilometer vom Meer entfernt. Ein Fluß mit klarem, warmen Wasser schlängelt

sich dran vorbei und mündet vorne an einem breiten Sandstrand. Wir checken gleich drei Tage ein, damit wir nicht später die Idee kriegen, doch gleich wieder abzureisen.
Dann zieht jeder für sich alleine los. Ich verbringe die Tage damit, in der Umgebung Tiere und Pflanzen zu fotografieren. Manchmal liege ich stundenlang in der Sonne, oder ich schlendere durch die kleine Stadt, die nur drei Kilometer entfernt ist. Barfuß laufe ich auf der Straße bis zum Ort, streife durch Supermärkte, Bäcker- und Metzgergeschäfte und balanciere dann große braune Papiertüten zurück zum Campingplatz.
Auch Sparky ist jeden Tag bis zum Abend verschwunden. Einmal, als er zurückkommt, faltet er mit wichtigem Gesicht ein dreckiges Taschentuch auseinander.
»Erschrick nicht«, warnt er, »er ist tot.«
Im Taschentuch eingewickelt ist ein fünfmarkstückgroßer Skorpion.
»Ich mußte ihn töten«, sagt Sparky dramatisch, »sonst hätte er mich umgebracht.«
»Pack ihn weg«, sage ich leicht angeekelt, und er steckt ihn lachend wieder in die Tasche.
Was weiß ich, vielleicht hat er ihn jemandem abgekauft oder er hat ihn gefunden oder das süße Tier war aus Plastik. Angefaßt habe ich das Biest jedenfalls nicht.
Sparky guckt in den Himmel: »Wenn wir jetzt losgehen, sehen wir das Meer noch leuchten.«
»Leuchten?« frage ich.
»Ja, dieses Mädchen, das aussieht wie eine Zigeunerin, hat mir erzählt, daß heute abend in der Dämmerung das Meer anfangen wird zu leuchten.«
Es ist wirklich unglaublich. Kaum läßt man den Typ alleine, kommt er zurück, erzählt von Kämpfen mit Skorpionen, von Meeresleuchten und Zigeunermädchen. Während unsereins müde in der Sonne liegt und froh ist, wenn er es schafft, ab und zu einen Kaktus zu fotografieren.
»Glaubst du wirklich, daß es leuchtet?« frage ich.

»Sicher, wenn sie es sagt.«
Und das kleine Mädchen hat nicht gelogen. Wir sind die zwei Kilometer am Fluß entlang zum Meer gelaufen und konnten die grün leuchtenden Flecken schon von weitem sehen. Farbige Flächen, die sich langsam auf und ab bewegen, die vorne am Strand plötzlich in Aufruhr geraten, sich überschlagen und weiß glänzenden Schaum bilden und dann wieder im Dunkel versinken.
»Was ist das?« flüstert Sparky ehrfurchtsvoll.
»Keine Ahnung. Wahrscheinlich, wenn wir warten, tauchen gleich Nixen und Wassermänner auf, mit furchtbaren Gesichtern und bewachsen mit Muscheln und Tang...«
Ich dachte, ich könnte ihm ein bißchen Angst machen mit meinen Gespenstergeschichten, aber er frotzelt nur: »...und dann steigen sie direkt hier am Strand aus dem Wasser, laufen an uns vorbei bis zur Straße und trampen in die Stadt zum McDonald's.«

In vielen amerikanischen Haushalten steht keine Waschmaschine, dafür gibt es selbst in dem kleinsten Kaff einen Waschsalon. Eine lange Reihe Trockner, eine lange Reihe Waschmaschinen, dazwischen eine lange Reihe gelangweilt auf ihre Wäsche wartende Hausfrauen. Endlich treffe ich mal die typisch amerikanische Frau, wie sie Vater immer geschildert hat: rosa Morgenmantel, Lockenwickler im Haar, Pantoffeln an den strumpflosen Beinen, kaugummikauend, comiclesend und fett.
Dampf steigt aus den Maschinen auf und sorgt für tropisches Klima, der scharfe Geruch der Wäschebleiche mischt sich mit dem Nachtschweiß gerade aufgestandener Amerikanerinnen. Meistens rennt ein kleiner Chinese mit spitzem Bart und weißer Jacke rum, wechselt Dollarscheine in maschinengerechte Quarterstücke und sorgt dafür, daß die laufend zusammenbrechenden Maschinen wenigstens den gerade begonnenen Zyklus überstehen.
Sparky haßt Waschsalons. Um nicht lange erklären zu müssen, drückt er mir nur seine Tüte mit der Dreckwäsche in die Hand und sagt – er kennt meine Angst – :

»Stell dir vor, ich sitze nichtsahnend da, und es kommt eine Polizeikontrolle.«
Angeblich geht die amerikanische Polizei davon aus, daß selbst Schwerverbrecher ab und zu ihre Unterhosen waschen müssen, und kontrolliert deshalb die Waschsalons besonders häufig. Daher mein Rat an alle amerikanischen Gangster: Klaut euch auch noch die Unterhosen – darauf kommt es wirklich nicht mehr an.
Sparky kann ich diesen Rat nicht geben. Mit seiner Wäschetüte in der linken und meiner in der rechten wandere ich vom Campingplatz zum Dorf.
Im Waschsalon sitzt auf eineinhalb Stühlen eine Eingeborene. Sie trägt rosa Lockenwickler und rosa Pantoffeln, kaut auf einem rosa Kaugummi herum, liest ein Comic-Heft, hat aber einen hellblauen Morgenmantel an. Ich setze mich ihr schräg gegenüber und beobachte sie. Nach elfmal kauen blättert sie eine Seite im Heftchen weiter. Nach viermal umblättern nimmt sie einen Schluck aus ihrer Dose mit Diät-Cola. Nach dreimal die Dose heben legt sie mit einem Schnaufen den Comic zur Seite, erhebt sich keuchend und schleift sich rüber zur Maschine, nickt zufrieden, als sie feststellt, daß noch alles rechtens ist, keucht zurück, läßt sich wieder auf ihre eineinhalb Stühle fallen, nimmt einen Schluck Diät-Cola und sucht dann im Comic-Heft nach der Stelle, bei der sie aufgehört hatte zu lesen.
Ich bin gerade dabei auszurechnen, wie oft sie wohl kauen wird, bis sie wieder nach ihrer Wäsche schaut, da erhebt sie sich völlig unplanmäßig und wälzt sich in meine Richtung. Sie zeigt auf einen Groschenroman, der neben mir auf einem Stuhl liegengeblieben ist: »Is'at yours?«
»Nein«, sage ich, »können Sie gerne haben.«
Sie greift sich das Heft, nickt zufrieden, als sie gelesen hat, um welches Werk es sich handelt, bringt ihre Masse zur Wendung und keucht zurück zu ihren Stühlen.
Mir wird's in dem engen Raum zu schwül. Ich nehme mir meinen Stuhl und setze mich draußen vor die Tür in die Sonne. Ein schwarzer Lincoln Continental hält auf der Straße. Die getönte Scheibe fährt

herunter, und eine Hand winkt nach mir. Wo sind wir denn, denke ich und bleibe sitzen; der kann ja aussteigen, wenn er was will. Darauf ruft eine Stimme zu mir rüber: »Palace Hotel?«
»No idea!« schreie ich zurück. Beleidigt fährt die getönte Scheibe wieder hoch, geräuschlos setzt sich die Limousine in Bewegung.
Ein alter Mann mit Cowboyhut und Stiefeln kommt den Bürgersteig entlang. Kurz vor mir nimmt er seine Pfeife aus dem Mund und spuckt auf den Boden aus: »Warm today, eh?«
Ich spucke erst mal aus, dann nicke ich zustimmend.
Hinter mir gibt es plötzlich Geräusche, als beginne jemand, den Waschsalon niederzureißen. Aber es ist bloß die gewichtige Dame von vorhin, die versucht, sich mitsamt riesigem Wäschekorb durch die schmale Tür zu zwängen. Als sie's endlich geschafft hat, deutet sie mir mit einer Kopfbewegung an, daß ich das Romanheftchen wieder zurücknehmen soll. Es liegt in ihrem Korb, oben auf einem Haufen rosa Unterwäsche. Mit zwei Fingern greife ich das Heft, versuche ein Lächeln.
Meine Wäsche ist inzwischen auch gewaschen, wider Erwarten hat die Maschine durchgehalten. Ich nehme alles aus der Trommel, packe es in den benachbarten Trockner und werfe drei Quarters ein. Als sich nichts bewegt, sehe ich dieses winzige Schildchen *»defect«*. Niemand ist da, der mir meine Quarters zurückgeben könnte. Also versuche ich den nächsten Trockner, suche nach Schildchen, finde keines und entschließe mich erneut, es noch mal mit drei Quarters zu versuchen. Müde kommt die Maschine in Bewegung. Ich setze mich wieder raus.
Ein Lautsprecherwagen fährt vorbei, erklärt mir, ich verpasse das Ereignis des Jahres, wenn ich nicht heute abend in die City Hall zum Tanzen komme.
Dann schlendert ein Hund die Straße lang. Er hat gelbe Augen und eine riesige Wolfsschnauze. An jeder Laterne bleibt er stehen und hebt das Bein. Auf diese Weise braucht er recht lange, bis er den kleinen Ort durchquert hat, und kann sicher sein, daß alle kleineren Hunde ihn gesehen haben.

Nach einer halben Stunde ist meine Wäsche trocken. Ich knülle alles zurück in die Plastiktüten und mache mich auf den Rückweg. Mein Gesicht ist sonnenverbrannt. An der Nase löst sich schon die Haut. Sparky sitzt in der Campsite und malt mit einem Stock Figuren in die Erde.
»Was ist los mit dir?« frage ich. »Ist dein Zigeunermädchen weitergezogen?«
»Mir ist langweilig«, sagt er. »Wenn du genug Kraft gesammelt hast, könnten wir vielleicht allmählich weiter nach Kalifornien fahren.«
Ich bin einverstanden: »Morgen früh«, sage ich.
»Okay«, wiederholt Sparky, »morgen früh.«

And we had fun, fun, fun...

»Du siehst ihn, ja?« fragt Sparky und zeigt auf den, der da neben der Straße steht und den Daumen raushält.
»Ja«, sage ich, »ich sehe ihn.«
Es ist einer mit langen, wehenden Haaren und einem zusammengerollten Handtuch als Reisegepäck.
»Macht euch ja keine Umstände, ihr Lieben«, meint er, als ich ihm die Sitzbank umkippen will, und setzt sich oben auf die Matratze.
Ich fahre erst mal los, ohne groß Fragen zu stellen. Sonst erklärt mir nur wieder einer, daß es doch nur die Richtung gibt, aus der ich komme, und die andere, in die ich fahre.
»Hi doing«, beginnt der dahinten auf einmal ziemlich unvermittelt.
»Hi«, sagen Sparky und ich zugleich.
»Ich komme grad aus Eugene«, erzählt unser neuer Fahrgast dann. »Niemand hat dort Arbeit, alle hängen auf der Straße rum. Die ganze Stadt voll mit arbeitslosen Schreinern und Studenten. Echt gute Stadt, geht echt was ab. Früher haben sie Blockhäuser und Zahnstocher gemacht, da war Eugene der große Tip. Jetzt bauen sie

Bomben und Raketen, und weil man die nicht aus Holz machen kann, hat in Eugene niemand mehr was zu tun.«
So was ungefähr muß er gesagt haben, richtig verstanden habe ich es nicht.
»Sag mal«, frage ich vorsichtig, »was ist das für eine Sprache, die du da sprichst?«
Sparky bricht vor Lachen fast zusammen. »Er ist aus dem Süden«, erklärt er mir. »Texas – stimmt's?«
»Corpus Christi«, nuschelt der Neue. Es ist wohl ein Ort und kein Schimpfwort. »Was ist das denn für einer«, wendet er sich dann an Sparky, »daß der mein glänzendes Amerikanisch nicht versteht?«
»Deutscher«, sagt Sparky – und das klingt wie ein Schimpfwort.
»Meine Güte, die Deutschen«, seufzt unser Mann aus Texas, »hängen überall in Kalifornien am Strand rum, trällern sich den Kopf zu, saufen wie die Verrückten, haben nie Geld und versuchen Frauen aufzureißen – so einer, was?«
»Genau«, meint Sparky grinsend, »genau so einer.«
»Du willst jetzt runter bis Texas?« frage ich.
»Um Gottes willen, nein. Bis Frisco.«
Ich schaue Sparky an, Sparky schaut mich an.
»Was tust du in Frisco?«
»Ich wohne da«, sagt unser neuer Freund.
Sparky spitzt die Ohren, ich spitze die Ohren.
»Wenn man sexuell ein bißchen anders orientiert ist«, klärt uns der Typ auf, »ist es vernünftiger, Texas so schnell wie möglich zu verlassen. Dann gibt's in der Welt nur noch zwei Plätze zum Wohnen. New York und Frisco. Und in New York war's mir zu kalt.«
Er heißt Ry, erzählt er dann, und er trampt in der Gegend rum und sucht nach Geschichten, die er dann irgendwelchen Magazinen verkauft. Er erzählt und erzählt, Sparky und ich warten auf den richtigen Moment, um mit unserer Wohungsnot in Frisco rauszurücken.
»Haltet mal hier an, ihr zwei, ich denke, ich werde hier noch einen alten Freund besuchen gehen.«
Ich halte an. »Du, Ry, noch eine Sache«, finde ich endlich die passen-

den Worte, »wir sind in ein paar Tagen in Frisco und kennen dort niemanden. Hast du vielleicht eine Adresse?«
»Kein Problem«, meint er und zieht eine Visitenkarte aus seinem Handtuch: *Ry Bloom, Vallejo 326 C, Apt. 4, San Francisco, California, USA.*
»In drei Tagen bin ich zu Hause, ab dann könnt ihr kommen. Ihr lernt dann auch gleich George kennen, so long.«
»Fine«, sage ich.
»See you«, sagt Sparky.
Als Ry aus dem Wagen ist, gibt mir Sparky einen freundschaftlichen Hieb auf die Schulter. »Siehst du, es geht alles. Jetzt haben wir eine Wohnung in Frisco.«
»In zwei Tagen«, sage ich. »Was machen wir bis dahin?«
Ohne zu zögern zeigt Sparky auf ein Schild, das gerade neben der Straße auftaucht: *Sunset Beach Campground.*
»Wie wär's mit ›Sunset Beach Campground‹?« fragt er. So sehen wir unsere ersten Wellenreiter. Der ganze Strand ist voll von ihnen – und ihrem Gefolge. Sie kommen mit Sportwagen, Four by fours, Wohnmobilen, Motorrädern, Frau, Kind und Kegel. Alles braust, fährt, rennt oder kugelt wie verrückt den Sandstrand entlang. Die Mutigsten rasen ganz am Meer spritzend und zischend durch die vordersten Wellen. Einige tragen die neueste Sommer-Strand-Kollektion von Wrangler und flanieren damit hin und her, andere halten ihr Gesicht angestrengt zum Bräunen in die Sonne, wieder andere schmeißen mit Frisbees um sich oder spielen Ball. Trotzdem – sie alle sind nur Zuschauer.
Die eigentlichen Helden tummeln sich draußen auf den Wellen. Sparky ist wie unter Strom. Er zappelt und schreit, haut mir immer wieder mit dem Ellenbogen in die Rippen, um dann auf irgendeinen da draußen zu zeigen, der gerade besonders bewundernswerte Kapriolen vorführt.
Die Technik des Wellenreitens, stelle ich fest, ist äußerst simpel: Die Jungs liegen bäuchlings auf dem Brett, weit draußen, wo die Wellen gerade erst entstehen. Gesicht zum Strand und die Füße in Richtung

Horizont. In dieser Stellung warten sie auf die richtige Welle. Und diese richtige Welle, scheint mir, ist schon die halbe Kunst. Kommt sie, so heißt es nur wie ein Wilder zu paddeln. Ist das Brett schnell genug, so wird es von der Welle erfaßt und vor ihr hergeschoben. Der Rest ist kinderleicht. Man springt erst auf die Knie, dann auf die Füße und balanciert die ganze Fahrt mit den weit von sich gestreckten Armen aus. Wenn da draußen einer auf dem Brett es geschafft hat aufzustehen, hält der ganze Strand den Atem an. Jeeps bleiben stehen, gebräunte Gesichter werden aus der Sonne gedreht, und Frisbeescheiben fallen achtlos zu Boden.

Der Mann auf dem Brett balanciert um seine Ehre.

Fällt er ins Wasser, so lacht der ganze Strand ihn aus. Schafft er es, in der Welle zu bleiben, bis sie sich überschlägt, so wird er bewundert – ein toller Kerl, ein richtiger Held.

Ein absoluter Profi ist dabei. Er entkommt der Welle selbst dann noch, wenn sie ihn mit ihrem überschlagenden und schäumenden Kopf schon erreicht hat. Für einen Augenblick sieht man ihn dann nicht mehr, er ist verdeckt durch den tobenden Wassertunnel. Aber dann taucht sein knallroter Surfanzug an irgendeiner Stelle wieder auf. Und er steht noch immer – locker, triumphierend. Ich bin sicher, er beobachtet auch noch auf der Welle sein Publikum.

Schließlich hat er genug und reitet bis vorne in den Sand. Die Menschen am Strand unterbrechen ihre Spiele und laufen dort zusammen, wo der Held den Wellen entstiegen ist.

Der springt mit lockerem Schritt vom Brett, wirft mit einem großen Schwung sein nasses, schwarzes Haupthaar hinter sich, öffnet mit sicherer Bewegung den Zipper seines Surfanzuges bis zum Nabel – schwarzes Brusthaar wird sichtbar.

Auch Sparky ist nach vorne zu der Gruppe gelaufen, steht zwischen Strandmädchen mit Playmate-des-Monats-Figuren, die sich lächelnd streiten, aus welcher Dose Coca-Cola der Beherrscher der Wellen seinen Durst löscht. Der nimmt schließlich – wie zufällig ausgewählt – eine der Erfrischungen entgegen, trinkt in großen Zügen, den Ellenbogen und den kleinen Finger weit abgespreizt. Er gibt dem blonden Bikinimädchen die Dose zurück und legt – wieder eher zufällig – den Arm um ihre bestens ausgeformte Hüfte. Ein letztes Lächeln in die Runde, dann verläßt er mit dem kleinen Brett unter dem einen Arm und seiner blonden Siegertrophäe unter dem anderen den Ort seines Triumphes.

Andere Jungs quälen sich mit blaugeschlagenen Schienbeinen aus dem Wasser, ziehen müde ihre Bretter hinter sich her. Kein Komitee ausgesuchter Schönheiten empfängt sie, und ihre Cola müssen sie sich selber kaufen.

Ein paar hundert Meter weiter, hinter einer verdreckten Sanddüne sitzt eine sizilianische Mama in einem schwarzen Kleid. Die obersten Knöpfe stehen offen und die Schultern liegen frei für die wärmende Sonne, so daß man die rosa Strippen ihres BH in das weiße, fette Fleisch einschneiden sieht. Auf ihrem Schoß wiegt sie einen dösenden Säugling, der schief im Mund einen Schnuller hält. Vor den beiden im Sand steht ein winzig kleines Fernsehgerät. Es läuft irgendeine dieser Look-at-this-wonderful-world-Shows. Sie starrt uns kurz mit offenem Mund nach, als wir an ihr vorbei durch den Sand stapfen, dann schaut sie wieder auf ihren kleinen Bildschirm.

»Sparky«, flüstere ich, »mach davon ein Foto«, aber er schüttelt nur abwesend den Kopf.

Er hat nur noch einen Gedanken: Wie kann er einen der Surfer dazu bringen, ihn aufs Brett zu lassen? Auf unserem ganzen Weg längs des Strandes pirscht er sich mal an die eine, mal an die andere Gruppe heran. Aber er traut sich nicht, jemanden anzusprechen. In Gegenwart von Supermännern verliert also auch mein Sparky seine angeborene Unbefangenheit.

Dann kommen drei Jungs aus dem Wasser. Sparky stellt sich so, daß sie an ihm vorbeikommen müssen.

»Hi, folks«, sagt er, »das ist ja ganz toll, wie ihr das hier macht, ich sehe das zum ersten Mal. Bin aus Kanada, wo's nur Eisberge statt Wellen gibt. Meint ihr, ich könnte mal auf einem eurer Bretter ein bißchen versuchen?«

Die drei drehen sich langsam zu ihm um – und grinsen.

»Aus Kanada? Gibt's da überhaupt schon elektrisches Licht?«
Sie lachen sich halb tot über diesen begnadeten Witz. Sparky wird ganz steif, gibt aber trotzdem nicht auf: »Will ja nur mal probieren«, sagt er, schon um einige Tonarten bescheidener, »vielleicht bin ich ja ein Talent.«
Sie grölen und lachen. »Kannste überhaupt schwimmen?« – »So'n Brett ist ja größer als du selbst.« – »Besser, du fängst mal mit 'ner Luftmatratze an.«
Dann baut sich einer vor ihm auf, überragt ihn um zwei Kopflängen: »Um's zu können, Kleiner, bist du noch viel zu klein – und um's zu lernen, bist du schon viel zu alt.« Wieder grölen die anderen und schlagen sich vor Vergnügen auf die nackten Schenkel.
Sparky dreht sich um. »Assholes«, zischt er, aber so leise, daß es außer mir niemand hört. Ich sehe es an seinem Gesicht, er schwört ihnen Rache.
Am nächsten Morgen wache ich in aller Frühe auf. Es ist, wie jeden Morgen hier an der Pazifikküste, noch nebelig und grau. Sparky schläft, sein grimmiges Gesicht von gestern abend hat er auch über Nacht nicht abgelegt.
Quer durch die Dünen laufe ich vor ans Meer – der Strand ist menschenleer. Um diese Zeit regiert hier eine andere Art von Artisten, die braunen Pelikane. Die großen Vögel kreisen fast ohne Flügelschlag draußen über dem Wasser, spähen nach einem Fisch, der sich in seiner Verschlafenheit zu dicht an die Oberfläche wagt.
Wenn sie etwas entdeckt haben, stoßen sie nach unten. Lassen sich nicht etwa nur mit zusammengefalteten Schwingen fallen, wie die Raubvögel das tun, sondern schlagen auf ihrem Sturzflug noch mit den Flügeln, um möglichst schnell zu werden. Kurz über der Oberfläche strecken sie Beine und Flügel nach hinten und stoßen lanzengleich mit dem riesigen Schnabel vorneweg ins Wasser.
Sekunden später tauchen sie auf. Schwapp – wie ein unter die Oberfläche gedrückter Wasserball. Meistens haben sie einen Fisch im Schnabel, drehen ihn durch Hochwerfen in die richtige Lage, Kopf voran, und lassen ihn dann den Schlund hinuntergleiten. Ich lege

mich weit vorne am Wasser in den Sand und sehe den fischenden Riesenvögeln zu. Anfangs meiden sie scheu die Stelle, an der sie mich dort liegen sehen, aber später kommen sie immer näher. Auch die großen Möwen scheinen neugierig und tippeln auf dem Strand immer mehr in meine Nähe. Ich rühre mich nicht, bewege nur die Augen und schaue und schaue.
Innerhalb von Minuten verzieht sich plötzlich der graue Nebel, und die Sonne sticht durch. Weit entfernt kann ich die ersten Menschen am Strand laufen sehen.
Dann fegt ein Auto über den Sand, zieht eine lange Staubfahne hinter sich her. Es ist ein dunkelgrüner Jeep mit irgendeiner offiziellen Aufschrift. »Strandordnungsdienst« oder so ähnlich. Für die Pelikane ist es zuviel. Der ganze Schwarm, vierunddreißig Vögel, wie ich inzwischen gezählt hatte, erhebt sich und fliegt davon. Ich hoffe für die Pelikane, daß sie ein Stück Strand kennen, an das kein Jeep hinkommt. Sparky fällt mir wieder ein. Der muß ja längst wach sein und hat keine Ahnung, wo ich stecke.
Aber meine Sorge, daß er sich langweilen könnte, ist unbegründet. Bei Babe am Lenkrad klemmt ein Zettel: *»Everybody's gone surfing – surf in USA.«* Everybody ist unterstrichen. Er will es also wirklich irgendwie versuchen.
Es ist Nachmittag, als Sparky zurückkommt. Besser gesagt, als er zurückgebracht wird. Drei Typen in einem alten Rambler stellen mir meinen Partner ziemlich lädiert in die Campsite.
Seine linke Schulter bis rauf zum Hals ist ein einziger Bluterguß.
»Da hat mich das Brett überholt«, strahlt er.
Am rechten Fuß hat er einen dunkelblauen Zehennagel.
»Da bin ich etwas zu schnell aufgesprungen«, lacht er.
Steilwellen, erzählt er, Tunnels, Überschläge, Extraschub – er beherrscht den gesamten Wortschatz.
Mit dem Reiten selber war es anscheinend nicht so toll. »Ziemlich schlechte Wellen, heute den ganzen Tag«, behauptet er, »man konnte sich kaum auf dem Brett aufrichten.«
Die drei, die ihn gebracht haben, grinsen.

»Na gut«, räumt Sparky ein, »ihr habt natürlich ein bißchen mehr Erfahrung. Aber wartet nur ab. Wenn ihr mal nach Moosonee kommt, zeige ich euch ein paar Sachen auf dem Skateboard, die ihr auch noch nie gesehn habt.«
»Wie ist es«, frage ich die drei, bevor sie sich verabschieden, »glaubt ihr, ich sollte das auch mal versuchen?«
Surfspezialist Sparky gibt mir die Antwort: »Ich glaube, Partner, daß du für so was schon zu alt bist.«
Seine drei Surflehrer klopfen ihm noch mal freundschaftlich die lädierte Schulter, dann verschwinden sie in ihrem zerbeulten Rambler. Mit vorsichtigen Bewegungen versucht Sparky, sich ein paar trockene Klamotten anzuziehen.
»Weißt du, Partner, was wir morgen machen? Wir mieten uns ein Motorrad und fahren den ganzen Sunset Beach entlang.«
»So, und du glaubst, daß man sich hier an jeder beliebigen Ecke ein Motorrad mieten kann, was?«
»An jeder beliebigen Ecke sicher nicht, aber an der dritten großen Kreuzung in Richtung Süden – *Joe's biker place* heißt der Laden.«
Anscheinend ist er ja glänzend informiert, bloß ans Geld hat er bestimmt wieder nicht gedacht.
»Du meinst also, wir könnten hundert Dollar einfach so rausschmeißen, ohne…«
»Zweiundvierzig«, unterbricht er mich.
»Was – zweiundvierzig?«
»Es kostet nicht hundert Dollar, sondern zweiundvierzig.«
Weil ich zu verdutzt bin, um noch was zu entgegnen, holt er auch noch seinen letzten Trumpf aus dem Ärmel: »Ich hab mit Joe schon gesprochen. Er hat gesagt, wenn ich jemanden mitbringe, der einen Führerschein hat, kann ich für zweiundvierzig Dollar eine Sport Glide haben.«
»Eine was?« frage ich.
»Eine Sport Glide, Harley Davidson natürlich, oder hast du geglaubt, ich will mit einem Moped dort am Strand auftauchen?«
Ich tippe ihm mit dem Finger gegen die Stirn.

»Du spinnst«, sage ich, »weißt du, wie lange wir von zweiundvierzig Dollar leben können? Ich denke überhaupt nicht daran, soviel Geld auszugeben, um einmal mit einer Harley über den Sunset Beach zu fahren.«
Sparky schaut mich beleidigt an. »Geizhals«, sagt er, dann greift er in seine rechte Hosentasche, zieht einen Fünfzig-Dollar-Schein raus und drückt ihn mir in die Hand: »Wer spricht von *deinem* Geld? Hier sind fünfzig von meinen Dollars – morgen gehst du los und leihst mir ein Motorrad.«

Joe von *Joe's biker place* ist ein geduldiger Kerl. Zum drittenmal erklärt er mir, wie man den riesigen Motor zum Laufen bringt. »Du mußt dein ganzes Gewicht auf den Kickstarter legen«, sagt er, »dann ist es ganz leicht.« Endlich gelingt es. Ich lasse mich in den Sattel fallen, Sparky klettert hinter mir auf den Beifahrersitz.
»Runter zum Strand«, kommandiert er – was soll ich machen, es ist sein Geld.
Wir fahren die paar hundert Meter runter ans Meer.
»Welche Richtung?« schreie ich durch den Motorenlärm zurück. Sparky sitzt da hinten, sein Gesicht ist rot vor Freude und beißendem Fahrtwind. Er kneift die Augen zu, strahlt über beide Backen.
»Links«, brüllt er.
Die Maschine schlingert im Sand. Ich mache einen großen Bogen, dann fahre ich am Wasser entlang, so dicht, daß die Reifen die vordersten Wellen berühren. Wasser spritzt uns an die Hosen, hinter uns wirbelt die Gischt auf.
»Los, mach mal *speed«*, schreit Sparky von hinten.
Ich bin schon viele Motorräder gefahren. Aber nicht mal in meinen mutigsten Träumen saß ich auf einer Harley am Pazifikstrand. Vorsichtig drehe ich das Gas auf. Der mächtige Motor reagiert, gewaltsam schiebt die Karre nach vorn. Gasgeben, hochschalten, gasgeben, hochschalten.
Sparky jauchzt wie ein kleines Kind, schreit und singt durch den pfeifenden Fahrtwind. Er winkt den paar Leuten, die um diese Zeit

schon am Meer unterwegs sind, schreit einem Mädchen im Bikini *»I love you«* hinterher.
Ich kneife die Augen gegen Salz, Sand und Sonne. Mit fast vierzig Meilen in der Stunde fegen wir über den hartgedrückten Sand – Glücksgefühl total.
»An seinem achten Tag schuf Gott die Harley Davidson«, brülle ich nach hinten zu Sparky, und er streckt mir als Antwort eine Hand nach vorne, den Daumen nach oben.
Dann stellt er sich hinten auf die Sitzbank. Erst hält er sich noch an meiner Schulter fest, schließlich läßt er ganz los, breitet die Arme aus, wie ein Vogel die Schwingen: *»I can fly, I can fly«,* jubelt er. Ein Jeep nähert sich von hinten, fährt dann gleich auf mit uns. Jemand gibt Sparky in voller Fahrt eine Bierdose rüber. Sparky trinkt einen Schluck, ich trinke, wir schreien zu den beiden im Jeep rüber, die sich weit aus dem Fenster lehnen, um die Dose wieder zu angeln. Als Sparky wieder richtig sitzt, gebe ich Vollgas, trotzdem fällt er fast hinten runter. Im Rückspiegel verschwindet der Jeep im aufwirbelnden Sand.
Nach ein paar Minuten klopft mir Sparky auf die Schulter. »Halt mal an!« Ich bremse. Wir sind weit raus gefahren in Richtung Süden, kein Mensch ist mehr zu sehen.
»Laß mich mal fahren, ja?« bittet er.
Jetzt ist mir auch schon alles egal, außerdem sieht's ja keiner.
»Aber tu genau, was ich dir sage«, ermahne ich ihn. Er schwingt sich vorne in den Sattel, ich setze mich dahinter.
»So, jetzt ziehst du links die Kupplung – ja, ganz durchziehen. Jetzt mit der linken Fußspitze von oben auf den Hebel drücken.«
Es klackt, dann ist der erste Gang drin. Vorsichtshalber halte ich mich gut an Sparky fest, ich spüre, daß er vor Aufregung zittert.
»Jetzt rechts ein ganz klein bißchen Gas geben und vorsichtig den Kupplungshebel loslassen«, kommandiere ich.
Natürlich gibt er zuviel Gas, natürlich läßt er den Hebel zu schnell los. Die riesige Harley macht einen Satz, aber Sparky fängt sie talentiert ab. Dann rollern wir über den Sand.

»Sie fährt, sie fährt«, brüllt er und fragt dann nach hinten: »Wo ist der zweite Gang?«

»Laß mal, das ist schnell genug«, schreie ich ängstlich, weil ich den Eindruck habe, daß die Harley mit dem Sparky fährt und nicht umgekehrt.

»Wo ist eigentlich die Bremse?« fragt er, als wir eine Weile so dahingeschlingert sind.

»Vorn der rechte Hebel«, sage ich, aber bevor ich noch warnen kann, ›aber vorsichtig ziehen‹, hat Sparky schon zugelangt.

Das Vorderrad blockiert, und in einem sanften Bogen rutschen wir in den weichen Sand.

»Du hättest vorsichtig ziehen müssen«, sage ich und versuche die Maschine wieder auf die Räder zu stellen.

»Ich hab's gemerkt«, sagt Sparky, »vielleicht ist es besser, wenn du jetzt wieder fährst.«

Wir drehen um und fahren den ganzen Weg nach Norden bis zu unserem Campingplatz, dort stellen wir die Harley neben Babe und machen uns erstmal was zu essen.

»Schade, daß wir sie nicht beide mitnehmen können«, sagt Sparky, »ich finde, sie passen gut zusammen.«

Pünktlich um acht Uhr abends, nachdem wir sechs Stunden und zwei Tankfüllungen lang mit der Harley durch die Berge gekurvt sind, stellen wir sie bei *Joe's biker place* wieder auf den Hof.

»Zweiundvierzig Dollar«, sagt Joe, »wie abgemacht.«

Sparky greift in die rechte Hosentasche.

»Nimm's aus der linken, Sparky«, sage ich, »mir war's auch einundzwanzig Dollar wert.«

»Halt an«, schreit Sparky, »halt an, halt vor dem Schild an – noch nicht reinfahren!«
Ich bremse mit quietschenden Reifen und komme vor dem Schild zum Stehen: *WELCOME TO CALIFORNIA*. Sparky zieht eine Piccolo-Flasche Sekt aus seinem Seesack und steigt aus.
»Du mußt auch aussteigen. Wir müssen zu Fuß rübergehen.«
Ich steige aus. Sparky nimmt mich an der Hand und führt mich hinüber, über die Grenze von Oregon nach Kalifornien.
»Nur ein kleiner Schritt für die Menschheit, aber ein großer Schritt für uns!« verkündet er feierlich, nimmt den ersten Schluck aus der Flasche und gibt sie dann mir. Ich habe keine weltbewegenden Sprüche parat, erkläre nur lapidar: »Ich glaube, wir haben es geschafft.«
»Yes«, schreit Sparky vor Glück, »we made it – wir sind wirklich in Kalifornien, wir haben es geschafft, wir haben es wirklich, endlich geschafft.«
Mit seiner Begeisterung bringt der mich noch zum Heulen. Ich habe es ja auch geschafft. *I made it!* Nach all den Jahren, nach all den Träumen. Den vielen aufgegebenen oder nie begonnenen Versuchen. Ich habe es geschafft. Mehr geschafft, als nur die Grenze zwischen diesen beiden amerikanischen Staaten zu überschreiten. Ich habe etwas geschafft, was in meinem alten Muster nicht vorgesehen war, wofür meine alte Haut zu eng war. Ich habe sie abgestreift, ich konnte endlich aus ihr hinausschlüpfen, weil ich eine neue Haut habe. Dünner, verletzlicher und mit mehr Gefühl. Ich bin stolz auf meine neue Haut. *I made it.*
Sparky will ein Bild: von diesem Schild, von uns, von der Sektflasche, von der Freude auf unseren Gesichtern. Weil an der Polaroid kein Selbstauslöser ist, kreieren wir das erste Polaroid-Menschen-Doppel-Bild. Sparky mit Schild und Flasche und Freude im Gesicht, dann ich mit Schild und Flasche und Freude.
Sparky legt die Bilder nebeneinander und beschriftet den Rand

mit dem Satz: »Zwei Freunde, nachdem sie Kalifornien erreicht haben – fotografiert vom jeweils anderen.«

Auch große Ereignisse finden ihren Abschluß. Wir sitzen wieder im Auto, etwas angeheitert vom Sekt und traurig vom Feiern. Alle Sachen im Wagen liegen drunter und drüber. In den letzten paar Tagen war weder viel Zeit zum Aufräumen noch zum Schlafen. Bis Frisco wird's uns heute nicht mehr langen.

Wir landen direkt in einem Redwoodpark. Redwoods, die kalifornischen Riesenbäume. Wie die Wolkenkratzer in downtown New York. Wenn man zwischen ihnen durchgeht, fühlt man sich winzig und unnütz.

Eine uralte Erinnerung: Vater erzählte, er sei mit einem Auto durch einen Baum gefahren. Fünfundzwanzig Jahre lang habe ich es ihm nicht geglaubt, dann sehe ich das Schild »Drive through tree«.

Ich bezahle einen Dollar und lasse Babe unter dem über hundert Meter hohen Baum durchrollern. Mein Vater war ein bißchen über dreißig Jahre alt und trug eine Nickelbrille. Ich war in Deutschland, lernte krabbeln und laufen und vor einer Fotografie die Worte »Papa, Amerika«. Andächtig schaue ich nach oben – jetzt fahre ich durch den Baum. Ich weiß, ich werde es weitererzählen und man wird es mir nicht glauben.

Abends, auf einem Gang um den Campingplatz, finde ich einen Ast. Er sieht aus wie ein Krokodil. Ich meine – ich sehe in ihm ein Krokodil, und ich nehme ihn mit, weil ich glaube, daß ich mit meinem großen Messer das Tier Span für Span befreien kann. Ich werde ein Krokodil schnitzen für das Kind in Rikas Bauch. Ein vatergeschnitztes Krokodil aus dem Holz des Baumes, durch den schon mein Vater und später ich mit dem Auto gefahren sind.

Ein ruhiger Campingplatz, ein ruhiger Abend. Kein Motorenlärm, kein Geschrei, nur das Knistern des Holzes im Feuer und ab und zu das Kreischen eines Hähers irgendwo oben in den Redwoods. Ich schnitze an meinem Krokodil, Sparky schaut mir zu.

»Komisch«, sagt er, »wenn man weiß, daß man etwas nie wieder vergessen wird, oder?«

»Was meinst du?«
»Na, unsere Kalifornien-Feier. Glaubst du, daß du irgendwann in deinem Leben einfach vergessen hast, wie es war?«
»Nein«, sage ich, »du hast recht.«
Dann geht Sparky los und sucht sich selber einen Ast. Mit meinem kleinen Armeemesser versucht er irgendwas zu schnitzen, schweigend, so daß ich an diesem Gedanken weiterdenken kann – an den Ereignissen entlang, die man nie im Leben vergessen kann.
An den Tag, an dem Rika das erstemal kam, die Nacht, in der sie das erstemal wegblieb, ihr Anruf in New York, »ich bin schwanger«, ihr Brief nach Vancouver, »es wird kitzeln auf meinem Körper«.
In Frisco wird wieder ein Brief von ihr liegen.
Sparky hat sich ordentlich in den Finger geschnitten. Nimmt ihn erst in den Mund, um das Blut zu stoppen, dann wickelt er ein dreckiges Taschentuch drum herum. Ich will mit ihm vor zum Parktor, die haben bestimmt Pflaster und so Zeug, aber er spielt lieber den Helden mit dem Taschentuchverband.
»Desiré hat dir bestimmt auch nach Frisco geschrieben, oder?« frage ich, um ihn aufzuheitern.
»Ach Gott«, sagt er nachdenklich, »die kleine Desiré, das ist doch alles schon wieder so lange her.«
Er drückt mit sterbensleidender Miene an seinem verbundenen Finger rum.
»Mensch, Partner«, sage ich, »freust du dich denn gar nicht über Frisco?«
Ich versuche ihm was aus einer Zeit zu erzählen, als er noch im Sandkasten gespielt hat. Als wir auf Fahrrädern und Mopeds mit Hochlenkern in bunten Hemden aus Indien und langer Mähne durch die Stadt gefahren sind.
Unser letztes Hemd hätten wir gegeben, um einmal nach Frisco zu kommen, einmal durchs Hippieviertel schlendern zu können, einmal die Luft an der Straßenecke Haight/Ashbury zu atmen. Hier hatten sie im Überfluß, was wir uns mühsam erkämpfen mußten: Musik, Sonne, Meer, Freiheit, Mädchen, Blumen und Fröhlichkeit.

»Ach was«, sagt Sparky, »es ist eine blöde amerikanische Stadt wie jede andere – du wirst sehen.«
Am nächsten Tag läuft der Countdown. San Francisco 30 Meilen, sagen die Schilder, dann 20, dann 10.
Dann ein Schild, daß man auf gar keinen Fall auf der Golden Gate Bridge anhalten darf, nicht mal, wenn man einen Plattfuß hat.
»Mensch«, stellt Sparky enttäuscht fest, »die ist ja gar nicht golden, sondern rot.«
Alles geht so schnell, daß ich mit meiner feierlichen Frisco-Ehrfurcht gar nicht recht hinterherkomme. Straßen rauf, Straßen runter, Ampeln und wildgewordener Feierabendverkehr. Menschen rasen wie die Wahnsinnigen um Ecken, und Autos wechseln Spuren, dazwischen wieder Taxifahrer, deren mörderisches Flimmern in den Augen mir noch von New York City her bestens in Erinnerung ist.
Sparky hat den Stadtplan auf den Knien und versucht mich zur Vallejo Street zu lotsen, in der dieser Ry, unser Tramper von letzter Woche, wohnen soll. Ich habe den Eindruck, er schickt mich dauernd im Kreis, aber irgendwann stellt er nur trocken fest »hier ist es«, und hat es tatsächlich geschafft, das Haus zu finden. Ich suche eine Viertelstunde lang nach einem Parkplatz für mein Schiff. »Siehst du«, sagt Sparky, »was ich gesagt habe. Eine blöde amerikanische Stadt, wie jede andere.« Aber die Straßen in Frisco haben ein anderes Gesicht als zum Beispiel in New York.
Hier, in der Wohngegend, gibt es wegen der Erdbeben praktisch keine Häuser, die höher sind als zwei Stockwerke. Statt der Balkons mit Feuerleitern sind an jedem Haus Erker angebaut, *bay windows*.
Auch das Haus mit der Nummer 326 ist ein typisches San Francisco-Haus, mit alter, verzierter Fassade und herrlichen Fenstern. Wie fast überall in der Stadt ist das Gelände stark abschüssig. Der kleine Garten neben dem Haus fällt um fünf Meter bis zum Nachbarhaus, und die Straße führt in gerader Linie bis hinunter zum Meer. Links und rechts neben der Eingangstür sind Palmen gepflanzt. Ich drücke gegen die Tür, sie ist nicht verschlossen.

Vallejo Street, bay windows and a girl on the phone

Wir stehen in einem Treppenhaus. Es ist düster, kühl und muffig. Nach dem Klingeln macht oben ein fremder Mensch die Tür auf. »Ihr seid die beiden Jungs aus Deutschland, oder?« fragt der Typ. Es ist George, Rys Freund.

Eine halbe Stunde stehen wir ziemlich überflüssig in der Küche rum. Sparky versucht zu erklären, daß er kein Deutscher ist, bringt ein paar müde Geschichten an, woher er eigentlich stammt, erntet aber nicht die rechte Resonanz.

Ry ist noch nicht da. »Der muß jeden Augenblick kommen«, sagt George zum drittenmal und bietet uns bestimmt zum zehntenmal etwas zum Trinken an.

Die Wohnung ist recht teuer eingerichtet. Anscheinend verdient Ry mit seinen Geschichten doch ordentlich Geld.

»Bist du auch Journalist?« frage ich George.

»Nein, Kulissenmaler beim Theater – und du?«

»Ingenieur«, sage ich.

»Ingenieur? Du machst doch Spaß, oder?«

Immer komme ich in die Situation, diesen Berufsstand verteidigen zu müssen.

»Was ist so schlimm dran, Ingenieur zu sein?« frage ich George. »Ich mache Hydraulikhebezüge. Bagger und so Zeug. Hebebühnen zum Fensterputzen und Feuerwehrplattformen. Ist ein ganz kreativer Job, auch wenn's niemand glauben will.«

George schüttelt ungläubig den Kopf.

»Außerdem spielt er Saxophon«, nimmt Sparky mich in Schutz.

»Und Sparky«, revanchiere ich mich, »ist Polaroid-Menschen-Fotograf.«

»Polaroid – was?«

»Erklär es ihm selbst«, sage ich zu Sparky.

Kurz drauf trudelt Ry ein.

»Ach, da seid ihr ja.« Er macht große Hallo-Begrüßung, als würden

wir uns schon seit Jahren kennen. Fragt als erstes, wie lange wir bleiben wollen.
»Wenn's euch nicht zuviel wird«, melde ich an, »vielleicht eine ganze Woche?«
Ry nickt zufrieden. »That's alright«, meint er, »wir haben Platz genug.« Er zeigt uns eines der Zimmer nach vorne raus.
»Hier könnt ihr schlafen, es ist unser Gästezimmer, wir selbst benutzen es fast nie.« Es ist eines der Zimmer mit Erker.
Ry sucht aus einem Schreibtisch einen Hausschlüssel, gibt ihn mir. Dann werden die beiden ein bißchen hektisch, weil sie zusammen um acht Uhr zu einer Galerieeröffnung wollen, werfen sich in Schale und sind verschwunden.
Ich sitze mit Sparky noch eine Stunde in der Küche und trinke Kaffee. Dann gähnt er zweimal, murmelt »ich glaube, ich gehe jetzt schlafen« und ist verschwunden.
Aus einem anderen Zimmer hole ich mir einen Sessel, schleppe ihn am schon schlafenden Sparky vorbei zum Erkerfenster.
Draußen ist es ruhig. Die Straßenlampen füllen die Schluchten zwischen den Häusern mit grünorangem Licht. Ohne Hast laufen ein paar Leute vorbei. Lustig, wie stelzig sie gehen, wenn sie bergab unterwegs sind. Autos fahren kaum noch. Wenn, dann schleichen sie wie Katzen über die Buckel oder schnaufen angestrengt die steilen Berge hoch. Alles ist ruhig, entspannt: *mellow-yellow.* Das ist es, was sie im hastigen und niemals ruhenden New York sagen: Der Westen sei *mellow:*reif, satt, zufrieden, ohne Hast und ohne Willen. Wer längere Zeit dort wohne, verwandle sich unaufhaltsam in eine Avocado.
Am Himmel fliegt ein Jet mit grünen und roten Positionslichtern. Ich sehe dem Blitzen seines Kennlichtes nach, bis er in den Sternen über Oakland verschwindet.
Ich habe die ganze Nacht im Sessel geschlafen, bis Sparky mich aufgeregt wachrüttelt.
»Die Post, wir haben vergessen, die Briefe vom Postamt zu holen!«
Richtig, postlagernd Frisco. Ich hätte es wirklich fast vergessen.
»Geh doch mal irgendwo gucken, wie spät es ist«, sage ich zu ihm,

strecke und recke mein krummes Kreuz und leg mich dann runter in den Schlafsack.
Sparky kommt aus der Küche zurück, dort scheint die einzige Uhr zu sein. »Halb fünf«, sagt er. Der Kerl ist wahnsinnig. Die Post macht frühestens um neun auf.
»Laß uns noch ein paar Stunden schlafen«, sage ich und drehe mich auf die Seite.
Was wird wohl in diesem Brief stehen? Wieder was mit Kitzeln oder diesmal was mit Katastrophe?
Ich wälze mich herum, schließlich starre ich an die Decke. Aufgeregtes Herzklopfen. Sparky liegt neben mir, die Hände hinter dem Kopf verschränkt. Auch er starrt nach oben. Eine halbe Stunde liegen wir wortlos so nebeneinander, er denkt an seine Desiré, ich an meine Rika.
»Sparky«, frage ich leise an, weil ich nicht sicher bin, ob er nicht doch mit offenen Augen schläft, »wenn wir sowieso wach sind, könnten wir eigentlich auch einen San-Francisco-Morgenspaziergang machen, oder?«
Wir lassen George und Ry, die wohl irgendwann heute nacht wieder gekommen sind, einen Zettel da: *Went out for a walk.* Nicht, daß die meinen, wir hätten uns klammheimlich aus dem Staub gemacht.
Draußen ist es kalt, gemein kalt. Am Berg oben, um den Fernsehturm, hängen dicke Nebelschwaden, zum Greifen nah. Genau in Richtung der Straße, hinter den Hügeln auf der anderen Seite der Bay, geht die Sonne auf. Wir laufen direkt ins Feuer.
Dann streifen wir durch Chinatown, das wie ausgestorben daliegt um diese Zeit, laufen die ganze Market Street bis hinunter zu den Docks. Auch die Market, die größte Einkaufsstraße von Frisco, ist fast leer. Nur ab und zu begegnen uns Menschen. Langsam, wie in Zeitlupe laufen sie, sind unterwegs zur Frühschicht, kommen heim von der Nachtschicht. Oder es sind einfach Schwärmer, die nicht schlafen können.
In manchen Hauseingängen liegen Menschen, mit Zeitungen zugedeckt.

Gute Viertel, mit sauberen Bürgersteigen und Abfallkörben an jeder Straßenecke wechseln ab mit schlechten *neighborhoods.* Hier liegt der Abfall direkt auf der Straße, seit Wochen nicht mehr abgeholt, dazwischen Penner und halbtote Junkies.

Unten an den Docks ist schon Betrieb. Es wird geladen, geschwatzt, Sackkarren werden in der Gegend rumgeschoben, und Kräne bewegen sich summend. Meistens sind es Schwarze, die dort arbeiten. Die Sweatshirt-Kapuzen haben sie über den Kopf gezogen, mit beiden Händen halten sie ihre Kaffeetassen dicht umschlossen, um sich die Finger zu wärmen.

*»Chilly morning, eh?«*sagen sie, wenn wir ebenfalls fröstelnd vorbeilaufen. Weil wir kein offenes Café finden, bleibt uns gar nichts anderes übrig, als die restlichen zwei Stunden in der Gegend rumzulaufen. Um zwanzig vor neun stehen wir vor dem Postamt und sind die ersten.

Es sind zwei Briefe auf meinen Namen da, der eine ist von Rika, der andere von Desiré für Sparky, der ohne Ausweis auch keine postlagernden Briefe holen könnte.

Wir strahlen beide, laufen raus aus der kalt-grauen Schalterhalle, setzen uns auf die nächstbesten Stufen und reißen die Umschläge auf. Sparkys Augen zucken über die Zeilen. Erst lächelt er noch, aber dann wird sein Gesicht immer trauriger. Desirés Brief ist nur eine Seite lang. Als er fertig ist, blickt er auf und sieht mich fragend an.

»Was schreibt sie?« frage ich.

»Irgendwas«, sagt er. »Glaubst du, ich werde sie noch mal sehen?«

Ich zucke die Schultern. Was macht es für einen Unterschied, ob ich es glaube oder nicht?

»Ich glaube es nicht«, sagt er dann plötzlich entschlossen und steckt den Brief weg. »Was schreibt deine schöne blonde Frau?«

»Keine Ahnung«, sage ich und zeige ihm den Brief, »es sind acht Seiten, und ich habe noch nicht mal die erste gelesen. Bisher weiß ich nur, daß es ihr gutgeht und daß es zu Hause seit Wochen nur regnet.«

Acht Seiten, eng beschrieben mit hellblauer Tinte. Zu viel, um es hier auf den kalten Stufen zu lesen, wir sollten uns einen besseren

Platz suchen. »Komm, Sparky, ich gebe dir ein Frühstück aus«, schlage ich vor, aber wieder müssen wir ein gutes Stück laufen, bis hinunter zum Touristendock, Pier 39, bevor wir einen offenen Coffee-Shop finden.

Sparky wärmt sich mit traurigem Gesicht die Hände an seiner Kaffeetasse.

»Schau...« sage ich und will ihm irgendwas über Liebe und Freundschaft erzählen, aber er winkt nur dankend ab.

»Laß mal, lies du jetzt deinen Brief und kümmere dich nicht um mich.«

Acht Seiten. Ich weiß, ich werde ihn viele Mal lesen müssen. Werde mir vorstellen, wie sie an ihrem winzigen Schreibtisch in der Zimmerecke sitzt, zwei Kerzen an, leise sanfte Musik im Hintergrund. Sie schreibt nur von Dingen, die faßbar sind. Was zwischen Alltag und Arbeit, Nachbarn und Wetter liegt, beschreibt sie nicht. Sie versteckt es zwischen den Zeilen. Manche Dinge tauchen nicht auf. Nur daran, daß etwas fehlt, muß ich erkennen, daß etwas nicht in Ordnung ist. Rikas Briefe sind Rätsel wie Rika selbst. Sparky starrt trübsinnig in seinen Kaffee. Hinter ihm, draußen in der Bucht, leuchtet eine Insel mit fensterlosen, weißen Gebäuden.

»Schau mal, Sparky, das muß Alcatraz sein, dort hinten.«

Er dreht sich kurz um: »Ja, das ist es.« Dann stiert er wieder vor sich hin.

»Vieles ist einfacher ohne dich«, schreibt Rika, »und anderes unendlich schwierig. Ich könnte nachdenken, aber ich komme nicht dazu, soviel Angst, wie ich habe.« Und ganz am Schluß steht: »Was bleibt übrig von all dem, wenn du erst wieder zurück bist? Was bleibt übrig von mir und dem Kind in meinem Bauch?«

»Grüße an dich – unbekannterweise!« sage ich zu Sparky.

»Grüß sie auch«, antwortet er müde.

Auf dem Weg zurück zur Vallejo Street wird er wieder lebendiger.

»Sag mal, Partner. Was ich dich schon lange fragen wollte: Bist du glücklich? So im Durchschnitt, meine ich, sagen wir: der letzten zehn Jahre?«

Ich überlege eine Weile. »Ja«, sage ich dann, »im Durchschnitt schon.« Sparky nickt. »Und bei dir?« frage ich zurück.
»Im Durchschnitt der letzten zehn Jahre – nein. Im Durchschnitt der letzten zwei Monate – ja.«
Ry und George sind verwundert über unseren frühen Spaziergang. Wir frühstücken mit ihnen zum zweitenmal, dann müssen sie wieder zu irgendwelchen dringenden Terminen. Kein Wunder, denke ich, daß sie sich eine so teure Wohnung leisten können, bei dem Quantum, das sie täglich arbeiten.
Sparky und ich legen uns wieder hin. Er schläft sofort ein, mich hält der Kaffee wach.
Ich lese ihren Brief noch mal. Sie schreibt wenig von ihrem dicken Bauch, sie schreibt gar nicht über den anderen Typ. Ich weiß, sie hätte nicht den Mut zu schreiben: Achim, ich bleibe bei dem anderen, vergiß mich. Ich weiß, wenn das kommt, kommt es noch viel schmerzhafter. Dann kommt es langsam, heimlich und so, daß es jahrelang weh tut.
Der andere Brief aus Vancouver steckt im Rucksack. Ich ziehe ihn raus, lese zweimal, dreimal den Satz »Es wird kitzeln auf meinem Körper«. Hoffentlich hat sich zwischen den Briefen nicht zuviel geändert.
Das Telefon klingelt drüben im anderen Zimmer. Ich gehe dran.
»Hallo?« melde ich mich.
»George?« fragt eine Frauenstimme.
Ich erkläre, daß ich nicht George bin und auch nicht Ry, sondern ein Bekannter von den beiden.
Sie sagt mir ihren Namen, den ich nicht richtig verstehe, und will mit mir dann etwas besprechen wegen einer Fete, die am Freitag hier laufen soll. Brot backen oder Salat machen – irgendwas ist da wohl unklar.
»Tut mit leid«, sage ich, »keine Ahnung. Mir hat bisher niemand etwas von einer Fete gesagt.«
»Auch gut«, sagt sie dann, »sag Ry einfach, ich habe angerufen; sobald er wieder da ist, soll er mich zurückrufen.«

Dann will sie auflegen.
»Stop«, sage ich schnell, »will ich ja gerne tun. Aber wer hat denn angerufen? Ich habe vorhin deinen Namen nicht so richtig mitbekommen.«
»Oh, sorry. My name is Rena.«
»Rena – soll das ein Name sein oder was?«
»Die nennen mich Rena. Das ist 'ne Abkürzung eines deutschen Namens.«
Ich dachte doch gleich, daß die Frau eine etwas ausländische Aussprache hat. Also wechsel ich ohne Vorwarnung ins Deutsche: »Sag mal, sind wir Landsleute, oder was?«
Auf der anderen Seite Gelächter: »Sag bloß – du bist auch Deutscher.« Was sie für ein liebes Lachen hat.
»Weißt du«, erzähle ich, »daß ich seit über zwei Monaten kein Wort Deutsch mehr gesprochen habe?«
Sie erzählt mir, daß sie schon drei Jahre hier in Kalifornien lebt und daß sie sich schon gar nicht mehr erinnern kann, wann sie zum letztenmal deutsch gesprochen hat.
»Wie heißt du eigentlich richtig?« frage ich.
»Renate – und du?«
»Achim – aber ich sage es den Amis schon gar nicht mehr, weil sie immer Äkim sagen. Weißt du, dieser Comic-Held aus den Sechzigern.«
Wir erzählen zehn Minuten lang, wie es uns hierher verschlagen hat.
»Du bist doch auf der Fete, Achim, oder?«
»Sicher – sehen wir uns da?«
»Natürlich – ich freue mich.« Dann legt sie auf.
Ich bin ganz aufgeregt und will Sparky, der mittlerweile wieder aufgewacht ist, alles erzählen. Aber er hat schon mitgehört.
»War das Deutsch?« fragt er.
Ich nicke strahlend.
»Das klingt wie Gänsefürze.« Spricht's, dreht sich auf die andere Seite, zieht sich den Schlafsack über die Nase und schläft weiter.
Ich gehe rüber ins andere Zimmer, lege eine Platte auf. Dann setze

ich mich in einen großen, weichen Ohrensessel, stelle mir diese Stimme am Telefon noch einmal vor und mache mir Träume.

Put your hands on my shoulder

Von Freitagmorgen an sind wir alle damit beschäftigt, diese Fete vorzubereiten. Ry und George haben kein Auto, und so trifft sich's gut, daß wir unsere Babe mitgebracht haben. George und ich besorgen mit ihr den Außendienst, Ry schnappt sich Sparky als Küchenhilfe, läßt ihn Salat putzen und Gläser polieren.

Ich klappere mit George die Märkte und Deli-Läden von San Francisco ab. Er hat einen ganzen Packen grüner Dollarscheine dabei, und wir fahren so lange rum und laden Tüten und Kartons ein, bis nur noch der Gummi übrig ist, der die Scheine zuvor zusammengehalten hat. Mir wird's ganz flau, wenn ich zum Vergleich an Sparkys und meine Schwindenden Finanzen denke.

Als wir endlich mit Hunderten von braunen Papiertüten auf der Ladefläche – Hummer aus Maine, Urquell aus Pilsen und ähnlich preiswerte Dinge – zur Vallejo zurückkommen, sind bereits die ersten Gäste da. Ich schleppe mit George die Tüten rein, schaue mir dabei alle Frauen an, aber ich kann keine ausmachen, die Renas deutschen Akzent hat oder auch nur so aussieht, als käme sie aus Hamburg.

»Rena noch nicht da, oder?« frage ich Ry. Er steckt mal schnell den Kopf aus der Küche und wirft einen Blick über seine Gäste, dann schüttelt er den Kopf. Also nutze ich die Zeit, stelle mich noch fünf Minuten unter die Dusche, wasche mir die Haare mit herb duftendem Roßkastanienshampoo und bürste mit zusammengebissenen Zähnen meinen seit Wochen verfilzten Bart aus. Als ich frischgewaschen wieder in die Küche komme, pfeift Sparky erstaunt durch die Zähne, dann stupst er Ry in die Seite und grinst ihn an:

»Hab ich's dir nicht gesagt – der ist verliebt.«
»Ist sie schon da?« frage ich noch mal. Ry schüttelt wieder den Kopf.
Also setze ich mich in eine Ecke, aus der ich die Eingangstür gut im Auge behalten kann.
Massen von Menschen quellen herein. Manchmal denke ich, das könnte sie sein, das muß sie sein, das sollte sie sein. Aber George, der den Türdienst übernommen hat, stellt mir die Frauen als Jane, Janet oder Jessica vor.
Nach einer Weile gehe ich wieder in die Küche zu Sparky und Ry, um mir einen neuen Drink zu machen. Plötzlich winkt Ry mich her: »Schau«, sagt er, »das ist sie.«
Sie steht gerade mit George an der Tür, hat ihn zur Begrüßung umarmt.
Ein Sommerkleid, grell in den Farben der Saison. Ein Gesicht, braungebrannt, strahlend, mit großen, stark geschminkten Augen und glänzend roten Lippen.
Sie kommt in die Küche, gibt Ry einen Kuß auf die Backe.
»Das ist Sparky«, stellt Ry uns vor, »und das ist Äkim.«
»Hello, Äkim, how are you«, begrüßt sie mich und gibt mir die Hand.
»Ihr könnt ruhig deutsch reden«, sagt Sparky, »ich muß sowieso hier noch die Salate fertig machen.« Dann dreht er sich um und schabt geschäftig an einer Gurke.
»Komm«, sagt Rena zu mir, »wir suchen uns einen guten Startplatz in der Nähe vom Büfett.«
Sie hält ihr Glas mit dem Campari-Orange mit spitzen Fingern, nippt immer nur, damit sich der Lippenstift nicht verwischt.
»Was machst du hier in Kalifornien?« frage ich.
»Leben«, sagt sie und lacht.
Leute drehen sich um, als sie die fremde Sprache hören, manche kennen Rena, heben ihr Glas zum Gruß oder steuern quer durchs Wohnzimmer auf sie zu, um sie mit einem Küßchen zu begrüßen.
»That's Äkim«, stellt sie mich jedesmal vor.
»Achim«, korrigiere ich, »ich bin auch aus Deutschland.«
Dann erzählt sie von zu Hause, von Hamburg, daß sie dort ein paar

Jahre ziemlich rumgeflippt sei und dann ihre große Liebe, einen Kalifornier, geheiratet habe, um endlich von dort wegzukommen.
»Und jetzt«, frage ich, »was macht die große Liebe?«
Sie macht eine Handbewegung, als werfe sie etwas hinter sich. »Längst vorbei«, sagt sie.
»Jetzt flippst du hier rum?«
»Schau mich doch an«, fragt sie, »sehe ich aus, als ob ich flippe?« Und sie streicht sich mit der Hand durchs Haar, daß es aussieht, als sei der Wind hineingefahren.
Dann entdeckt sie an der Tür eine Freundin: »Schau, da ist Lucie, jetzt kommt Stimmung in die Bude.« Sie rennt zur Tür, fällt dieser Lucie mit großem Hallo um den Hals. Lucie wirbelt durch den Raum, sie scheint jeden zu kennen, jeder scheint Lucie zu mögen. Ich kann sehen, daß Rena ihr Sparky vorstellt, sie strubbelt ihm durchs Haar, wie man's bei kleinen Kindern macht. Sparky schaut verstört zu mir rüber. Ich geselle mich zu ihnen. »Das ist dieser Achim aus Deutschland, von dem ich dir erzählt habe«, sagt Rena. Lucie mustert mich von oben bis unten: »Richtiger Weltreisender, was?«
Wir suchen uns eines der Sofas aus, Sparky und ich sitzen außen, Rena und Lucie zwischen uns.
Rena und ich wechseln dauernd zwischen deutsch und englisch, Sparky hängt Lucie irgendwelche Geschichten von Elchen und Harley Davidson Motorrädern auf.
»Findest du nicht«, höre ich ihn plötzlich sagen, »daß dieses Deutsch wie Gänsefürze klingt?«
»Gänsefürze?« fragt Lucie und fällt vor Lachen fast vom Sofa.
Rena drückt sich an mich. Ich lege ihr meine Hand auf die Schulter, und sie schüttelt sie nicht ab.
»Erzähl den beiden doch mal von Texas«, bittet sie Lucie.
»Also gut«, fängt Lucie an, »ich komme nämlich eigentlich aus derselben Stadt wie Ry. Bevor ich endgültig hier rübergewechselt bin, habe ich in einem Kaff bei Corpus Christi in einer Bar gearbeitet – als Go-go.«

Sie springt auf und macht ein paar heiße, gekonnte Hüftschwünge zur Musik. Einige Leute pfeifen und johlen, Sparky sitzt kerzengerade auf dem Sofa und kriegt große runde Augen. Aber mit der Kondition scheint's bei Lucie nicht mehr so recht zu klappen. Erschöpft kommt sie zum Sofa zurück.

»Willst du noch was trinken?« fragt Sparky eifrig und spurtet sofort los, um ihr noch ein Glas Sekt zu organisieren. Lucie hält die Unterhaltung im Gange.

»Und was machst du beruflich?« fragt sie mich über Rena hinweg. Soll ich wieder zehn Minuten lang erklären, daß Ingenieur ein durchaus passabler Beruf sein kann?

»Ich bin Raubtierdompteur beim Zirkus Sarrassani«, sage ich deswegen.

»*You're kidding!*«schreit Lucie und reißt die Augen auf.

Sparky, der inzwischen mit ein paar Gläsern Sekt zurück ist, mischt sich sofort ein.

»Ach was«, meint er, »der macht keinen Spaß. Es muß auch Leute geben, die so eine Arbeit machen. Der hat alles in seiner Nummer: Löwen, Tiger, Bernhardiner, Haifische...«

Rena schaut mich fragend an, ich zwinkere mit den Augen, sie lacht. Aber Lucie kriegt sich überhaupt nicht mehr ein. »Haifische«, fragt sie ganz aufgeregt, »wie kriegt er denn das Wasser in den Käfig?«

»Los, Partner, erzähl ihr, wie du das Wasser in den Käfig kriegst«, feuert Sparky mich an.

»Mit einem Schlauch«, sage ich und erkläre ganz genau, wie man es machen muß, damit das Wasser in der Manege bleibt und die Haifische nicht herausspringen.

»Und die Löwen und Tiger?« fragt sie.

»Die sitzen auf Hockern. Hast du bestimmt schon gesehen. So Zirkushocker, die gerade noch aus dem Wasser rausschauen.«

Allmählich fängt sie an, die ganze Sache zu bezweifeln. Rena verbeißt sich ein Kichern, ich halte sie im Arm und drücke sie.

»Und wo, bitte«, fragt Lucie, »kann man deine Supernummer mal sehen?«

»Leider«, sage ich, »man kann sie überhaupt nicht mehr sehen. Ich habe nämlich alle meine Tiere verloren. In einer Vorstellung hat einer der Tiger aus Langeweile die Bernhardiner geärgert und ins Wasser gescheucht. Dort sind sie natürlich von den Haien gefressen worden. Daraufhin sind die Löwen, die recht eng mit den Hunden befreundet waren, über den Tiger hergefallen und haben ihn zerfleischt. Riesenaufruhr im Käfig – ich hab geschaut, daß ich wegkam. Nur die Haie waren am Schluß noch übrig. Die hab ich im Bodensee freigelassen.«

Lucie schaut unsicher zwischen mir und Sparky hin und her. Dann fängt Rena an zu lachen.

»Ihr Idioten«, schimpft Lucie beleidigt, »ich war wirklich Go-go-girl in Texas – fragt Ry!«

Sparky versucht sie zu trösten.

»Warum nennst du ihn eigentlich Partner? Ich denke, ihr seid Freunde?« fragt sie ihn.

»Ganz einfach«, erklärt Sparky, »ich stand mitten in Sonnenblumen, weil ich von zu Hause abgehauen war. Er hat angehalten und hat mit mir einen Vertrag gemacht, daß er mich durchfüttert und bis Kalifornien fährt, wenn ich ihn ab und zu zum Lachen bringe.«

»Quatschkopf«, sagt sie und boxt ihn in die Rippen, »kannst du nicht einmal was Vernünftiges erzählen?«

Die Musik wird ruhiger, das Licht dunkler. Ein paar Leute fangen an zu schmusen und zu tanzen.

»Komm«, sagt Rena und zieht mich hoch. Sie legt die Arme um mich. Ihre Augen schimmern blaßgrau. Dann fällt ihr Kopf auf meine Schulter.

»Mach meinen Kragen nicht voll Lippenstift«, sage ich und streich ihr über den Rücken, »es ist das einzige gute Hemd, das ich noch habe. Ich hab's in Thunder Bay gekauft.«

Ganz allein, will ich noch sagen, ohne Rikas Hilfe.

»Ich will nicht mehr tanzen«, sag ich zu Rena, sie tanzt mit einem anderen weiter, schaut immer wieder rüber zu mir. Ich trinke den Sekt jetzt schnell und in großen Schlucken, schaue Lucie und Sparky

zu, die sich beim Tanzen auch schon recht fest drücken. Stelle mir Rika vor, irgendwo allein und gelangweilt zu Hause, wie sie auf Feten geht und irgendwelchen Männern die Arme um den Hals legt.
Plötzlich ist Rena wieder neben mir.
»Ich denke, ich geh jetzt«, sagt sie, »was machst du noch?«
Erst zucke ich mit den Schultern. »Warte«, sage ich dann doch, »ich geh mit runter. Ich brauche sowieso noch Zigaretten.«
Ich gebe Sparky Bescheid, daß ich gleich wieder zurückkomme. Dann laufe ich hinter ihr her in Richtung Ausgang. Sie verabschiedet sich von ein paar Leuten; ich werde neidisch und mißtrauisch beäugt. Auf der Treppe weht ihr Parfüm vor mir her.
Unten dreht sie sich um: »Also dann...« Sie legt mir beide Hände auf die Schultern.
»Wo kriege ich um diese Zeit noch Zigaretten her?« frage ich.
»Keine Ahnung«, sagt sie und nimmt die Hände wieder weg. Grußlos geht sie ein paar Schritte weg, dann kehrt sie um, hat einen roten Filzer in der Hand, nimmt sich meinen Arm und schreibt mir eine Nummer drauf.
»Rufst du mich mal an?«
Einen Augenblick stehe ich noch da. Ich werde ihr nicht hinterherlaufen und sie fragen, ob ich sie heimfahren kann, ich werde sie nicht anrufen.
Ich gehe aus dem Haus und laufe in die Richtung einer Bar am Ende der Straße, wo sie bestimmt Zigaretten haben, aber sie ist wohl in der anderen Richtung weggegangen.
Als ich zur Fete zurückkomme, sitzt Lucie mit Sparky auf dem Sofa und knutscht rum. Er erschrickt, als er mich sieht. Ich grinse ihm friedlich zu, komme mir aber recht überflüssig vor und setze mich deswegen zu ein paar Leuten ins andere Zimmer auf den Boden. Schnapsflaschen machen die Runde und so merkwürdige Zigaretten. Zehn Minuten besehe ich mir die weggetretenen Gesichter, dann greife ich selber zu Joint und Flasche.
Ich beginne, Karussell zu fahren, später sieht es aus, als säße ich alleine in einem Rundumkino, ich selbst gehöre nicht mehr dazu.

Die Darsteller sprechen eine merkwürdige Sprache, nur Fetzen und unverständliches Zeug. Verziehen die Gesichter zu Grimassen, die Lachen, Schreien oder Müdigkeit bedeuten können. Plötzlich tritt einer aus dem Bild raus und spricht mich direkt an, beim zweitenmal verstehe ich ihn. Es ist Sparky.

»Gib mir mal den Autoschlüssel«, wiederholt er.

»Nicht wegfahren, Sparky«, lalle ich.

»Ich will nur Lucie die Bilder zeigen.«

Später merke ich, daß er mir den Schlüssel wieder in die Tasche steckt. »Mann, bist du besoffen.«

Ich versuche, ihn gerade anzugucken, und grinse: »Kein bißchen, Partner.«

»Paß mal auf«, sagt er, und erst da merke ich, daß die Go-go-Lucie hinter ihm steht und dauernd versucht, ihn an der Hand wegzuziehen, »ich geh jetzt mit Lucie – aber morgen früh komme ich wieder her, okay?«

»Brauchst du mein Okay dazu, Mann?« Mir ist plötzlich zum Heulen, aber ich setze alles dran, nicht damit anzufangen. Nur die Augen werden so schwer.

»C'mon«, hör ich Lucie drängeln und ziehen. Sparky sieht mit einemmal so fürchterlich erwachsen aus. Er macht sich von Lucie für einen Augenblick frei und streckt mir ernst die Hand hin: »See you tomorrow.«

»Bis morgen«, lalle ich, »und viel Spaß, Partner.«

Ich will ihm noch kumpelig auf die Schulter klopfen, aber treffe nicht so ganz, weil Lucie ihn schon weggezogen hat.

Drüben in unserem Zimmer sitzen vier intellektuelle Amerikaner und diskutieren völlig stoned über *pollution, self-realization, drug addicts and natural life.* Ich rolle so demonstrativ wie ich es noch schaffe meinen Schlafsack aus und mache mich klein. Die vier verstehen die Signale und suchen sich ein anderes Zimmer.

»Bitte mach das Licht aus und die Tür zu«, rufe ich dem letzten hinterher. Dann muß ich doch noch mal aufstehen und das Fenster öffnen, damit der Marihuana-Gestank sich verzieht.

Ich denke an ein kleines Mädchen vor unendlich langer Zeit. Sie war sehr schüchtern, und ich war sehr schüchtern. Wir brauchten zehn Monate Händchenhalten, Küßchengeben, Anfassen, Streicheln und Entdecken, bis wir uns endlich trauten, miteinander ins Bett zu gehen.
Da kam kein Go-go-girl aus Texas und hat mich mit einem »C'mon« ungeduldig ins Bett gezogen.

Frisco

Schon ein paar Stunden später bin ich wieder wach. Kalter Nebel weht durchs offene Fenster herein, draußen dämmert es schon. Ich fühle mich völlig zerschlagen. Am liebsten würde ich sterben, damit das Brummen im Kopf aufhört.
In der Küche treffe ich unerwartet auf den harten Kern der Fete. Sie haben sich die ganze Nacht mit Schnee auf Touren gehalten, jetzt sitzen sie wie in Zeitlupe um eine Kanne Kaffee und unterhalten sich mit langsamen Gesichtern über *culture crisis, women's liberation and free sexual experiences of the early seventies.*
Ry fragt irgendwas wegen Sparky, aber er wartet nicht ab, bis mir wieder eingefallen ist, wo Sparky steckt. Ich muß hier raus. Diese Menschenruinen zwischen tödlicher Müdigkeit und vergangener Partylust geben mir den Rest. Ich frühstücke nur eine Tasse Kaffee und zwei Aspirin, schnappe mir dann meine Kamera und gehe aus dem Haus.
Laufen, laufen, laufen. Bloß nicht irgendwo stehenbleiben. Laufen ist allemal das beste Mittel gegen Sterben, weil noch niemand beim Laufen gestorben ist.
Überall auf morgendlich umnebelten Parkbänken sitzen fröstelnde Liebespaare und wärmen sich. Warum bin ich nicht einfach mit Rena gegangen?

Vom Meer her dröhnen ab und zu Nebelhörner herüber. Die Pfeiler der Golden Gate beginnen im Nebel und enden im Nebel. Die Fahrbahn ist nicht zu erkennen.
Nun ist dieser Sparky auch noch weg. Keine Hemmungen, der Kerl. Ich sehe die rote Telefonnummer auf meinem Arm, suche nach einer Telefonzelle. Dann stehe ich drin, finde kein Kleingeld.
An einem Kiosk kaufe ich irgendeine Zeitung, blind, ich kann doch nicht lesen, heute. Ich bekomme ein paar Quarters und ein paar Nikkels raus, hab vergessen, wo die Telefonzelle war. Finde eine andere.
»Was soll das, was soll das?« klopft's mir im Kopf. Bring Rena und Rika durcheinander. Wenn's schon anfängt mit »Was soll das?« ist eh alles aus. Kann ich auch weiter laufen. Übriggeblieben vom großen Fest, versumpft in Selbstmitleid, Restalkohol und in dröhnenden Rauchzeichen.
Also doch diese deutsch-amerikanische Wunderfrau anrufen, Spaß haben, nichts denken, nichts grübeln. Nehmen, geben und vergessen.
Heike fällt mir ein, wie sie fröstelnd die Decke um die nackten Schultern zieht und »Jetzt haben wir alles abgefuckt« sagt.
Ich werde zurück zur Vallejo laufen, mich in meinen Schlafsack legen, ihn mir über den Kopf ziehen und so tun, als wäre ich gut freund mit mir.
Rika anrufen?
Ich schüttel mitten auf der Straße den Kopf bei diesem Gedanken. Dann versuche ich auszurechnen, wie spät es in Deutschland jetzt ist.
Plötzlich stehe ich an einer Kreuzung mit zwei magischen Namen: Haight/Ashbury. Das Herz der Hippiegegend.
Direkt an der Ecke ist ein McDonald's. Ich laufe ein Stück weiter, setz mich dann in ein Café und bestelle ein Bier, obwohl mir nicht danach ist.
Um mich herum Hippieveteranen, Leftover-Sixties. Viele mit drögen Gesichtern, manche so, als gingen sie jeden Tag von neun bis fünf im Zweireiher und werfen sich nur für einen Besuch in der Ashbury in Jeans und Indienhemd. Einer quatscht mich voll, dann

pumpt er mich um Geld an. Ich gebe ihm eine Zigarette, gebe ihm Feuer.
Er brabbelt von früher, daß wir gleich alt seien und »weißt du noch, we used to…« Als sei ich persönlich es gewesen, der ihm damals seinen ersten Joint angesteckt hat.
Ich tu so, als verstünde ich ihn nicht. Trinke unter scharfen Protesten meines Magens mein Bier in einem Zug leer, lege einen Dollar auf den Tisch und gehe. Wenn der Typ den Dollar vor dem Wirt wegnimmt, ist es nicht mein Problem, oder?
Draußen ist ein Geschäft neben dem anderen. Sie verkaufen die heiligen Relikte an die Touristen. Second-hand-Kleidung, second-hand-Ramsch.
An einem alten Kino, Türen und Fenster vernagelt, das Glas in den Schaukästen zerbrochen, ist ein riesiges Wandgemälde.
Now we're taking over the asshole-culture! steht drunter. Dieses Vorhaben ging ja wohl in die Hose.
Love, peace & understanding entziffere ich auf dem abblätternden Putz einer anderen Wand. Es ist zum Teil verdeckt von einem fünf Meter hohen Plakat:
Spick and Span, Waschmittel, zwei Pakete *for just 4.95*

Die Wohnung in der Vallejo ist verlassen und wie ausgebrannt. Leere Flaschen und volle Aschenbecher. Auf dem Tisch in der Küche liegt ein Zettel für mich: *Sparky called!* dazu eine Nummer. Darunter steht noch: *Rena called, too,* aber es steht keine Nummer dabei.
»Ach«, wird sie gesagt haben, »der hat doch meine Nummer.« Ich schiebe meinen Ärmel hoch, blaßrot ist die Zahl auf meinem Arm noch zu erkennen. Sicherheitshalber schreibe ich sie auf den Zettel. Dann lege ich mich in die Badewanne und schaue zu, wie das heiße Wasser den roten Filzer langsam auflöst. Danach rufe ich Sparky an.
»Oh«, sagt Lucie, »du bist es. Keiner wußte, wo du steckst.«
»Sparky«, höre ich sie dann rufen, »dein Partner ist dran.«
»Wie geht's?« fragt er.
»Na«, frage ich, »Spaß gehabt?«

»Bist du böse?«
»Quatsch«, sage ich, »warum soll ich böse sein. Ist doch deine Sache. Wir sind Partner – und keine Eheleute, oder?«
»Vielleicht komme ich doch erst morgen wieder«, fragt er vorsichtig.
»Laß dir Zeit, Kleiner«, sage ich, »ich fahre nicht ohne dich hier weg. Hauptsache, du kommst irgendwann wieder.«
»Ganz sicher – aber du bist bestimmt nicht böse?«
»Nein!« Dann legen wir auf.
Ich muß laut Musik anmachen, damit die Wohnung nicht so friedhofstod wirkt. Stundenlang räume ich die Reste weg, spüle Gläser, sauge die Teppiche, putze Rotweinflecke vom Küchenboden, shampooniere ein paar Kleckser aus den Polstern und schaffe tonnenweise Aschenbecherasche in den Mülleimer. Nach Stunden ende ich mit einer angebrochenen Flasche Sekt in meinem Sessel am Erkerfenster. Draußen wird's langsam dunkel.
Zwei Telefonnummern auf einem Zettel, eine aufgeräumte Wohnung und eine angebrochene Flasche Sekt.
Auch Rika habe ich das erstemal auf einer Fete gesehen. Mit weniger Leuten zwar, weniger Hummer und weniger Sekt. Aber mit Rika. Sie kam mit einem, der den Arm um sie rum hatte. Ich war ein vernünftiger, intelligenter Maschinenbaustudent im letzten Semester, Aussicht auf eine gute Stelle, geordnete private Verhältnisse, wenn auch nicht sehr konstant. Ich nannte mich einen Realisten – ich nannte mich stolz einen Realisten. Sie brauchte einen Augenblick, um einen verliebten Narren aus mir zu machen.
Noch heute schwört sie, ich wäre gar nicht auf dieser Fete gewesen, so wenig hat sie mich überhaupt wahrgenommen. Ich blieb da, bis sie und der, der den Arm um sie hatte, gegangen waren. Es war halb zwei. Dann ging ich zum Gastgeber und fragte: »Wer war die Frau?«
»Welche?« sagte er, und ich mußte sie beschreiben.
»Blond«, sagte ich, »dünn. Graublaue Augen wie Nebel. Schwarze Bluse, schwarze Hose. Ein Lachen, das nicht da ist, wenn man versucht, es genau zu sehen.«
»Erika heißt die, glaube ich«, sagte er. »Eine neue Freundin von…«

Ich wollte nicht wissen, von wem.
»Okay«, sagte ich, »ich mache nächsten Samstag eine Fete. Sieh zu, daß du diese Erika auftreibst. Überred sie, entführ sie, aber bring sie mit.«
Ich hatte eine Woche Herzklopfen. Bis zu dem Moment, als sie durch meine Tür kam. Der Arm um sie rum war nicht dabei.
»Hallo«, sagte ich zu ihr. Dann fiel mir nichts mehr ein. »Nett, daß du gekommen bist«, sagte ich noch. Ich starrte sie an. Sie lächelte, drehte sich weg und fing mit anderen Leuten ein Gespräch an.
Immer waren Leute um sie herum. Einmal stand ich plötzlich neben ihr. Wieder dieses undurchsichtige Lachen, wieder wußte ich nichts zu sagen.
Ich saß in einer Ecke meiner Wohnung, dumpfes Gefühl der Ohnmacht, während meine Traumfrau meinen Wein trank, meinen Nudelsalat aß und sich heiter plaudernd mit meinen Freunden abgab.
Gegen Mitternacht war der Kreis kleiner geworden. Vier Leute waren es noch – sie war dabei. Wir saßen in der Runde, irgendwie hatte ich es geschafft, neben ihr zu sitzen. Sie erzählte von Korsika, Sonne, Strand und winzigen Muscheln, die wie Schnecken aussahen, ich saß still und traurig neben ihr. In einem plötzlichen Anfall von Mut legte ich ihr die Hand auf die Schulter. Sie schien nicht überrascht. Nahm nur einfach meine Hand und legte sie wieder weg. Sie lachte. Sie lachte mich einfach aus – dann ging sie.
Später habe ich sie oft gefragt: Warum dieses Lachen damals? Sie hat nie darauf geantwortet, immer nur genauso gelacht.
Es war ein paar Wochen später, an einem Samstagnachmittag. Es klingelte. Sie stand vor der Tür, verlegen wie ein Kind, das gerade etwas ausgefressen hat: »Ich wollte nur schauen, wie's dir geht.« Sie blieb zwei Stunden.
Wir unterhielten uns, ich machte nicht den kleinsten Versuch, ihr meine Hand irgendwohin zu legen. Ich glaube, ich habe mich die ganzen zwei Stunden nicht bewegt – aus lauter Angst, ich könnte sie verscheuchen. Hatte nicht einmal den Mut zu fragen, ob sie wieder-

kommt. Sie kam wieder. Am nächsten Tag, um die gleiche Zeit. Wieder das Klingeln, ich mache auf: »Ich wollte sehen, wie es dir heute geht.«
Am dritten Tag öffnete ich, weil ich ihre Schritte auf dem Gang erwartet und erkannt hatte.
»Mir geht's heute besonders gut«, sagte ich. »Komm rein, der Tee ist schon fertig.« Wieder saßen wir an meinem kleinen, grünen Küchentisch, wieder zwei Stunden voll Geschichten und Vergangenheit. Wir hatten uns noch nicht mal mit den Fingerspitzen berührt. Als die zwei Stunden um waren, wollte ich nicht, daß sie wieder geht.
»Ich koch dir was«, schlug ich vor, »wenn du dableibst.«
»Was kochst du?« fragte sie, ich hatte keine Ahnung. Sie übernahm die Initiative, inspizierte meine Küchenvorräte, ein halbes Pfund Mehl, Salz, Zucker und Pfeffer und zwei Becher Joghurt, einer davon schimmelig.
Dann schrieb sie mir eine Einkaufsliste.
»Wofür brauchst du die Kerzen?« fragte ich.
»Für die Stimmung«, sagte sie.
Ich brachte die Kerzen mit, pappte sie auf zwei Unterteller. »Ist die Stimmung so in Ordnung?« fragte ich und schaltete das Deckenlicht aus.
»Ja«, sagte sie, »das ist in Ordnung so.«
Wir saßen uns gegenüber. Die Flammen malten ihren Schatten riesengroß an die Wand hinter ihr. Ich hatte gerade einen Schluck Wein im Mund.
»Mit wie vielen Frauen hast du bisher geschlafen?« sagte sie, so als frage sie nach der Uhrzeit.
»Mit keiner einzigen«, antwortete ich todernst. »Ich habe keine Ahnung, wie das überhaupt geht – und du?«
»Ich hatte auch noch nie was mit 'nem Mann.«
»Ich habe drüben das dtv-Taschenlexikon«, schlug ich vor. »Wir könnten unter ›Sex‹, oder wie das heißt, nachschlagen.«
»Gut«, sagte sie, »laß uns das versuchen.«
Wie jetzt weiter?

Dem Gag ging die Luft raus, aber ich wollte nicht mehr zurück.
Sie war es. Sie drehte sich vor dem Bücherregal um, war weich um die Augen und strahlend. Ging einen Schritt auf mich zu, nahm meinen Kopf zwischen die Hände und strich die Haare von den Schläfen nach hinten. Es gab ein Kribbeln im Bauch, daß ich dachte, ich fange an zu schreien.
Jetzt ist das Kribbeln nur im Magen. Es stammt von dem billigen, kalifornischen Sekt. Draußen ist es Nacht. Weiß nicht, ob ich geschlafen habe oder geweint. Der Zettel mit Renates Nummer neben dem Telefon.
Alles nur schlechte Kopien des Originals. Das Märchen Rika läßt sich nicht in anderer Besetzung wiederholen. Rika ist Rika. Ich weiß noch nicht, ob ich sie dafür hassen soll oder lieben, aber ich weiß, daß ich aufhören muß, sie in anderen Frauen zu suchen – ich hätte keine Chance. Den Zettel mit Renates Nummer reiße ich in kleine Fetzen und werfe ihn weg. Dann trinke ich die Sektflasche leer und lege mich schlafen. Wahrscheinlich liebe ich sie auch noch dafür.

Hold me in your arms

Am nächsten Morgen holt mich ein penetrantes Telefonklingeln aus dem Schlaf. Ich fühl mich hundeelend, und so sehr der schrille Ton auch schmerzt, warte ich doch drauf, daß er aufhört oder daß jemand anders drangeht.
Zehn Minuten später geht es wieder los. Es ist Renate. »Entschuldige, wenn ich dich geweckt habe«, sagt sie, aber es ist gut rauszuhören, daß sie sauer ist und daß es ihr herzlich egal ist, ob ich noch geschlafen habe oder nicht.
»Warum hast du mich nicht angerufen?« fragt sie.
»Ich hatte deine Nummer verloren«, lüge ich, bevor mir klar wird, daß man eine rote Nummer auf dem Unterarm nur sehr schwer ver-

lieren kann. Sie lacht gequält. »Ich will dich sehen«, sagt sie, »ich muß mit dir reden – hast du schon gefrühstückt?«
»Ich brauche kein Frühstück, ich brauche ein paar Aspirin, drei Valium, vier Tassen schwarzen Kaffee und ein Bett.«
Aber sie läßt sich nicht abbringen. Ohne weiter zu fragen, verabredet sie mich in ein Café um die Ecke.
»In einer halben Stunde«, sagt sie, »sei bitte pünktlich, ich hasse es, alleine im Café zu warten.«
Dann legt sie auf.
Auf dem Weg ins Café suche ich nach einer Linie. Wenn ich nur eine feste Linie habe, nach der ich handeln kann, wird alles in Ordnung gehen.
Sie sitzt schon da. Kein bißchen Schminke im Gesicht, kein Lippenstift, kein Nagellack. Jeans und Hemd. Ihr liebevolles Lachen und ihr sanfter Händedruck bringen sofort alle meine Grundsätze ins Wanken. Ich bestelle mir einen Kaffee, dann sitzen wir da, schweigen uns an.
Warum soll ich den Anfang machen, denke ich, wenn sie es doch ist, die so unbedingt mit mir reden will. Aber zugleich spüre ich, daß mein Schweigen eisig ist. Daß mein Schweigen ihr nicht die Spur einer Chance läßt.
»So«, sage ich schließlich, »hier bin ich, du kannst anfangen.« Ich wollte es netter sagen, aber es kommt hart, gemein und triumphierend. Sie schaut zur Seite. Erzählt leise von Träumen, die sie letzte Nacht gehabt hat, und was sie am Abend davor gemacht hat. Plötzlich bricht sie ab: »Aber das ist alles nicht das, weswegen ich mit dir reden wollte.«
»Und weswegen wolltest du dann mit mir reden?«
»Nicht hier«, sagt sie, »laß uns gehen. Laß uns draußen rumlaufen, vielleicht zum Meer runter.«
Auf der Straße erzählt sie lange Geschichten von Freund und Feind. Daß es so wichtig wäre, sich Ablehnung und Anziehung offen einzugestehen. Sie will, daß ich sie mag. Aber ich kann nur an Rika denken und habe Angst davor, zu verstehen, was sie mir erklären will.

Ich bräuchte nur den Arm um sie zu legen und zu sagen: »Natürlich habe ich dich gern.« Statt dessen überlege ich mir fieberhaft, was ich tun soll, wenn sie plötzlich den Arm um mich legt.
Dann kommt sie mit einem Schlag damit raus: »Was ich sagen will ist, daß ich mich ein bißchen in dich verguckt habe.«
Das ist dein Problem, habe ich auf der Zunge, aber ich schlucke es runter und sage gar nichts.
»Warum magst du mich nicht?« fragt sie.
»Mag ich dich nicht?«
»Es sieht so aus. Du hättest anrufen können und was weiß ich alles.«
»Ich habe genug Probleme«, sage ich, »ich brauche mir nicht noch zusätzlich welche zu schaffen.«
»Was für Probleme denn?«
»Probleme eben!« Was gehen sie meine Probleme an? »Und außerdem glaube ich...« Dann breche ich ab. Warum soll ich ihr das sagen? Warum versuchen, sie jetzt fertigzumachen. Sie wird schon wissen, was sie tut. Aber sie will unbedingt wissen, was ich glaube.
»Also gut«, sage ich, »ich glaube, daß du ziemlich auf Kosten anderer lebst. Hier ein Kaffee, dort ein warmes Bett für vier Wochen. Du schnorrst dich mit liebem Lächeln durchs Leben, hier ein Küßchen, da ein Häppchen – die anderen werden dich schon lieben und deswegen für dich sorgen. Außerdem glaube ich, daß du keineswegs so glücklich bist, wie du laufend versuchst vorzuspielen.« Ich erwarte einen beleidigten Schwall von Erwiderungen, aber sie zieht nur den Kopf ein und starrt schweigend vor sich hin.
»Komm«, tröste ich und lege jetzt doch den Arm um sie, »vergiß es. Es geht mich nichts an, wie du lebst. Es geht mich erst recht nichts an, wovon du lebst. Ich weiß es ja nicht mal. Ich hatte bloß so das Gefühl, nach alledem, was du erzählst und wie du dich aufführst. Es ist alles Mist, vergiß es.«
Sie schüttelt traurig den Kopf. »Es stimmt ja alles«, sagt sie leise. Dann windet sie sich unter meinem Arm raus. »Du brauchst mich nicht zu trösten.«
Stumm laufen wir nebeneinander her.

»Was sind denn deine Probleme?« fragt sie schließlich. »Ich will mich nicht einmischen, ich will es bloß wissen.«
Ich erzähle ein bißchen von Rika, von dem anderen Typ, von dem Kind im Bauch. Und daß ich hier eigentlich bloß rummgammle, weil ich mich nicht nach Hause traue.
»Ist es deswegen so?« fragt sie.
»Was?«
»Na – mit uns beiden.«
»Was weiß ich, vielleicht ist es deswegen so. Ich möchte einfach nicht noch mehr zum Grübeln haben.«
Ich glaube, es erleichtert sie, daß es nicht nur ihretwegen »so« ist.
Ich bring sie nach Hause. Vor einer Tür bleibt sie stehen, zeigt auf ein Fenster im ersten Stock. »Da oben wohne ich im Moment.«
»Allein?« frage ich.
»Sozusagen allein«, sagt sie.
Für eine winzige Sekunde überlege ich, ob ich mit zu ihr hochgehe. Ich habe so Sehnsucht nach nackter Haut.
»Tschüß«, sage ich, »Sparky und ich fahren demnächst weiter.«
»Tschüß«, sagt sie und gibt mir einen kleinen, warmen Kuß, »viel Glück für dich.«
»Für dich auch«, will ich sagen, aber da ist die Tür schon zu. Ich schmecke ihren Kuß auf meinen Lippen, als ich die Straße runtergehe. Ich habe keine Telefonnummer mehr und weiß nicht mal ihren Nachnamen. Weiß nur, daß sie Renate heißt, aber sich Rena nennt, weil es die Amis besser sprechen können.

With a little help from my friends

Ich habe mich verirrt. Ich komme nicht mehr aus diesem Viertel raus. Gedanken und Straßen im Kreis. Wenn ich die Richtung nicht ändere, müßte ich irgendwo ankommen. Stetes Bewegen in einer

Richtung führt aus allem heraus. Sonnenstich vielleicht – oder was? Anstatt den Knoten zu lösen oder ihn mitten durchzuschlagen, ziehe ich wie ein Wahnsinniger an den Enden immer fester zu.
Ich muß Rika anrufen, denke ich, das wird alles lösen. Mitten durchschlagen. Ich stelle mich in einer Bank in die Warteschlange.
Zehn Dollars in Quarterstücken werden doch wohl für einen Befreiungsschlag reichen. Das Geld liegt schwer in der Tasche.
Im Grunde will ich nur ihre Stimme hören. Ich bin ein verliebter Esel und muß ihre Stimme hören. Rika, beschwöre ich, nimm dich jetzt, wenn das Telefon klingelt, zusammen. Ich brauche dich jetzt. Jetzt brauche ich dich.
Ich finde eine Zelle, bin aber zu aufgeregt. Umrunde den Block noch mal, bis ich ein bißchen ruhiger bin. Es werden nur ein paar Minuten sein. Keine Erwartungen, kein Streit. Ich werde dich jetzt anrufen, und wir werden beide cool bleiben, okay? Keiner von uns wird ausflippen. Wir sind beide erwachsen, und dies ist ein durchaus normales Problem.
Dann stehe ich wieder vor der roten Zelle. Rein, Hörer abheben, ruhig, Null wählen.
»Operator – ich brauche mal Ihre Hilfe.« Er sagt mir genau, was ich machen soll, gibt mir sämtliche Vorwahlnummern bis nach Deutschland. »Wählen Sie langsam«, sagt er, »und warten Sie lange genug. Es kann eine Minute bis zur Verbindung dauern«.
»Thank you«, sage ich. Bloß nicht verwählen. Bloß nicht in einem fremden deutschen Wohnzimmer landen. Nach dem Wählen meldet sich ein Computer, der Stimmlage nach eindeutig weiblich. *»Five dollars and seventy-five cents for the first three minutes«,* sagt die Stimme. Ich stopfe Quarters in den Schlitz, ein Dollar, eineinviertel, eineinhalb. Dann fallen mir Quarters runter, ich bücke mich, reiße fast das Kabel vom Hörer ab. Waren es jetzt schon vier Dollars oder erst drei? Ich stecke weiter Quarters ein.
»Thank you«, sagt auf einmal eine metallische Stimme. Es wird durchgewählt. Dann das deutsche Rufzeichen am anderen Ende. Endlos.

Plötzlich ist sie dran.
»Rika, Rika«, schreie ich, »ich bin es.« Habe mit einemmal ein gigantisches Vakuum im Kopf, Herzklopfen.
»Bist du zurück?« fragt sie.
»Nein, in Frisco – San Francisco.«
Alles geht fürchterlich dreiminutenschnell.
Sie schreit, lacht, weint, geht's dir gut, wie ist das Wetter, geht dein Auto noch, bringst du es mit? Nein, ich habe noch nicht geschlafen, gerade Abendessen, ja, alleine. Bin sowieso alleine, viel alleine.
»Noch mal eineinviertel Dollar für die nächste Minute«, meldet sich die Stimme wieder.
»Wer war das?« fragt Rika.
»Ein Telefoncomputer«, erkläre ich, »er will Geld. Die verdammten Dinger fallen mir immer runter. Warte, bleib dran, ich muß was aufheben.
»Komm zurück«, sagt sie, »ich brauche dich. Mein Bauch wird immer dicker.«
»Und der andere?« frage ich.
»Den gibt's längst nicht mehr. Ich will keinen anderen. Ich habe viel Scheiß gemacht.« Sie fängt an zu weinen.
»Gib mir noch sechs Wochen«, sage ich, »ich muß erst noch ganz klar mit mir kommen.«
»Und das Kind?« fragt sie.
Dann ist die Leitung tot. Ich habe keine Quarters mehr. Vor der Zelle setze ich mich auf ein Mäuerchen. Wieder dieser Film um mich. *San Francisco live.*
»Ich habe viel Scheiß gemacht – den gibt's längst nicht mehr – und das Kind?« Ich fange an zu weinen.
Immer wieder höre ich sie. »Und das Kind?«
Sätze, Laute, Worte und Gefühle.
Nach Los Angeles fahren, das Auto verkaufen und Frankfurt buchen. Ich habe Sparky versprochen, ich bringe ihn nach Kalifornien. Ich habe ihm nie mehr versprochen.
Gib mir noch sechs Wochen – wofür? Womit muß ich klarkommen?

»Wo ist Vallejo Street?« frage ich einen.
»Nur hier geradeaus, die dritte Querstraße«, erklärt er.
Natürlich, nur geradeaus, wie immer.

»Sparky«, sage ich, »ich glaube, jetzt drehe ich ganz durch. Ich muß schlafen, damit ich meinen Kopf wieder in Ordnung kriege.«
»Soll ich dir 'nen Kaffee machen, oder was?« fragt er.
Ich schüttel den Kopf und rolle mich in meinem Schlafsack zusammen.
Er steht neben mir und sieht besorgt auf mich runter. Erst da fällt mir auf, daß Sparky ja wieder zurück ist: »Sag mal, seit wann bist du eigentlich wieder da?«
»Erzähl ich dir später, jetzt schlaf du erst mal. Siehst ja aus wie dein eigenes Gespenst.«
Gib mir noch sechs Wochen, habe ich zu ihr gesagt, weil ich glaube, daß ich noch etwas finden muß in Amerika.
Erst am Abend wache ich wieder auf. Sparky sitzt alleine in der Küche und liest einen Comic.
»Willst du mir noch immer Kaffee machen?« frage ich.
»Sicher – bist du wieder okay?«
Ich nicke.
»Was war denn los?«
»Alles war plötzlich durcheinander. Die Sonne und Rena und Rika und du und Amerika und alles. Da habe ich Rika angerufen.«
»O je«, sagt Sparky. »Alles aus jetzt?«
Ich schüttel den Kopf. »Überhaupt nicht. Sie sagt, ich soll kommen, alles wäre okay. Ich bin bloß durcheinandergeraten. Was war denn bei dir los? Wie geht's deiner Texanerin?«
Ich nehme ihm das Kaffeepulver aus der Hand, weil er dabei ist, vor Schusseligkeit die ganze Küche braun einzupudern.
»Wie im wirklichen Leben«, erzählt er, »ihr Freund kam heim.«
»Sie hat 'nen festen Freund?«
»Er hat sich jedenfalls so aufgeführt.«
»Hat er dich rausgeschmissen, mit Gewalt, meine ich?«

»Erst war er nur sauer«, erklärt Sparky und zieht aus seiner Jackentasche ein Polaroidbild. »Aber als ich das hier gemacht habe, ist er auf mich losgegangen.«
Auf dem Bild ist ein riesiger, schreiender Ami mit Tätowierungen an den Oberarmen.
»Du hast 'nen Hang zum Selbstmörder, was?«
Sparky grinst. »Ist doch gutgegangen, oder?«
Wir sitzen über unserem Kaffee.
»Wo sind eigentlich Ry und George?« frage ich. »Ich glaube, ich habe die beiden seit der Fete nicht mehr gesehen.«
»George war vorhin da, hat was geholt und ist wieder los, mehr weiß ich auch nicht.«
»Und was machen wir jetzt?« frage ich.
»Jetzt, meinst du?«
»Überhaupt, meine ich. Wir wollten nach Kalifornien. Hier ist Kalifornien, hier sind wir. Rika sagt, ich soll zurückkommen, du mußt ja wohl auch mal wieder nach Hause, Geld haben wir auch nicht mehr viel. Also, was machen wir?«
Sparky überlegt eine Weile. Bei dem Gedanken, daß er ja auch mal wieder heim muß, hat sich sein Gesicht verdüstert.
»Wir brauchen einen Plan!« sagt er schließlich. »Was wir jetzt brauchen, ist ein gut durchdachter Plan.«

I bet you don't

Sparky rennt zum Auto und holt unsere gesamten Reiseunterlagen: die Autokarte, die Travellerschecks, den Kalender, das Bargeld.
»Weißt du«, sage ich zu ihm, »ich kann einfach nicht glauben, daß Rika will, daß ich zurückkomme – als wäre nichts gewesen. ›Komm zurück, ich brauche dich‹, einfach so.«
»Bist du sicher, sie hat es gesagt?« fragt er. »Vielleicht hat sie was

anderes gemeint und ihr habt wieder aneinander vorbeigeredet.«
»Natürlich hat sie gesagt: ›komm zurück.‹ Ich kann doch hören, was sie sagt, und sie hat…« Dann sehe ich, daß Sparky grinst. »Idiot!« sage ich, »laß uns jetzt den Plan machen.«
Alles ist viel schwieriger, als wir uns das gedacht hatten. Es gibt so viele Dinge, die ich noch gerne angucken würde, aber entweder liegen sie zu weit abseits der Route zurück nach New York, oder es dauert zu lange, oder das Geld reicht nicht. Meistens alles drei zusammen.
Sparky ist mittlerweile fast pleite, Babe frißt einen Dollar auf zehn Meilen, und New York ist selbst auf dem allerkürzesten Weg fast 3000 Meilen entfernt. »Sag mal, Sparky, wenn wir wirklich bis New York kommen, wie willst du dann eigentlich jemals nach Kanada zurück?« Er erklärt mir, daß er sich in New York von der Polizei fangen läßt, die würden ihn schon irgendwie zurückbringen. »Police-Travel-Service«, nennt er das.
»Überlaß meine Sachen ruhig mir«, erklärt er.
Wir rechnen rum, aber wir kommen zu keinem Plan. Es fehlt immer wieder am Geld. Zurück nach New York und dort noch zwei Wochen leben von dem Geld, das Babe beim Verkauf abwirft – mehr scheint nicht mehr drin zu sein.
»Zwei Möglichkeiten«, sage ich, »entweder wir sparen wie die Verrückten, das heißt Geld nur noch für Wasser, Brot und Benzin, oder wir verdienen was dazu.«
»Oder du fährst alleine weiter, ich treibe mich in Frisco noch ein wenig rum und lasse mich dann hier schon fangen.«
»Quatsch, Sparky, du wolltest doch mit nach New York City, oder?« Er nickt. »Ich will dir aber nicht zur Last fallen«, sagt er.
»Alles Quatsch. Alles, was wir brauchen, sind ein paar Dollar mehr in der Kasse.«
Abends, Sparky schon wieder schnarchend neben mir, gehe ich noch mal alles durch: Orangen pflücken, Teller waschen, Rinder schlachten, Bäume fällen…
Plötzlich habe ich es. Natürlich, klar!

Ich schüttel Sparky wach, um ihm sofort zu erzählen, was mir eingefallen ist.
»Ich hab's«, sage ich.
»Was?« fragt er müde.
»Geld verdienen. Ich stelle mich auf die Market Street und spiele Saxophon. Du gehst mit dem Hut rum, sammelst und erzählst den Leuten traurige Geschichten.«
Er ist sprachlos. Hätte der nie gedacht, daß mir so was einfallen könnte. Immer denken alle, ich hätte keine Ideen.
»Wann?« fragt er.
»Morgen, am besten gleich morgen!«
»Ich wette«, sagt Sparky hämisch, »das machst du nicht.«
Dann schläft er wieder ein, diesmal ohne zu schnarchen. Warum mache ich das nicht? Glaubt er, ich bin zu blöde, um Geld zu verdienen? Oder ich spiele zu schlecht? Oder ich traue mich nicht?
Zu vernünftig?
Market Street, sieben Uhr abends. Der Sparky hat keine Ahnung. Alle fünf Meter sagt er:»Hier!« und »Nun fange schon endlich an, wir könnten schon fünf Dollar verdient haben.«
Dabei muß man so einen Platz sehr sorgfältig auswählen. Da gilt es psychologische, musikalische, akustische, ästhetische und finanzielle Gesichtspunkte zu berücksichtigen.
Wir laufen die ganze Market zweimal rauf und runter.
»Die starren mich jetzt schon an, Sparky.«
»Du spinnst«, sagt er, »das ist nur die Angst.«
»Vielleicht ist es verboten?«
Er schüttelt nur ungeduldig den Kopf.
Ich stelle meinen Koffer auf eine Bank. Vielleicht zerbrechen aus Versehen alle meine Blättchen, oder es kommt ein Bekannter.
»Willst du noch 'ne Stunde meditieren, oder fängst du jetzt an?« drängelt Sparky, der den Hut schon in der Hand hat.
Ich hole ein Blättchen aus dem Koffer, nehme es vorsichtig zwischen die Lippen und lutsche es an. Es zerbricht nicht. Seit heute morgen habe ich überlegt, was ich zuerst spiele und was am Schluß und was

gar nicht. »Mach dir keine Gedanken«, hat Sparky gesagt, »du kannst ruhig immer wieder dasselbe spielen, es bleibt doch keiner stehen.«

Ich muß die Augen zumachen und mir vorstellen, ich stünde wieder an diesem Flüßchen in der Nähe von New York. Kein Mensch um mich herum.

Die ersten Töne zittern und quieken, dann wird es besser. Vorsichtig öffne ich die Augen.

Die Leute hasten vorbei, als stünde ich dort gar nicht. Und ich hatte mir eingebildet, die ganze Market Street von der Bay bis zur Uni würde stehenbleiben und mich anstarren.

Sparky gibt mir einen guten Rat: »Du müßtest zumindest ein bißchen lauter spielen als die Autos.«

»Du meinst, keiner hört mich?«

Er nickt.

Ich nehme mehr Luft in die Lungen, die Augen lasse ich mutig offen.

Zwei College-Kids bleiben eine Weile stehen. Als sie Sparky mit dem Hut auf sich zukommen sehen, drehen sie ab und laufen weiter.

Sparky hat eine Idee. »Weißt du, keiner will den Anfang machen.« Deshalb kramt er eine Handvoll Münzen aus den Tiefen seiner Hosentaschen und wirft sie in den Hut – es hilft.

Ein älterer Mann zieht einen Quarter raus und wirft ihn rein. Sparky dankt höflich. Dann trauen sich immer mehr, Quarter kommt auf Quarter, wer nur einen Nickel gibt, kann nicht erwarten, daß Sparky ihm sehr herzlich dankt.

Ein modischer Herr Papa mit einem kleinen, rosagekleideten Mädchen an der Hand zieht einen Dollarschein raus. Die Kleine macht ein paar ängstliche Schritte auf Sparky zu, wirft ihm den Dollar in den Hut und rennt dann weg.

Es fängt an Spaß zu machen. Ich habe drei Stücke durch, fange wieder beim ersten an. Immer wenn genug Kinder da sind, spiele ich die Titelmelodie aus dem »Rosaroten Panther«, das gibt reichlich.

Merkwürdig, wie die Leute diesen Abstand zu uns halten. Wie ein Strich auf dem Boden, zwei Meter entfernt. Haben sie Angst vor

uns? Verschämt kramen die meisten ihr Geld raus, ab und zu leert Sparky den Hut in den Saxkasten, die Dollarscheine verschwinden in seiner Hosentasche. Man braucht ja niemandem zu zeigen, wieviel man schon hat.
Schade, daß Sparky kein Instrument spielen kann. So 'ne Show wie damals mit Lucas auf dem Campingplatz würde richtig Geld abwerfen. Aber Sparky spielt eben nichts, außer ab und zu verrückt.
Er fängt jetzt an, sich mit den Herumstehenden zu unterhalten. Nichts ist so interessant wie die Armut des anderen. Er erzählt von einem berühmten Fotografen, der unverschuldet in Not gekommen ist. Mister Sparky nennt er ihn. Für den spiele ich, behauptet er. Ein paar Leute nicken amüsiert, manche mitleidig, andere verständnisvoll. »Wieviel haben wir?« frage ich ihn nach einer langen Zeit.
»Spiel weiter!« sagt er einfach, »ich sage dir Bescheid, wenn du aufhören kannst.«
Nach zwei Stunden brennen mir die Lippen.
»Ich muß Schluß machen«, sage ich. »Ich habe mich wundgespielt.«
»Noch ein Stück«, bettelt er, »du weißt schon was.« Also spiel ich's noch einmal. Ein einziges Mal noch, speziell für meinen Partner Sparky: *Summertime, when living is so easy!*
»Wieviel haben wir?« frage ich danach wieder. Wir packen ein, setzen uns auf eine andere Bank, wo uns nicht jeder beobachten kann, und zählen unser Geld.
»24 Dollars und 94 Cents«, sagt Sparky schließlich, »was machen wir mit dem ganzen Kies?«

So long, Frisco – take care

»Was wir mit dem Kies machen?« frage ich, »auf den Kopf hauen, ist doch klar.«
Sparky tippt sich an die Stirn.

So lange er die Kasse verwalte, erklärt er, werde hier kein einziger Dollar auf den Kopf gehauen.
»Paß auf«, schlage ich vor, »wir machen Babe reisefertig, und von dem, was übrigbleibt, gehen wir groß essen.« Aber ich hatte Babes 20-Gallonen-Tank unterschätzt. Bis der endlich voll ist und auch der Motor noch zwei Liter Öl abbekommen hat, reicht mein sauer erspieltes Saxophonhonorar nur noch für zwei Hamburger. Ich kaue mit Ehrfurcht und stelle mir vor, wir wären im Steakhouse bei T-Bone, Ofenkartoffeln und Rotwein. Sparky scheint der Unterschied nicht sonderlich zu stören.
»Mir fällt auf«, bemerkt er kauend, »daß wir noch immer keinen Plan haben.«
»Aber immerhin eine Möglichkeit, in jeder größeren Stadt 25 Dollar am Tag zu verdienen – was uns zumindest bis zur nächsten größeren Stadt hilft.«
Er nickt zustimmend, beendet den Kampf mit seiner mayonnaiseverschmierten Gurke durch einen beherzten Griff zwischen die Brötchenhälften. »Dann laß uns morgen hier abhauen«, sagt er, wobei er versucht, sich die Gurke in den Mund zu stopfen. Mayonnaise tropft auf seine Hose, er sieht ihr unglücklich nach und ergänzt: »Vielleicht sollten wir vorher noch mal Wäsche waschen.«
»Aber damit werden wir nicht unseren letzten Abend in Frisco verschwenden.«
»Dann würde ich gerne die Golden Gate bei Nacht sehen«, schlägt Sparky vor, fügt dann ganz nebenbei, aber nicht ohne hämisches Grinsen hinzu: »Du hast übrigens Ketchup auf dem Hemd.« Er zahlt mit den Resten unseres Honorars.
Wir kurbeln Babe alle Scheiben herunter, rollen hügelauf, hügelab durch die lauwarme, dämmrig werdende Stadt. Fahren die Market noch mal runter, besehen uns noch mal die Stelle, an der wir vor ein paar Stunden den Grundstein zu unserer Musikkarriere legten, fahren noch mal zu den Docks, noch mal die steilste Straße runter, wo Babe oben mit dem Bodenblech aufsitzt und dann wie ein Achterbahn-Wägelchen Schwung aufnimmt in Richtung Meer.

Sparky sitzt andächtig auf seinem Platz, den Kopf aufgestützt auf dem Fensterrahmen schaut er schweigend hinaus ins dunkler werdende San Francisco.
Schließlich rollen wir über die Brücke, lassen die Stadt rechts hinter uns, fahren durch einen Tunnel und ein paar unübersichtliche Kurven auf den Hügel jenseits der Bay.
Erst dort oben versteht man, warum die Brücke ein »Gate« ist, ein Tor. Und erst dort oben, mit dem straßenlampen-orange strahlenden Frisco vor sich und der untergehenden Sonne im Rücken über dem Meer kann man das Gold sehen, aus dem sie gebaut ist.
Wir setzen uns ganz vorne auf den Felsen, die Einfahrt zur San Francisco Bay mit dem goldenen Tor liegt unter uns.
»Das ist die Abschiedsvorstellung«, sage ich.
»Und wir haben noch immer keinen Plan – komisch, Partner, bevor ich dich traf, habe ich nie einen Plan gebraucht.«
»Dann laß es uns dieses eine Mal halten wie früher«, schlage ich vor, »und es ohne Plan versuchen.«
Er nickt. Lange Zeit starrt er bloß runter, wo Schiffe mit roten und weißen Positionslichtern den hohen Bogen durchfahren, wo große Segelboote mit zwei oder drei Masten von ihren Tagesausflügen zurückkehren.
Dann stößt er mich leicht an: »Ich muß dir noch was sagen, Partner – ich fand's nett, daß du mich mitgenommen hast.«
»You're welcome«, antworte ich leise, was soviel heißen soll wie »bitteschön« oder »du warst mir willkommen« – vielleicht auch:»Du bist zur richtigen Zeit gekommen«.
Ich rutsche näher zu ihm rüber und lege ihm meinen Arm um die Schultern.
Weit vor uns, im Hafen von Oakland, tutet ein Dampfer. »Weißt du«, fängt Sparky plötzlich wieder an, »was ich nicht verstehen kann, ist, daß alles das wirklich passiert ist. Alles – verstehst du. Das große Auto, das anhält und mein Freund wird. Der Mann, der drinsitzt und mein Partner wird, die kleine Desiré und die große Lucie, das Wellenreiten, die Harley. Sie werden alle glauben, ich erzähle wieder

Geschichten, wenn ich zurück bin. Wenn ich wieder zu Hause bin, meine ich – verstehst du?«
»Aber du hast doch deine Menschenbilder zum Beweis.«
»Ich habe viele Menschenbilder, und ich habe viele Geschichten. Ich habe nur wenige Beweise.«
Dann schweigt er für ein paar Minuten, aber ich unterbreche ihn nicht. Ich weiß, daß er jetzt eine richtige Geschichte erzählen will.
»Weißt du, mein Leben sonst...« Und er macht eine Bewegung, als wollte er alles runter in die Bay schmeißen, was bisher gewesen ist.
»...ich muß einfach Geschichten haben. Habe ich dir erzählt, daß ich von dort komme, wo sie die Nickels machen? Die ganzen Berge um diese sogenannte Stadt Sudbury sind aus Nickel, und sie holen es aus der Erde und pressen es zu kleinen Fünf-Cent-Stücken. Das scheint ihnen aufregend genug. Sie machen Nickels, den ganzen Tag und immer. Daddy Jonas nimmt mich morgens mit zur Ampel bei der Schule, dann gibt er mir einen Kuß auf die Backe und geht Nickels machen. Jeden Morgen – seit ich denken kann. Leben, weißt du, richtiges Leben, gibt es nur im TV – und in meinem Kopf.«
»Was machen denn die anderen Leute? Es wohnen doch Tausende von Menschen da?«
»Die anderen gehen samstags *shopping* und geben die Nickels aus.« Er lacht spöttisch. »Von Montag bis Freitag pressen sie Nickels, und am Samstag gehen sie mit der ganzen Familie ins Einkaufszentrum und geben sie wieder aus.«
Wieder schweigt er eine Weile, dann hat er plötzlich einen anderen Ton, scharf und wütend: »Bei uns ist noch was anderes. Bei uns macht Daddy die ganze Woche Nickels, und Linda trinkt.«
»Wie meinst du, sie trinkt?« frage ich, obwohl ich doch endlich alles verstanden habe.
»Sie trinkt, sie säuft«, schreit er, »sie ist die ganze Zeit besoffen. Alkohol, verstehst du. Bis sie nicht mehr spürt, daß sie dort ist, wo sie nichts anderes als Nickels machen!«
Er zieht die Knie an den Körper, legt den Kopf drauf und weint. Ich halte ihn fest im Arm, streich ihm übers Haar.

Soll ich ihm erzählen, daß sie überall in der Welt nur Nickels machen? Jetzt, wo er gerade sicher ist, daß es nicht so ist?
»Was willst du jetzt machen?« frage ich, als er aufgehört hat zu weinen. »Du kannst doch nicht die ganze Zeit in der Weltgeschichte herumfahren?«
»Nein, sicher nicht. Nach New York werde ich nach Hause gehen. Ich werde Linda erzählen, daß es noch viel anderes außenrum gibt. Vielleicht wird sie es verstehen.« Leise wiederholt er es nach einer Weile: »Mom wird das alles verstehen.«
Erst spät in der Nacht kommen wir in die Vallejo zurück. George und Ry sitzen bei einer Tasse Kaffee. Es scheint sie nicht besonders zu interessieren, ob wir fahren oder bleiben.
»Wenn euch morgen nach Weiterfahren zumute ist, dann fahrt ihr. Ist euch nach Bleiben, dann bleibt ihr. Ist doch alles ganz easy.«
Mellow – yellow. Ich schau mir die beiden noch mal genau an. Zumindest Ry, da bin ich mir ganz sicher, hat schon ein bißchen was von einer Avocado.
»Wohin wollt ihr denn?« fragt George schließlich. Und weil wir noch immer keinen Plan haben, macht Ry einen Vorschlag: »Kennt ihr Yosemite?«
»Von gehört«, sage ich, »ziemlich viel Natur dort, oder?«
Da müßten wir unbedingt hin, sind sich die beiden einig. Wer nicht in Yosemite war, hat eigentlich Kalifornien nicht gesehen.
»Nicht Los Angeles?« fragt Sparky.
Die beiden lachen lauthals. »Ach was, scheißt auf Los Angeles: Straßenwüste, Verrückte und Geld – sonst nichts. Yosemite müßt ihr sehen, alles andere ist zum Vergessen.«
Schließlich nicke ich, Sparky nickt: Yosemite Park also.
»Siehst du, Partner«, sagt Sparky, »das ist der ganze Trick. Man braucht gar keinen Plan. Man braucht nur immer Leute, die einem erzählen, wo es langgeht.«

Mir wird richtig komisch, als wir die Berge der Sierrra hochkurven. Denke zuerst, daß mir vielleicht vom eigenen Fahrstil schlecht wird oder auch von dem Junkfood-Essen heute mittag an der verfetteten Pommesbude. Diese Hitze im Wagen, dieses dauernde Bremsen und Gasgeben, weil die Wohnmobile vor uns vor jeder Serpentine fast anhalten.

»Mir ist hundssterbenselend«, sage ich zu Sparky.

»Dir fehlt frische Luft«, erwidert der trocken und reißt sämtliche erreichbaren Fenster auf. Ich wußte, daß er die Chance nutzen würde, aber ich habe nicht die Kraft, mit ihm zu streiten.

Ein paar Minuten später fahre ich Babe an den Straßenrand. Mir ist schwindelig, weiß nicht, ob wir uns die Paßstraße hochschlängeln oder sich die Straße um uns windet. Dann fängt meine Nase an zu bluten, was selbst Sparky nervös macht.

»Willst du was essen oder was trinken? Mensch, sag doch was.« Er legt mir eine Decke ins Gras, gibt mir ein Taschentuch fürs Nasenbluten. Der kühle Wind hier im Schatten tut gut, trotzdem bleibt das Gefühl, es ginge mit mir zu Ende. Wenn ich nur wüßte, was los ist.

Als ein Auto der Yosemite-Park-Verwaltung die Paßstraße hochkommt, reagiert Sparky schnell. Er springt vor zur Straße und winkt den Jeep raus. Es ist eine Rangerin im grünen Anzug. Sie setzt sich neben mich auf die Decke, fühlt mir den Puls und macht ein zufriedenes Gesicht.

»Wo kommt ihr Leute denn her?« fragt sie.

»San Francisco.«

»Heute morgen von Frisco? Kein Wunder, das sind zweieinhalbtausend Meter Höhenunterschied, das verträgt der Körper nicht so leicht. Es ist die Höhenkrankheit, aber keine Sorge, es vergeht wieder.«

Mir geht's gleich viel bessser. Wenn mir jemand sagt, daß ich noch nicht gleich sterben muß, und mir dazu den Puls fühlt, geht's mir

immer gleich viel besser. Bloß habe ich keine Vorstellung, wie wir von diesem Paß wieder runterkommen.
»Miss«, sage ich, »mein kleiner Bruder hier hat keinen Führerschein, und ich möchte mich eigentlich nicht in diesem Zustand ans Steuer setzen.« Da setzt sie sich selbst hinters Lenkrad, fährt uns 15 Meilen bis zum Campingplatz, der Gottseidank ein bißchen weiter unten im Tal liegt.
»Sie werden sehen«, sagt die Rangerin zum Abschied, »in ein paar Stunden geht es Ihnen schon fast wieder normal. Es war gerade die höchste Stelle, an der Sie schlappgemacht haben.«
Dann läßt sie sich von einem Kollegen zu ihrem Auto zurückfahren.
Dort unten auf dem Campingplatz sind Tausende von Menschen urlaubsweise mit dem Wunder Natur beschäftigt. Nichts mehr von der wäldlichen Ruhe mit abendlichem Lagerfeuer, wie wir sie aus dem Norden kennen. Hier stehen immer ein Wohnmobil, ein Abfalleimer und ein Baum nebeneinander, alles in schön geraden Reihen mit Nummern von 1 bis 1245.
Sparky bringt gleich ein Feuer in Gang, ich sehe ihn wahllos durcheinander Haferflocken, Suppenwürfel, Zwiebeln und Nudeln in den Topf schütten. »Iß das, entweder du stirbst dran, oder du bist wieder okay.«
Am nächsten Morgen kommt die Rangersfrau vorbei und will nach ihrem Patienten sehen, aber ich bin schon wieder auf den Beinen, zetere mit Sparky rum und mache dabei Frühstück. Der ganze Spuk ist vorbeigegangen, wie er gekommen war.
Sie bleibt trotzdem auf eine Tasse Kaffee und hört sich unser nächstes Problem an: Weder Sparky noch ich haben große Lust, hier auf diesem Natur-Volksfest zu bleiben. Sie macht uns alternative Vorschläge, aber wir wollen weder Naturlehrpfade ablaufen noch Bergsteigen, noch vierzehntägige Wanderungen unternehmen.
»Was wollt ihr beiden denn?« fragt sie.
»Schöne Spaziergänge, in der Sonne liegen und nette Leute kennenlernen«, sagt Sparky.
So landen wir schließlich auf einem anderen Campingplatz im Osten

des Parks. Kleiner und hübscher als der erste, und obendrein mit einem Flüßchen, das sich direkt an unserem Wagen vorbeischlängelt. Aber mich hat die Fahrerei über den Paß schon wieder auf die Matratze geworfen, anscheinend war ich doch noch nicht ganz okay. Sparky weiß diesmal auch ohne Rangerin Rat und kocht mir wieder seine berüchtigte Haferflockensuppe.
»Wenn es gestern geholfen hat, so hilft es heute auch.«
Ich fühle mich zu müde, um zu widersprechen.
Warum kann der eigentlich so rumspringen und merkt von alledem gar nichts?
»Das ist doch klar«, meint er, »das ist der Altersunterschied.«
Am Abend nimmt er seine riesengroße Baseballkeule mit in den Schlafsack. »Gegen die Bären«, sagt er.
»Es gibt hier aber doch nur die kleinen Schwarzbären«, wage ich einzuwenden.
»Aber Bären«, beharrt er.

Sparky ist schon wach, als ich am nächsten Morgen meine Knochen strecke. Bei mir ist wieder alles in Ordnung, nur Sparky schaut finster in die Gegend.
»Guten Morgen, Partner«, sage ich vorsichtig.
Er brummt etwas zurück.
»Mir geht es blendend«, versuche ich ihn aufzuheitern. »Vielleicht solltest du deine Haferflockensuppe als rezeptpflichtiges Medikament verkaufen.«
»Schon gut«, sagt er.
Wortlos packen wir nach dem Frühstück, bei dem Sparky kaum ein halbes Brot ißt, für unsere erste Tagestour ein paar Sachen zusammen. Der Berg, den wir in drei, vier Stunden auf einem Wanderweg zu umkreisen gedenken, liegt so klar vor uns, daß keiner es für nötig hält, die kleine Parkkarte mitzunehmen, die uns die Rangerin überlassen hat.
Sparky schultert seine Keule, und noch bevor ich auch nur ein Wort sagen kann, zischt er gereizt los: »Du brauchst gar nichts zu sagen,

die Keule kommt mit. Ich habe sie gegen Bären gekauft, und hier gibt es Bären, also kommt sie mit.«

»Okay, okay«, sage ich, »nimm sie mit, wenn es dir Spaß macht – aber ich werde sie nicht zurückschleppen.«

Der Weg, den wir uns gestern abend noch rausgesucht haben, ist gut markiert, die Gegend leicht zu überblicken. Es ist ein bißchen bewölkt, keine heiße Sonne, kein Regen. Ideale Bedingungen, um einen Berg zu umwandern. Sparky trottet hinter mir her, immer wieder muß ich auf ihn warten. Nach ein paar Kilometern steigt der Weg plötzlich an, von da ab hat es den Anschein, als ginge es nur noch nach oben. Mir fängt schon wieder der Puls an zu jagen, aber Sparky scheint es noch schlechter zu gehen. Er wird grünlich bleich um die Nase, kann nicht mal mein Schneckentempo mithalten.

»Bist du in Ordnung?« frage ich. Er nickt verbissen.

»Sollen wir umkehren?«

»Nein, verdammt, ich bin okay.«

Er läuft jetzt vor mir her. Will er mir beweisen, daß er nicht schlappmacht? Ich sage gar nichts mehr, denke mir, der ist allmählich alt genug, um selber auf sich aufzupassen.

Er wechselt die Baseballkeule von der einen auf die andere Schulter, nach ein paar Minuten wieder zurück. Schließlich schleift er sie bloß noch hinter sich her.

Wir machen eine kleine Rast an einer Wegegabelung, zu der wir später wieder zurückkommen müssen.

»Sparky«, sage ich, »du siehst verdammt schlecht aus. Du brauchst mir nichts zu beweisen. Wenn du nicht mehr kannst, drehen wir hier um und laufen zurück. Das hier ist kein Hollywoodfilm mit sterbenden Helden, das ist ganz normales Leben.«

Er schüttelt energisch den Kopf. »Willst du meine Keule ein Stückchen tragen?«

Aber ich winke ab. Alles, nur das nicht. Schließlich habe ich ihm gesagt, er soll sie nicht mitnehmen.

Er überlegt. »Wir kommen doch an diese Stelle zurück, oder?«

»Das ist richtig«, sage ich. Da schmeißt er die Keule in einen Busch.

Er will sie auf dem Rückweg wieder mitnehmen.
Aber dann kommt alles ganz anders. Auf halber Höhe und halbem Weg macht er plötzlich richtig schlapp, fängt an sich zu übergeben und ganz entsetzlich die Augen zu verdrehen. Er legt sich ins Gras. Alles dreht sich, sagt er und jammert, ich solle ihn liegen lassen, weil er jetzt sowieso sterben müßte.
»Oh, mein Freund«, sage ich tröstend, »ich verlasse dich nicht. Mußt du hier sterben, so will ich es auch tun.«
Dann nehme ich ihn auf den Arm und trage ihn an eine Stelle, wo es schattig und weich ist. »Du«, heult er, »mach dich nicht über mich lustig. Ich glaube, es ist verdammt ernst mit dem Sterben.«
Ich nicke. Vielleicht ist es das beste, ich lasse ihn einfach eine Weile liegen. Er wird höhenkrank sein, wie ich es auch war. Von wegen Altersunterschied, der reagiert nur langsamer. Plötzlich sehe ich, daß er mit geschlossenen Augen ohne zu atmen daliegt. Ich bekomme einen furchtbaren Schreck, fühle ihm sofort den Puls.
»Noch lebe ich«, sagt er matt, er hat nur geschlafen.
»Schau, Sparkelchen«, sage ich, »wir müssen hier weg. Wir können nicht hier im Wald bleiben, bis die Nacht kommt.«
»Doch«, jammert er, »mir ist es gleich, wo und wann ich sterbe.«
Endlich kommen andere Leute vorbei. Sie erklären ihm geduldig, daß er nicht sterben wird, und ihnen scheint er zu glauben. Außerdem kennen sie eine Abkürzung zum Campingplatz, auch das hilft, ihn wieder auf die Beine zu bekommen. Einer von denen trägt seinen Rucksack, der andere hilft mir, Sparky ins Tal zu tragen, zu stützen und ihm gut zuzureden.
»Du meinst, ich sterbe nicht?« fragt er, als der Campingplatz endlich in Sicht kommt.
»Keine Ahnung«, antworte ich, »frag mich am besten morgen noch einmal.«
Ich mache ihm einen Rest seiner Wundersuppe warm, aber noch bevor ich sie ihm bringen kann, ist er schon eingeschlafen.
An die verdammte Keule dort oben im Busch hat natürlich die ganze Zeit keiner mehr gedacht. Aber Sparky fällt sie anscheinend im

Traum wieder ein. Plötzlich schreckt er hoch: »Mein Schläger«, heult er, »mein Schläger liegt ganz oben auf dem verdammten Berg.« Dann schläft er wieder ein.
Auch am nächsten Morgen fällt ihm der Baseballschläger als erstes ein. Ich verbiete ihm aufzustehen, weil er noch immer dieses merkwürdige Grüngrau im Gesicht hat, verordne ihm einen Becher Milch und ein Käsebrot und schicke ihn wieder ins Bett.
Diesen ganzen verdammten steilen Weg lang überlege ich, warum ich das eigentlich tue. Dieser saudumme Zwölf-Dollar-Schläger. Ich hätte ihm das Geld geben sollen, damit er sich einen neuen kaufen kann. Zweimal sechs Meilen bergauf, bergab, um eine Baseballkeule aus den Büschen zu retten – zwanzig Kilometer.
Ein paar Wanderer lachen, als sie auf dem Rückweg die Keule auf meiner Schulter sehen. »Waren Sie Bären jagen?« fragt einer.
Aber ich habe ihm seinen Schläger geholt. Der soll nicht meinen, ich ließe ihn ohne seine Bärenwaffe sterben.
Vorsichtig kitzel ich ihn mit der Keule an der Nase, bis er aufwacht. Er macht große, erstaunte Augen: »Mann, warum hast du das gemacht?«
»Damit du nicht stirbst, Sparky.«
»Du magst mich wirklich, was?« Er legt seinen geliebten Baseballschläger neben sich und lacht mich an.

Just a regular traffic control

Sierra Nevada, Sandwüste, Westernstädte, Salzseen. Ob es die Hitze ist, die uns so schlapp macht? Sparky kurbelt ohne Vorwarnung seine Scheibe ganz runter.
»Partner«, sage ich, und der drohende Unterton in diesem Satz ist schon zur Gewohnheit geworden, »wenn du deine Scheibe so weit aufreißt, dann zieht es so, daß ich morgen einen steifen Hals hab.«

Aber er kurbelt das Fenster nicht wieder hoch. »Na und«, widerspricht er, »das will ich jetzt endlich mal sehen. Seit ich hier bei dir im Auto sitze, versprichst du mir, du könntest irgendwann deinen Kopf nicht mehr bewegen. Jetzt will ich's wirklich mal sehen.«
Soll er die Scheibe doch unten lassen.
Ich glaube, Sparky mag nicht mehr reisen. Er ist oft nachdenklich, in der letzten Zeit, überlegt sich wohl, was danach kommt.
»He, Partner, was hältst du von Las Vegas?« frage ich ihn.
»Nicht schlecht«, sagt er, »wieviel Millionen wollen wir ausgeben?«
Ich ziehe einen Quarter raus: »Ich verspiele nur den einen hier. Wenn er gewinnt, mache ich weiter, verliert er, dann sollen sie mir den Buckel runterrutschen mit ihrer Wüstenstadt.«
Sparky kramt auch einen vor. Wir stecken die beiden Geldstücke nebeneinander in einen Schlitz auf dem Armaturenbrett.
»Steckt da wie der große Nickel zu Hause«, bemerkt er.
Ich weiß nicht, wovon er redet.
»Na, oben auf einem Hügel in Sudbury haben sie einen riesigen Nikkel aufgestellt – ein Gelddenkmal«, erklärt er, aber dann wechselt er sofort das Thema: »Du mußt tanken.« Ich weiß, daß er nicht gerne von Sudbury spricht.
Wieder eine Wüstentankstelle. Winzige Blechhütte mit zwei Zapfsäulen davor. An der einen steht ein Polizeiwagen, aber er ist leer, die beiden Cops sitzen drinnen beim Wüstentankwart und schauen Wüstenfernsehen. Wir tanken auf, zahlen und fahren weiter.
Nach ein paar Minuten sehe ich im Rückspiegel, daß uns der Polizeiwagen folgt. Ich fahre Strich 55 Meilen in der Stunde, überhole niemanden, tue nichts Verbotenes, trotzdem habe ich sie die ganze Zeit im Rückspiegel.
Sparky erzähle ich erst gar nicht, wer uns da verfolgt. Sonst fängt der nur wieder mit irgendwelchen Verrücktheiten an.
Er erschrickt zu Tode, als die da hinten plötzlich die Sirene anschalten.
»Verdammt, gib Gas, die wollen was!« schreit er.
»Cool, Sparky. Die sind schon seit einer Viertelstunde hinter uns.

Wahrscheinlich stoppen sie uns wegen des New Yorker Kennzeichens. Ganz ruhig bleiben, ich mache das schon.«
Sie winken uns an den Rand. »Officer«, sage ich betont freundlich, als er an mein Fenster kommt, »zu schnell bin ich aber sicher nicht gefahren.«
»Nein, sir, keine Sorge«, meint er sehr ruhig und korrekt, »es ist nur eine ganz normale Verkehrskontrolle. Ist das Ihr Wagen?«
Ich reiche ihm alle Papiere raus, Zulassung, Steuererklärung, technische Abnahme, Versicherungsnachweis und meinen Paß. Sparky sitzt neben mir, seine Hände zittern, aber er spielt Mäuschen, macht sich so klein und unauffällig, wie es geht, und sieht eher gelangweilt zum anderen Fenster raus. »Oh, Sie sind Deutscher?« fragt der da draußen vor dem Fenster, lächelt freundlich, vergleicht nur noch schnell die Papiere mit der Autonummer und gibt mir dann alles zurück: »New Yorker Nummern sind etwas ungewöhnlich in dieser Gegend – ich hoffe, Sie verstehen.«
»Wir fahren nur rum, sir«, antworte ich, »wir sind Touristen und schauen uns alles an, einschließlich der Wüste.« Er nickt freundlich, und schon fast im Weggehen fragt er in den Wagen: »Und du bist auch Deutscher?«
Sparky zuckt zusammen. Hätte er doch die Klappe gehalten, wir hätten so tun können, als verstünde er nichts. Aber er antwortet sofort: »Nein, nein, sir, ich bin Amerikaner, ganz normaler Amerikaner.«
Der Polizeibeamte will seine ID sehen. Nervös wühlt Sparky in seinem Seesack, dann schüttelt er den Kopf.
Vielleicht wäre er auch da noch davongekommen, hätte er auf die Frage nach seiner Herkunft eine vernünftige Antwort gewußt. Aber er sagt das einzige, was er bestimmt nicht hätte sagen sollen: »Moosonee!«
Er muß aussteigen. »Wie heißt du?«
»Sparky«, sagt er mit zusammengebissenen Zähnen. Sie fragen ihn nach seiner Herkunft, nach seinem Alter, nach seinen Eltern. Er schüttelt nur bockig den Kopf.
»Officer«, mische ich mich ein, »der Junge...«

»Niemand hat Sie gefragt, sir!« unterbricht mich der Polizist, sein Ton ist nicht mehr freundlich und nett. Sie nehmen Sparky mit nach hinten zu ihrem Wagen, stellen ihm Fragen über Fragen. Ich muß wieder in mein Auto steigen, sehe nur, wie er immer wieder den Kopf schüttelt.
Dann kommt der eine Beamte wieder vor zu mir. »Wie lange haben Sie den Jungen schon im Wagen?« fragt er. Aber bevor ich mir noch eine Antwort überlegen kann, schreit Sparky von hinten: »Ich sag's euch doch, ich bin in Bishop bei ihm eingestiegen.«
»Wir haben dich nicht gefragt«, wird er angeherrscht. »Stimmt das, sir? Ist der Kleine erst im letzten Ort zugestiegen?«
Sparky starrt mich bittend an. Wir haben es doch verabredet, will er sagen. Mach doch jetzt wenigstens du keinen Scheiß.
»Ja«, sage ich schließlich, »er ist in Bishop eingestiegen. Gerade erst, vor einer halben Stunde.«
»Alright, sir. Wir müssen ihn mitnehmen. Er kann sich nicht ausweisen. Sie können weiterfahren, aber nehmen Sie keine Kinder mehr mit, Sie können in Teufels Küche kommen.«
»Warum…?Wie…?« Sie beantworten mir keine Fragen. »Sie können weiterfahren, sir, good bye.«
»Moment noch, Mister«, sagt Sparky zu mir, »ich brauche noch meine Sachen aus dem Auto.«
Er kriecht in den Wagen, zieht seine Jacke raus und seinen Seesack. Er hat ihn niemals ganz ausgepackt, er war immer gerüstet zur plötzlichen Abreise. »Good bye, Mister Whatsyourname«, sagt er. Wir geben uns nicht die Hand, wir lachen nur traurig.
Dann packen sie Sparky auf den Rücksitz ihres Polizeiwagens, verriegeln die Türen, wenden in einer Staubwolke und fahren zurück in Richtung Bishop.
Es gibt nur zwei Richtungen, Mister, die, aus der Sie kommen, und die da vor uns. Oder sehen Sie noch eine andere?

Ich bin nicht weitergefahren. Ich habe Babe am Straßenrand stehenlassen und bin ein paar Meilen quer durch die Wüste zu einer Dor-

nenhecke gelaufen. Dort habe ich mich in den spärlichen Schatten gesetzt. Sie haben das Recht auf ihrer Seite. Sie können Sparky mitnehmen. Ich kann nichts mehr machen. Ob er seinen Nachnamen sagt? Wahrscheinlich hat er auch einen anderen Vornamen als Sparky.
Ich könnte ihn befreien. Wenn sie gerade versuchen, ihn aus der Polizeistation in einen Bus zu verfrachten. Wilde Jagd durch die Staaten, mit einem Ausreißer im Wagen, ein zweiter »Sugarland Express«. Babe würde gar nicht so schlecht aussehen, mit ihren 320 Pferdestärken unter der Haube.
Ich habe nichts getan, habe bloß danebengestanden und zugeschaut, wie sie ihn mitgenommen haben. Kann man erklären, daß ein ausgewachsener Mann einen vierzehnjährigen Jungen wochenlang bei sich im Auto behält, ihn durch die halben Staaten fährt, ihm Essen und Unterkunft finanziert, einfach weil der Kleine gerade genau zur rechten Zeit kam? Es bekäme einen recht anrüchigen Beigeschmack.

Der Obersheriff von Bishop residiert in einem kleinen, weißen Betonklötzchen. Das Sternenbanner hängt schlaff in der Sonne.
Ein fremdes Gesicht sitzt hinter dem Schreibtisch, durchgeschwitztes, hellblaues Uniformhemd, die oberen beiden Knöpfe sind offen. An der Decke sorgt ein eiernder Ventilator für müde Bewegung der Treibhausluft.
»Ich möchte was abgeben«, sage ich, »dieser Tramper von gestern, er hat Sachen in meinem Wagen liegenlassen.«
Ich hatte mir alles so schön zurechtgelegt. Offenheit, Appelle an die Menschlichkeit. Aber ich hatte mit einem anderen Gesicht gerechnet. Nicht mit einem uninteressierten, verschwitzten und gelangweilten.
Sparky ist zum Fall geworden. Papiere wurden beschriftet und bestempelt, Fernschreiben geschickt und Telefonhörer gehoben. Hatte ich mir eingebildet, er sitzt hier in einer Zelle im Hinterraum, aus der man ihn mit guten Worten herauskriegen könnte?

So schiebe ich entmutigt seine Keule und seine Kamera über den Schreibtisch.
»Der Kleine ist oben, wollen Sie's ihm selbst bringen?«
»Sicher«, sage ich überrascht, »ja, natürlich. Wenn das geht?«
Er begleitet mich die Treppe nach oben. »Er heißt Richard Louis, stammt aus Sudbury, Kanada. Wir haben alles rausbekommen«, erzählt er stolz. »Man sucht ihn schon seit ein paar Wochen. Ist das nicht ein Ding, wie der es bis hier runter nach Kalifornien geschafft hat?«
»Ja«, antworte ich mechanisch,»kaum zu glauben, was es alles gibt.«
Richard Louis? O Gott, ich kenne keinen Richard Louis. Er heißt Sparky, und er wird Sparky bleiben.
»Hi«, sage ich, als die Tür aufgeschlossen wird, »wie war die Nacht?«
Er springt auf und will mir um den Hals fallen, hat sich aber gleich wieder in der Gewalt. »Nicht zu schlecht«, sagt er, weil er den Schließer hinter mir sieht, »ist nur nicht allzuviel los in diesem Kaff.«
Ich gebe ihm Kamera und Keule.
»Behalten Sie die Keule, Mister. Ich treffe sowieso nie, was ich treffen will.«
Der dicke, schwitzende Polizeibeamte hinter mir lacht schallend.
›Merkst du, wie stark man sich damit fühlt?‹ fällt mir wieder ein.
»Ich werde sie behalten«, sage ich, »danke schön. Man weiß nie, auf wen man noch alles trifft.«
Sparky grinst. Er legt seine Polaroid an und macht ein letztes Foto von mir. Der Dicke lacht noch immer im Hintergrund. Er schreibt wie bei jedem Bild etwas an den Rand, aber er will es mir nicht zeigen.
»Sie werden mich morgen nach Oakland zum Flughafen bringen. Ich bin noch nie geflogen, wird bestimmt spannend.«
»Mach keine Fenster auf im Flugzeug, das ist verboten, weil der Pilot einen steifen Hals von kriegen kann.«
Der Dicke mischt sich ein: »Der kommt rum, der Kleine, was? Ich selber war noch nie in einem Flugzeug.«
»Schau dir die Gegend an, wenn du hochfliegst nach Kanada«, sag

ich zu Sparky, »die Wüste, die Berge, das Meer. Ich bin's selber gerade erst in der anderen Richtung gefahren, es war 'ne tolle Fahrt, das kannst du glauben.«

Sparky grinst. »Glaube ich unbesehen«, sagt er, dann streckt er mir die Hand hin.

»Nothing you could do«, flüstert er, *»take care of yourself.«*

»Du mußt jetzt auch auf dich aufpassen, Sparky«, sage ich und drücke ihn kurz an mich.

»Good luck – Partner.«

Soll sich der Dicke doch denken, was er will.

Aber der Dicke schwitzt – und denkt nicht.

A part of heaven and a part of hell

Nothing I could do – nichts, was ich machen könnte.

Es ist so still im Wagen. Ich drehe das Radio bis zum Anschlag, aber die Stille geht nicht weg. Rundherum diese Wüste. Sand und Kakteen, ganze Wälder aus Yuccas. Steine in allen Farben, Sonne. Dauernd Sonne. Nichts, was ich machen könnte.

Ich konnte es noch nie leiden, mich einfach zu fügen, aber es gibt keine Chance. Morgen sitzt Richard Louis, alias Sparky, im Flugzeug nach Sudbury, Kanada – dem Ort, wo sie nichts machen als Nickels.

Ich brauche dringend was zu trinken, aber keiner klettert mehr während der Fahrt durch den ganzen Wagen nach hinten, um mir eine Dose Coca Cola aus der Styropor- Box im Kofferraum zu fischen.

Mitten in der Wüste ist eine Ortschaft, oder sagen wir eine Wagenburg. Eine Ansammlung von glänzenden Wohnmobilen, eine Tankstelle, ein Café.

Der Boden hier besteht aus krachendem, harten, braunen Schotter.

Ich fahre Babe direkt vor das Fenster des Cafés und parke dort.

Ohne Übergang setzt sich die Trostlosigkeit der Gegend in einem verschwitzten Frauengesicht hinter dem Tresen fort. Sie legt ein zerlesenes Magazin zur Seite und erhebt sich träge: »Sir?«

»Coffee, please«, sage ich.

Sie gießt einen ein und schiebt mir die Tasse rüber. *»You're from New York?«* fragt sie unendlich langsam.

»Nein, nur der Wagen. Ich bin aus Deutschland.«

»Germany!« sagt sie verwundert. Dann nimmt sie wieder ihr Magazin und sucht nach der Stelle, an der sie aufgehört hatte zu lesen.

Draußen fahren zwei Jungs auf einer kleinen Honda vor, barfuß, offene Hemden. »Hi, Nan!« rufen sie in Richtung Theke, mustern dann mich und fragen: *»You're from New York?«*

»He's from Germany«, antwortet Nan für mich, weil ich gerade mit einem Schluck Kaffee kämpfe.

»Far out«, sagt einer, dann kramen sie jeder ein paar Quarters raus und wenden sich dem Space-Invader zu. Das Ding dudelt und jammert los, kosmische Computertöne, oder was die Leute von Atari dafür halten. Die beiden jagen auf dem Bildschirm Eindringlinge von einem anderen Stern. Stellen die sich vor, die Marsmännchen würden kommen und ihre harte, braune Schotterwüste hier besetzen? Aber sie schießen sie alle ab, lassen erst gar keinen runterkommen.

Kann man so leben? In einem Waggon, einer weißen Wagenburg, Klimaanlage, Color-TV und heruntergezogene Jalousien?

Vor der Tür das Wüstencafé mit Space-Invader?

Aus lauter Mitleid lasse ich der trostlosen Wüstenfrau einen ganzen Dollar Trinkgeld. Erstaunt sieht sie mir nach. Dann fahre ich noch tiefer in die Wüste hinein. Die Berggipfel der Sierra, die bisher wenigstens von weitem an eine andere Welt erinnerten, verschwinden hinter mir am Horizont im flimmrigen Dunst. Kein Grün mehr, das herüberscheint, keine Schneefetzen mehr auf den Gipfeln. Die Welt in Hellbraun, Dunkelbraun, Schwarz.

Ich winke Autos zu, die mir entgegenkommen, damit ich den Kontakt zur Menschheit nicht vollends verliere. Viele sind es nicht.

Mein Sitz ist naßgeschwitzt, das Hemd klebt am Leib.

Gedanken: blühende Kastanien mit langen Bänken drunter. Menschen mit grauen Steingutkrügen in der Hand. Hellgelbes Bier mit weißem, festen Schaum.
Gedanken: eine grüne Wiese, spielende Kinder, ein See. Untertauchen, mit dem Sausen der Strömung vom Kopfsprung im Ohr.
Gedanken: Rika in einer Wolke frischer, weißer Bettwäsche. Ihre Haut samtig trocken. Leise Musik, und neben dem Bett ein Glas Sekt, in dem Perlenschnüre von Bläschen an die Oberfläche quirlen.
Eben kam einer entgegen, der hat zurückgewinkt. Wenn ich hier am Straßenrand krepiere, trockne ich ein, und falls sich die schwarzen Truthahn-Geier nicht bedienen, werden sie dort irgendwann meinen verdörrten Leib finden. Aber die, die entgegenkommen – apathisch manche, manche winkend und gutgelaunt – sie müssen irgendwo aufgebrochen sein.
Also werde ich irgendwo ankommen.
Dann liegt Death Valley vor mir, das Tal des Todes.
»Fahren Sie noch am Abend runter«, rät mir ein Autofahrer, der gerade von unten kommt, »tagsüber ist der Weg nach unten die reine Hölle.«
»Gut, danke«, sage ich und fahre weiter. Ich könnte nonstop nach New York City durchfahren. Über die Straße rollen trockene Büsche, Tumbleweed. Es ist dieses Zeug, das in jedem Western ständig irgendwo hin- und hergeblasen wird. Cowboyromantik bei vierzig Grad im Schatten.
Unten im Tal der Campingplatz ist tot, als ich dort ankomme. Ich stelle Babe in den spärlichen Schatten eines vertrockneten Strauches. Sobald sie steht, legt sich pulverfeiner Staub auf die Scheiben, dringt durch Ritzen und Lüftung nach innen. Noch eine halbe Stunde bis Sonnenuntergang, trotzdem steigt die Temperatur im Wagen sofort unerträglich. Wenn ich die Fenster aufmache, ist bis nachts der Staub im Schlafsack und im Essen.
Ich setze mir meinen großen Schlapphut auf, in dem vor langer Zeit Sparky einmal 24 Dollar und 94 Cent gesammelt hat, und wandere die Gegend ab, immer auf der vergeblichen Suche nach ein bißchen

Schatten. Dann verschwindet die Sonne endlich hinter der Bergkette im Westen – das Tal erwacht.
Überall kommen sie heraus aus ihren Wohnmobilen mit den ständig summenden Klimaanlagen, huschen und schleichen zwischen den Wagen herum. Schatten, die die Sonne meiden.
Niemand macht ein Feuerchen auf diesem trostlosen Feriencamp, weil niemand Holz hat.
Nur ein paar Gasgrills zischen mit blauen Flammen. Der Wind wird stärker, treibt den Geruch von Steaks über den Platz, später am Abend bläst er kühlere, atembare Luft aus den Bergen herunter.
Ich fange Gesprächsfetzen auf, sehe hinter Fliegengittern die ABC-Nachrichten flimmern, höre Musik aus Autoradios. Babe ist wieder ein sehr kleines Zuhause, seit mein Partner nicht mehr dabei ist.
Zwischen Wohnwagen laufe ich raus aus dem Platz, bis mich die Lichter aus den Fenstern nicht mehr blenden. Ob es Schlangen gibt? Ob es überhaupt Tiere gibt? Pflanzen habe ich gesehen. Trockene, harte, spröde Pflanzen, die sich in Felsspalten verstecken oder an Steine klammern.
In dem Prospekt »Naturwunder Death Valley« behaupten sie, nach einem Regen erblühe das Tal in tausend Farben. Möglich, aber es regnet nur einmal in fünfzehn Jahren. Sie behaupten, es sei der heißeste Punkt der Erde.
Die Lichter des Platzes sind jetzt weit entfernt. Sie strahlen nicht mehr heller als die Sterne. Ich bemerke, daß Büsche und Berge einen Schatten vom Licht des Mondes werfen. Ich selbst werfe einen Mondschatten, scharf umrissenes schwarzes Loch auf dem matt gelblichen Wüstenboden.
Ich habe noch nie bemerkt, daß ich einen Mondschatten habe.
Oben, von der Kante des Berges im Westen, bewegt sich ein winziger heller Punkt. Wie ein Stern, der langsam den Berg hinunterrollt. Lange schaue ich dem verirrten Sternchen zu. Es kommt näher, bewegt sich gleichmäßig. Dann spaltet es sich auf in zwei Punkte, die beständig auf mich zukommen. Zum Licht mischt sich das häßliche Geräusch eines fahrenden Wagens. Licht und Lärm zerreißen die

Stille um mich. Büsche und Felsen am Straßenrand flammen im Scheinwerferkegel auf, dann werde ich selber vom Lichtstrahl erfaßt. Starre, wie das Kaninchen vor der Schlange.
Zwei Punkte entfernen sich, rot, winzig. Der Geruch von aufgewirbeltem Staub liegt in der Luft. Die beiden roten Pünktchen verschmelzen zu einem, das sich unter die anderen Lichter des Campingplatzes mischt. Ich laufe zurück, auf die Lichter zu. Es ist kühler geworden, es riecht nicht mehr nach Abendessen. Hinter Fliegengittern das Plappern und Lachen aus den Fernsehgeräten. Irgendwo spielt jemand Gitarre und singt leise. Ein Verliebter vielleicht oder ein Daddy auf Urlaub, der seine Kleinen in den Schlaf singt. Vielleicht ein einsamer Meilenfresser, dem sein Partner verlorengegangen ist.
Es war einmal ein Meer, aber es wurde zur Wüste. Ein heißer, trockener Fleck Erde, den sie das »Tal des Todes« genannt haben. Was suchen wir alle hier? Ohne mir noch etwas anzuschauen, fahre ich mit den ersten Strahlen der Morgensonne weiter in Richtung Las Vegas. Ich kann dieses Tal jetzt nicht gebrauchen. Ich brauche jetzt Menschen und Geschrei, Lichter und Leben.
Die Stadt ist noch ungeschminkt, als ich ankomme. Die allabendliche Vorstellung hat noch nicht begonnen, noch haben die Neons keine Chance gegen die Abendsonne.
Ich gehe in ein Restaurant. Das Essen ist lachhaft billig, aber man muß gleich beim Bestellen bezahlen, und sie geben einem das Wechselgeld in Quarters raus. An den Wänden entlang stehen Spielautomaten mit gierigen Schlitzen, die auf die Quarters warten. Neben den Automaten an den Wänden sind Bretter, auf denen man sein Essen und Trinken abstellen kann. Ich stopfe mir meinen Hamburger in den Magen, die Quarters in die Tasche. Ich spiele nicht. Oben im Armaturenbrett von Babe stecken noch zwei Quarters, der rechte gehört Sparky – die beiden werde ich verspielen.
Draußen auf der Straße hat inzwischen die Show begonnen. Leute schieben und stoßen mich die Bürgersteige entlang, immer lande ich direkt im Eingang irgendeines Automatensaales. Drei Stufen führen

runter in eine glitzernd-bunte Halle. Es rasselt und klingelt und klirrt nach Geld. Leere Gesichter, die immer und immer wieder den Arm des Automaten nach unten ziehen, die Augen flackern aufgeregt, wie die Symbole in den Fenstern der Maschinen. Manche verdecken mit der Hand die Anzeigen, bitten die »einarmigen Banditen«, schreien sie an, betteln sie, treten sie, streicheln sie.
An Tischen stehen Menschen wie Maschinen und halten die Bank im »Black Jack«. Profis, mit ruhigen Augen und Händen, Karten werden über den Tisch geschoben. Niemals sieht man die Profispieler mit den Wimpern zucken, niemals erkennt man eine Regung auf ihrem Gesicht. Sie lachen nicht, sie ärgern sich nicht. Ihnen gegenüber spielen nervöse Menschen. Menschen, die immer wieder die Tische verlassen, um mit neuen Chips zurückzukommen. Aber sie beschimpfen die Bankhalter nicht, und sie betteln sie nicht an. Sie treten sie nicht, und sie streicheln sie nicht.
Andere in Uniformen und einem Namensschild am Revers stehen wie Säulen. Sie beobachten vor allem Leute wie mich, die nicht spielen. Aber sie beobachten auch die angestellten Profis, damit die nicht falsch spielen, beobachten die Spieler. Wenn einem am Tisch oder am Automaten die Chips oder Quarters ausgehen, geben sie kleine Zeichen mit Augen oder Hand. Mädchen mit langen Beinen in Netzstrümpfen schweben heran, bringen Getränke, Chips und Quarters auf silbernen Tabletts. Niemals treten sie direkt an einen Spieler heran. Niemand soll merken, daß er ständig beobachtet wird. Aber wenn er Nachschub braucht und sich umdreht, ist ein Bunny-Mädchen immer in seiner Nähe. Diese Frauen haben bunte Schleifen im Haar, aber müde Beine und dunkle Ringe um die Augen. Sie sehen aus wie Karnickel.
Weil mir eines dieser gejagten Häschen leid tut, lache ich es an. Sie lacht zurück, hoppelt zu mir und fragt, ob sie mir helfen kann. Aber sie will gar nicht helfen. Sie will endlich ihre Ruhe, will nach Hause in ihr billiges Apartment und schlafen. Endlich schlafen. Und sie will ein heißes Fußbad für ihre Karnickelfüße und will keinen Menschen mehr sehen und hören.

Und deshalb sage ich »Nein, danke.«
Da hoppelt sie müde weiter und lacht den nächsten an und fragt ihn, ob sie ihm helfen kann. Schließlich gehe ich zum Auto zurück und hole die beiden Quarters vom Armaturenbrett. Spielautomaten sind überall zu finden. Einfach durch irgendeine x-beliebige Tür gehen, da stehen sie. An einer Tür stand *Men's Room*, trotzdem waren dahinter Automaten. Ich werfe meinen Quarter in einen Schlitz und ziehe den Hebel schnell herunter. Die drei Scheiben drehen sich lärmend, dann bleiben sie stehen. Sie zeigen eine Pistole, eine Glocke und eine Fünf. Es bedeutet, daß ich nichts gewonnen habe, die Maschine hat gewonnen.
Dann stecke ich Sparkys Quarter ein. Wieder drehen sich die Scheiben. Als sie stehenbleiben, zeigen sie eine Glocke, eine Zielscheibe und eine Glocke. Sparky hat gegen die Maschine gewonnen. Unten rasselt es kurz, dann liegen vier Quarters in der Ausgabe. Als ich von der Maschine weggehe, stürzen andere an den Automaten. Sie wissen nicht, daß ein Glückskind der Grund für den Gewinn ist und nicht eine Glücksmaschine.
Ich lasse mir die vier Quarters in einen Dollarschein wechseln.
»Sind Sie sicher?« fragt die an der Kasse. Sie ist es nicht gewohnt, in diese Richtung umzutauschen. Noch zweimal fahre ich den Las Vegas-Strip rauf und runter. Leben, Lichter und Geschrei – war es nicht das, was ich wollte? Bloß Menschen habe ich keine gefunden. Also fahre ich raus aus diesem Wahnsinn, verlasse das Mekka der Geldreligion, wo sie alle auf dem Bauch liegen, betteln, jammern und Gott Vorwürfe machen, weil er sich nicht um sie kümmert… Ich fahre so lange, bis ich sicher bin, daß auch die letzten Lichter der Stadt hinter den Hügeln verschwunden sind. Erst dann suche ich mir einen Seitenweg und stelle Babe ab.
Wieder eine Nacht in der Wüste, keine Lichter um mich, keine Menschen, keine Illusionen. In meinem winzigen Rollhaus sind die Dinge in Ordnung und an ihrem Platz. Das Radio spielt Top Forty. Ich schnitze dem Krokodil aus Redwood einen Bauch, der satt ist und voll und zufrieden. Trinke dazu »Miller High Life« aus Milwaukee.

In der Styropor- Box ist das Eis fast geschmolzen. Morgen ist wieder ein zweiter Tag, denn an jedem zweiten Tag muß ich irgendwo halten und einen Plastiksack mit fünf amerikanischen Pfund Eiswürfeln kaufen, damit mein Bier kalt bleibt und die Butter hart. Vielleicht mache ich aus morgen keinen zweiten Tag, sondern einen Extratag, gehe in ein Motel und stelle Bier und Butter in den Kühlschrank.

Åskfågel

In Flagstaff, Arizona, gibt es ein rosafarbenes Motel. Es heißt »Blue Hill«. Dort mache ich einen Extratag. Mit der Klimaanlage kühle ich den Raum ab, bis auch die letzten Kakerlaken bewußtlos sind. Die Bettücher riechen nach Bleiche.

Vielleicht betäubt der Geruch von Bleiche. Ziehe ihn weit ins Gehirn hoch, falls er betäubt, damit ich nicht rausrenne auf die Straße und schreie: Ich brauche irgend jemanden zum Reden – war den ganzen Tag nur in der Wüste, Kakteen und Krüppelkiefern. Warum sagt keiner was, seid ihr alle tot?

Ich versuche zu schlafen, aber die Motelluft wird mir zu dick zum Atmen, und ich renne raus in die Stadt.

»Ich möchte die Zeitung, in der die Kinos stehen.«

»Welche Kinos?« fragt sie.

»Die Kinos in diesem Ort. Gibt es keine Kinos in Flagstaff?«

»Doch«, sagt sie, »zwei Stück.«

»Willst du mit mir ins Kino gehen?«

»Nein«, sagt sie.

Gestern Las Vegas und heute Hoover Dam. Morgen Grand Canyon und übermorgen wieder Wüste.

Bin ich nur noch eine Maschine, die ihre Ziele anvisiert und abhakt?

Sparky ist jetzt bestimmt schon zu Hause, er wird an mich denken. Rika wird an mich denken, alle denken sie an mich. Nein, ich bin

keine Maschine, nur ein bißchen viel mit mir alleine – keine Panik, alle denken an mich. Morgen Grand Canyon, übermorgen wieder Wüste.
Nach zwei Tagen bekomme ich von der »Grand Canyon National Park Authority« die Erlaubnis, zu Fuß in die Schlucht hinunterzusteigen. Sie wollen nicht zu viele Leute dort unten rumlaufen haben, deshalb muß jeder sich anmelden und kann dann oben auf dem Campingplatz warten, bis er dran ist.
Ich nehme nur das Nötigste mit, schließe den Rest gut in Babe ein. Der grüne, ebenfalls gut verschlossene Ford Thunderbird auf dem Parkplatz ist mir nicht weiter aufgefallen. Mutig und zuversichtlich, nur mit Schlafsack, Kamera und Verpflegung für zwei Tage ausgerüstet, betrete ich den schmalen Trampelpfad, der 1500 Meter in die Tiefe führt.
Wie ein düsterer, brauner Faden windet sich der Weg um Ecken und Vorsprünge. Bergab, bergab, bergab. Manchmal sieht man ein gutes Stück in den Canyon hinein, erkennt tief unten im Schatten der Felswände den lehmbraunen Colorado, bemerkt vielleicht mit viel Glück und guten Augen dieses winzige Stückchen Grün – den Zeltplatz am Fluß und das Ende des Weges. Die Schlucht hat eine große Stufe, die etwa in der halben Tiefe liegt. Dort sehe ich zwei winzige Pünktchen auf dem Weg, die sich in Richtung Abhang bewegen. Ich wäre froh, wenn ich schon so weit wäre. Wenn ich nach unten gucke, meine ich, noch überhaupt kein Stück gelaufen zu sein. Dabei schmerzen die Füße und Zehen schon, weil ich in den Schuhen immer nach vorne rutsche. Ich drehe mich um und schaue nach oben, dann sehe ich, wie viel ich schon gelaufen bin. Ich muß aufpassen, manche Stellen sind naß und rutschig, und es gibt jede Menge Gelegenheit, ganz schnell und direkt zu Tal zu kommen.
Wieder schaue ich zurück. Gewaltig erheben sich über mir die Felsen. Zum erstenmal schleicht sich beängstigend der Gedanke ein, daß ich morgen diesen ganzen Weg wieder hinauflaufen muß.
Manchmal trägt der heiße Wind Stimmen heran. In der letzten halben Stunde sind sie lauter geworden – es klingt wie Deutsch. Aber es

ist niemand zu sehen. Das Echo in den Felswänden kann eine Stimme hier sehr weit tragen. Mir geht in der Hitze langsam das Wasser in der Feldflasche aus.

Endlich hole ich die Stimmen vor mir ein. Sie sind nicht deutsch, sondern schwedisch, sommersprossig, skandinavisch, weiblich, blond und lustig. Die beiden haben überhaupt kein Wasser mehr, dafür Unmassen von Keksen. Wir machen Rast, ich esse ihre Kekse, und sie teilen sich den Rest meines Wassers. Unten fließt jetzt deutlich näher der lehmig orangebraune Colorado.

Die beiden Schwedinnen reisen in einem uralten Thunderbird, den sie Åskfågel nennen – Donnervogel. Sie umkreisen Amerika genau in der anderen Richtung, waren schon in New York, Florida und New Orleans.

Noch während wir rasten, kommt ein junger Franzose den steilen Weg herunter. Er hat keine Kekse und auch sonst nichts zu essen dabei, dafür jede Menge Wasser. Wieder wird geteilt. Gil heißt der Mensch, und er kommt gerade aus Mexico getrampt.

»Was für ein Glück«, sagt Gil, »jetzt kann ich mir aussuchen, ob ich in einem Thunderbird nach Kalifornien oder in einem Country Squire nach New Orleans fahre.«

Wir laufen gemeinsam weiter.

Glücklich und erschöpft gelangen wir schließlich unten an einen in den Fels gehauenen Torbogen, der auf eine Hängebrücke führt. Unter unseren Füßen der wild gelb schäumende Colorado.

Wir checken auf dem Campingplatz ein, die beiden Frauen haben sogar ein kleines Zelt mit runtergeschleppt und versprechen uns, daß wir zu ihnen reinkriechen dürfen, wenn es in der Nacht regnet. Im Grand Canyon regnet es nie mehr als fünfmal im Jahr – und es hat gestern schon geregnet.

Fast bis Mitternacht liege ich wach und schaue in den Himmel über mir, ob Wolken aufziehen und wieder ein Gewitter droht. Dann gebe ich die Hoffnung auf und rolle mich in meinen Schlafsack unter freiem Himmel zusammen. Gil liegt neben mir. »Glaubst du, sie lassen sich vögeln?« fragt er.

Ich antworte nicht und stelle mich schlafend.
Am Morgen wache ich auf und sehe eine Meile senkrecht über mir die obere Kante des Grand Canyon, zu der ich in ein paar Stunden hochklettern muß.
Ich fühle mich schwach und klein, wie ein Spatz mit gebrochenem Flügel vor einem Wolkenkratzer. Ich weiß nicht, wie das mit den drei anderen ist. Sie hätten keine Angst, da hochzusteigen, behaupten sie. Aber sie laufen so langsam, daß sie Jahre brauchen werden, bis sie schließlich oben sind. »Ich warte oben auf euch«, sage ich deswegen, dann laufe ich in meinem eigenen Rhythmus los.
Ob Sparky diesen Wahnsinn mitgemacht hätte? Bestimmt hätte er statt Wasser und Verpflegung seine Keule mitgeschleppt, gegen die wilden Esel, die Steinböcke und die Mulis auf den Wegen.
Tapp – tapp machen meine Füße. Ich weiß, wenn der Takt zu schnell ist, werde ich niemals dort oben ankommen. Aber ich will es wenigstens so schnell wie möglich hinter mir haben. Es reizt mich, meine Kraft an dieser Wand vor mir zu messen. Und an den Kreislaufkollaps, den mir Gil prophezeit hat, glaube ich schon gar nicht.
Ein paar Menschen, die mir entgegenkommen, machen mich auf einen Steinbock aufmerksam, der bewegungslos auf einer Klippe steht. Für eine Minute mache ich Pause, begucke mir das Tier, dann renne ich weiter. Will doch mal wissen, ob diese Schlucht hier mich schaffen kann.
In der Hälfte des Canyons, auf dem Treppenabsatz, liegt auf meinem Rückweg eine Zwischenstation. Sie heißt »Indian Garden«. Bis dort hin laufe ich in meinem schnellen Tempo und mache keine Pause mehr.
Dort spenden Bäume Schatten, und es gibt einen Wasserhahn. Ich halte den ganzen Kopf unter den Strahl. Die anderen müssen weit zurück sein. Trotzdem behalte ich immer den Eingang des Weges im Auge – blamabel, wenn sie schon jetzt ausgeruht hier einlaufen würden.
Während ich Pause mache, kommt von oben die Touristen-Maultier-Karawane.

Für viel Geld kann man sich den ganzen Weg hinunter und dann nach vorne bis zum Abhang der zweiten Stufe schaukeln lassen. Die Touristen bilden sich oben noch ein, Maultierreiten sei weniger anstrengend als laufen. Und dann ihre Gesichter hier unten.

Wenn sie von den Mulis steigen, haben sie O-Beine und krumme Rücken. Sie jammern und wollen sterben und trinken literweise eiskaltes Wasser, bis es ihnen auch noch schlecht ist.

Der Weg ist so steil, daß die Sättel der Mulis mit einem zusätzlichen Gurt um den Hintern rumgebunden sind, damit sie nicht dem Gaul über den Kopf rutschen. Nur hätte man die Touristenreiter gleich mit anbinden sollen. Die haben nämlich ganz weiche Arme vom verzweifelten Abstützen, damit sie selber nicht den Gäulen über den Kopf rutschen.

Ich vergleiche mich mit den jammernden Büroärschen und finde mich toll.

»Die Pause ist zu Ende«, ruft eine Stimme. Ängstlich und fluchend helfen sich die Touristen in ihre teuer bezahlten Sättel.

Auch ich packe mein Bündel und nehme den Kampf gegen den Canyon wieder auf.

Noch 800 Höhenmeter. Ich muß meine Beine dazu bringen, soviel Energie zu verbrauchen, daß der Kopf kein Blut mehr hat zum Denken.

Einmal drehe ich mich um und sehe nach unten. Drei winzige Pünktchen, zwei davon blond, laufen gerade die letzten Meter auf Indian Garden zu. Weit, weit unten fließt lehmig dunkelbraun-schmutzig der Colorado – das gibt mir ein bißchen Mut.

Wenn der Geist aufgibt, ist der Körper noch lange nicht am Ende. Man muß das Denken aufgeben und die Beine laufen lassen. Es ist noch viel Leben in einem, wenn der Kopf schon sagt, man stirbt.

Zwischen zwei Steinen, die das Ende des westlichen Weges am Südhang des Grand Canyon markieren, torkel ich heraus, wanke noch ein paar Schritte zu einer Bank und lasse mich fallen.

Niemand hat mich überholt, und ich bin nicht zusammengebrochen. Ich wollte etwas wissen, und ich habe etwas erfahren, egal, was alle

anderen darüber denken. Noch auf der Bank falle ich in ohnmächtigen Schlaf.
Erst Stunden später tauchen die beiden Schwedinnen mit Gil in ihrer Mitte zwischen den beiden Steinen am Ende des Weges auf. Auch sie lassen sich halb tot auf die Bank fallen.
Zurück auf dem Campingplatz erzählt mir Gil, daß er sich für den alten Donnervogel und Kalifornien entschieden hat. Morgen wollen sie alle drei zusammen nach Las Vegas fahren. Ich beschreibe ihnen, wo der Spielautomat steht, mit dem man einen Dollar gewinnen kann, wenn man einen Quarter hineinwirft, dann bin ich wieder alleine.

Still crazy after all these years

Das Ende eines Tages. Ein Fahrtag. Das Schild mit dem Zeltsymbol, eine weiße Wohnwagenburg in der Wüste. Statt eines Büros ein verkommener Bus ohne Räder, aufgebockt auf Ziegelsteine, in der offenen Türe Fliegengitter.
Drinnen schiebt mir eine alte Frau einen Stuhl hin. »Füllen Sie das aus. Sie reisen alleine?« Ich nicke. Die Lady hat wüstenweiße Haare und eine Lederhaut von der vielen Sonne.
»Sechs Dollar, die Nacht«, erklärt sie müde.
»Ich bleibe nur eine Nacht«, sage ich und lege ihr den Betrag hin, »ich bin auf der Durchreise.«
Mit skelettdünnen Fingern nimmt sie die sechs grünen Scheine vom Tisch und stopft sie in eine überfüllte Zigarrenschachtel.
»Auf der Durchreise, sagen Sie, sir? Wo kann man denn da noch hinkommen? Dachte immer, hier wäre schon das Ende der Welt.«
Wir sind südlich von Tucson/Arizona in der Wüste. 30 Meilen nach Westen ist ein großes Indianer-Reservat, 30 Meilen nach Süden ist die Grenze nach Mexico, 30 Meilen nach Norden ist Phoenix/Ari-

zona, da komm ich her, war vor einer Stunde da und habe es fluchtartig verlassen. 30 Meilen nach Osten liegt der Staat New Mexico, dahinter das riesige Texas und dann mit etwas Glück New Orleans in Louisiana. 100 mal 30 Meilen nach Osten liegt New York, und unendlich weit nach Osten liegt Germany.
Die Alte weist mir einen Stellplatz zwischen Hunderten von weißglänzenden Wohnmobilen zu.
»Machen die alle hier Urlaub?« frage ich sie.
»Urlaub? Hier würde nicht mal der Teufel Urlaub machen. Die wohnen von Montag bis Freitag hier und gehen in Tucson arbeiten. An den Wochenenden ist es wie ausgestorben, da fahren sie alle heim zu ihren Frauen und ihren Kindern.«
»Und wo wohnen die Frauen und Kinder?«
»Was weiß ich«, sagt sie, »irgendwo in Amerika.«
Ich strecke mich neben Babe im großen Country-Squire-Schatten aus, um ein wenig zu lesen. Plötzlich geht am Wohnwagen neben mir die Türe auf. Ein Mann guckt raus. Offener, weißer Hemdkragen und Stoppeln im Gesicht. »Wenn du ein kaltes Bier willst, Junge, komm rein zu mir.«
»Gerne«, sage ich. Im Wagen drin ist es angenehm kühl, die Klimaanlage summt leise.
»Al Ludwig«, stellt er sich vor und gießt dünngelbes Bier in einen Plastikbecher. Ehe ich es verhindern kann, wirft er zwei Eiswürfel dazu.
»Setz dich«, lädt er mich dann ein, nachdem auch ich meinen Namen gesagt habe. Ich klemme meine Beine zwischen Sitzbank und winzigen Tisch, nehme erst mal einen tiefen Schluck Bier, bevor das Eis allzuviel Schaden anrichten kann.
»Erzähl mir von New York, Junge«, fordert Al mich auf.
»Meine Nummernschilder, was? Aber ich bin gar nicht aus New York.« Er macht ein enttäuschtes Gesicht. Im Kurzdurchlauf erzähle ich meine ganze Geschichte, New York und Kalifornien und die Fahrt. Rika lasse ich weg, Sparky auch.
»*Far out!*« staunt er, »das nenne ich Leben.«

Dann erzählt er mir, wie er auf diesem gottverlassenen Campingplatz gelandet ist. Erzählt von einer Zeit, in der alles so wunderbar gelaufen ist. Er war damals gerade von der Universität gekommen, ist Ingenieur, wie ich.

Er hat einen guten Job gefunden, seine Freundin hat ein Kind bekommen, und sie haben geheiratet. Dann haben sie Land gekauft und ein Haus gebaut.

»Ein schönes Haus«, sagt er und gießt mir ein zweites Bier aufs Eis, »du müßtest es sehen. Wir haben zwei Badezimmer und einen Pool im Garten.«

»Und dann?« frage ich.

»An einem Morgen auf einer Versammlung haben sie uns mitgeteilt, daß sie die ganze Konstruktionsabteilung schließen – wir waren fünfundvierzig Ingenieure. Sie haben behauptet, daß es jetzt Chips gäbe, die die Arbeit von allen zusammen erledigen könnten. Fünf von uns haben hier in Tucson was gefunden, einer hat sein Haus oben in Arizona verkauft und ist mit seiner Familie hier runter gezogen.«

»Und warum machst du das nicht?«

»Kennst du Silicon Valley?« fragt er. Ich schüttel den Kopf.

»Es ist ein Tal, drüben in Kalifornien. Da sitzen Tausende von uns und erfinden neue Chips. Wenn ich Ruth und die Kinder runter hole, und die da drüben erfinden den richtigen Chip, sitzen wir wieder auf der Straße. Im Grunde gibt es nur zwei Möglichkeiten: Entweder man fährt der Arbeit hinterher, oder man geht ins Silicon Valley.«

Und nach einer langen Pause sagt er müde: »Vielleicht bin ich eines Tages die Wüste und alles übrige satt und gehe ganz woanders hin.«

Ganz woanders, sagt er, aber er hat keine Idee, wo das sein könnte.

Als ich mich von ihm verabschiede, um noch ein bißchen durch die Wüste zu laufen, höre ich, wie er hinter mir den Fernseher anschaltet – *God bless America,* täglich führen sie ihm vor, in was für einem tollen Land er leben darf, damit er nicht auf dumme Gedanken kommt. Ich denke an meinen Chef Petersen und sein Versprechen quer über den Ozean, mich wieder einzustellen, wenn ich zurückkomme. Aber wer weiß, was sie drüben im Silicon Valley alles entwickelt haben,

während ich nicht da war. Die Bettdecke wird jeden Tag ein Stückchen kleiner, und wer sie nicht gut festhält, liegt plötzlich im Kalten. Ich renne zwischen Kakteen und Yuccas rum und lasse mir die Zukunft durch den Kopf gehen.
Mal eben nach Amerika wird es nicht mehr geben, wenn das Kind da ist. Die Zahl der Möglichkeiten nimmt ziemlich ab, wenn man täglich was zu essen auf dem Tisch haben will. All diese Pläne vom anders leben und anders sein, was bleibt übrig von den großen Ideen, wenn Rika und ich morgens zur Arbeit müssen und ein Kind in die Schule muß?
Wir brauchen Vorsätze und Regeln, die auch noch funktionieren, wenn wir abends erschöpft sind, wenn unser Kind tagelang quengelt oder wenn eines Tages ein Chip erfunden wird, der unsere Arbeit macht.
Wir brauchen Mut, das ist es.
»Bleibt auf meiner Welle«, schreit Rony Rock vom Rock-Radio-Tucson später durch meinen Schlafwagen, »und pennt um Gottes willen nicht ein. In dieser Nacht kommen noch eine Menge tolle Sachen auf euch zu. Bleibt, wo immer ihr gerade seid, und fummelt nicht an eurem Empfänger herum, denn ihr seid schon auf dem richtigen Kanal. *This is Rock Radio Tucson,* KRRT, 1455 Kilohertz.«
Und Rony Rock spielt alte Lieder zu meinen alten Gedanken. So wie die alten Stücke, tausendmal gehört, plötzlich eine neue Phrase zu haben scheinen, oder wie auf einmal ein Instrument hervorklingt, das man vorher nie gehört hat, so können alte Gedanken plötzlich Startplatz sein zu neuen Höhenflügen. Ich forme Hoffnung daraus, Zuneigung und Mut und lasse mir einen Stiernacken wachsen, damit ich durch die Wand gehen kann.
Stell dir vor, es gäbe das alles nicht, keinen Himmel und keine Religion, keinen Besitz und keine Hölle. Stell dir das vor – so schwer ist das nicht.
Träumer? Wir sind alle Träumer. Wir schlucken es nur zu tief runter, weil wir immer wieder hören, daß man im richtigen Leben nicht träumen darf.

»Das war nur eines von den ganz tollen Stücken«, schreit Rony Rock, »wenn ihr mehr von der Sorte hören wollt, dann bleibt auf meiner Welle.«

Spiel Paul Simon für mich, du verrückter Radio-Mensch, beschwöre ich ihn ganz fest mit meinen Gedanken, aber anscheinend kann ich nicht so stark senden wie er. Pointer Sisters, David Bowie, Bee Gees. Wenn er wirklich will, daß ich auf seiner Welle bleibe, dann soll er verdammt noch mal auch was für mich tun. Ich stecke mir einen Quarter ein und laufe barfuß über den noch heißen Campingplatz zur Telefonzelle am Empfangswagen. Auf dem Platz sind kaum noch Lichter zu sehen, es muß bald Mitternacht sein.

»He«, sage ich zu dem, der abhebt, »sagt eurem Rony doch mal, er soll was von Paul Simon spielen.«

»Moment«, antwortet eine müde Stimme, »sag's ihm am besten selber.«

»Rony Rock, KRRT, *what's up?*«

Er schreit genauso wie auf Sendung.

»Rony, ich liege hier seit Stunden in meinem Auto, denke an dies und das und höre deine Sendung. Würdest du was für mich spielen?«

»Bei uns dürfen sich nur Leute was wünschen, die Geburtstag haben. Sag ehrlich, ist heute dein Geburtstag?«

»Nein«, sage ich, »das nicht, ich hätte nur einfach gerne was von Paul Simon gehört.«

»Gut«, schreit Rony, »dann erzähle mir wenigstens 'ne tolle Geschichte, damit ich was für die Leute habe. Fällt dir was ein?«

Ich erzähle ihm von New York, von Babe und von Amerika. Daß ich seit fast dreißig Jahren hier rüberkommen wollte und es nun endlich geschafft habe.

»Klingt nicht schlecht – mal sehen, was wir für dich tun können. Paul Simon sagtest du, oder? *Thank you for calling KRRT.*«

Dann liege ich wieder im Auto. Rony spielt andere Sachen, keine Spur von Paul Simon. Vielleicht brauchen sie so lange, um die Platte rauszusuchen, oder sie haben sich einen Spaß gemacht, und die ganze Sendung kommt vom Band.

Aber plötzlich ist Rony Rock wieder da: »Hört mal zu!« schreit er. »Ich muß euch was ganz Unglaubliches erzählen. Da liegt einer in seinem Country Squire, keine zehn Meilen von hier, der kommt aus Germany und hat seit seiner Geburt davon geträumt, einmal unser Land zu sehen. Jetzt ist er schon seit Monaten unterwegs, war in New York, war oben im Norden und war in Kalifornien. Ausgerechnet heute wird er dreißig, und es ist kein Mensch bei ihm, außer Rock Radio Tucson – und wir spielen sein Lieblingslied. *›Still crazy after all these years‹ with congratulations for Äkim from old Germany.«*
Heulend lasse ich mich hineinfallen in Paul Simons Geschichte von der verlorenen Identität, überlasse es Mike Brekers Saxophon, die zerstreuten Stücke der Melodie und des Abends wieder zusammenzuflicken. Ich bin nach all den Jahren noch immer verrückt, daraus nehme ich die Kraft, auch das zu verändern, was schon festbetoniert scheint.
Ich bin noch immer voll mit Gegensätzen, Ideen, Albernheiten und Traurigkeit. Ich bin noch immer ich, noch immer habe ich mich nicht verloren. Und ich habe endlich verstanden, daß alles gut werden kann, wenn ich will, daß es gut wird.
Und ich habe endlich die Kraft, zu Rika zu gehen und ihr zu sagen, daß ich mit ihr leben will.
Und ich habe endlich den Mut, für Rikas Kind der Vater zu sein.
Und ich werde irgendwann genug Verrücktheit besitzen, mich nicht mehr zu fragen, ob ich wirklich der Vater bin.

Blow your horn for Tom McCoy

Nach einem Zwölf- Stunden- Dauerfahrtag parke ich vor einer Motel-Tür. »Freund«, sagt einer, dem die Sonne die Kontur seines Unterhemdes auf die nackte Haut gebrannt hat, »das ist mein Parkplatz.«

Er sagt es in einem Ton, der mich vermuten läßt, daß er das Wort ›Freund‹ nicht allzu ernst meint.
Ich habe so einen Grundsatz, mich nie mit Leuten zu streiten, die zweimal so groß sind wie ich und außerdem betrunken. Steige also ein und fahre Babe eine Wagenlänge vor.
»Was glaubst du, was ich für einen Kleinwagen habe?« herrscht er mich an, als ich wieder aussteigen will, »da paßt doch mein Schlitten nie rein.«
Jetzt wäre es an der Zeit, mein Freund, denke ich, dir präventiv zwei, drei Zähne auszuschlagen. Aber da der Kerl mich, wie gesagt, doch erheblich überragt und es ja immerhin sein könnte, daß er einen Vierzigtonner-LKW hier parken muß, mache ich Anstalten, Babe noch ein paar Meter zu bewegen.
Plötzlich taucht jedoch torkelnd ein ebenso sonnenverbrannter Südstaatler auf, nimmt meinen schimpfenden Freund am Arm und zieht ihn weg.
Ich packe meine nötigsten Sachen, trage sie in meinen Raum und schließe hinter mir ab – zweimal. Morgen früh werde ich wieder aufschließen, nachsehen, ob die Luft rein ist, mich dann ins Auto setzen und verschwinden.
Aber es kommt anders. Als ich gerade anfangen will, mich meiner durchgeschwitzten Klamotten zu entledigen, klopft jemand gewalttätig an der Tür.
Mißtrauisch lege ich die Kette vor. Dann öffne ich einen Spalt. Es ist mein torkelnder Lebensretter von draußen, dasselbe Kaliber wie sein angriffslustiger Freund, allenfalls etwas weniger besoffen.
»Tut mir leid wegen meinem Freund«, lallt er, »der hat nämlich gar kein Auto zum Parken, nicht mal ein winzig kleines.«
»Okay«, sage ich, »ist in Ordnung«, und hätte fast noch angefügt: »Dann lasse ich euch beide diesmal noch mal laufen«, verkneife es mir aber, weil man Besoffene ja niemals reizen soll.
Ich will die Tür wieder schließen, aber der da draußen steht in Schräglage dagegen gelehnt, so daß ich sie ihm mit Gewalt auf die Nase drücken müßte.

»Es tut mir wirklich leid«, grölt er, »darf ich dich zu einem Bier einladen?«
Fragend hält er mir eine Dose Budweiser entgegen.
Also gut, denke ich, er wird mich schon nicht totschlagen, und ich mache ihm die Türe auf und nehme sein Bier.
»Danke schön, du alter Saufkopp«, sage ich auf deutsch. Soviel habe ich bisher gelernt: Ein paar Worte Deutsch, und sie verzeihen dir sogar die New Yorker Nummer an einem verrosteten Country Squire.
»You are German?!« lallt also auch mein Besucher, will mir um den Hals fallen, verfehlt mich aber und klammert sich dafür an den Bettpfosten. »Ich bin ja selbst nämlich bei der Eisenbahn.«
Fragend schaue ich ihn an. Soll das eine Nationalität sein, bei der Eisenbahn arbeiten?
»I'm Irish.« Er gibt sich mit der Faust einen Schlag auf die Brust, der mich wahrscheinlich getötet hätte. Hatte ich wirklich vergessen, welches Volk in Amerika die Eisenbahnen gebaut hat?
»My German friend«, er drückt mir die Hand, daß ich die Zähne zusammenbeißen muß. »Du kannst mich Tom nennen.«
Dann erzählt er, lallend und schwankend, gestützt auf Bettpfosten und meine Schulter, von Amerika, von Irland, von Eisenbahnen.
Nach einiger Zeit gelingt es mir, mich unter ihm rauszuwinden. Ich setze mich auf einen Stuhl, er bleibt schwankend auf dem Bett zurück.
Sie legen überall in Amerika Schienen, und er erklärt zwei Bier lang, wo überall ist. Ein Leben zwischen dünnem Bier und dicken Frauen, billig beides. Wochenenden in Motels irgendwo. Schlägereien die einzige Abwechslung. In kalten Wintern mit Schnee arbeitslos.
»Weißt du, Kumpel, was eine verdammte Schwelle wiegt, nur eine einzige lumpige Holzschwelle?«
»Nein«, sage ich, »keine Ahnung.«
Er schüttelt traurig den Kopf. »Ich weiß es auch nicht, aber sie wiegt bestimmt sehr viel, sehr viel.«
»Bestimmt sehr viel«, wiederhole ich zu seiner Zufriedenheit. Er hat

gleich einen ganzen Six-Pack Budweiser hereingeschleppt, und so langsam wird mir klar, daß ich nicht unter die Dusche komme, solange die sechs Buds noch voll sind.

»Du hast nichts dagegen, Tom, wenn ich mir noch ein Döschen aufreiße, oder?«

Aber er hört mich schon nicht mehr. Mit jedem Schluck wird seine irische Aussprache breiter und unverständlicher, ich verstehe nur noch Fetzen, nicke mit dem Kopf, wenn er mich fragend anstarrt, dann erzählt er lallend weiter.

»You understand?« fragt er immer wieder, und ich nicke, damit er sieht, daß es einen gibt, der ihn versteht. Plötzlich weint er, lehnt seinen eckigen Schädel gegen den Bettpfosten und schluchzt.

Ich lege ihm die Hand auf die Schulter. Was soll ich sonst machen? Im Trösten von irischen Riesen bin ich nicht so sehr erfahren.

Endlich ist die letzte Dose Bier geleert. Zwei für mich, vier für ihn. Schräg in der Tür hängend entschuldigt er sich noch mal für seinen Freund und auch dafür, daß ich so lange nicht unter die Dusche konnte. Dann fragt er, ob er noch ein paar Bier holen soll. Seine Tränen sind getrocknet, er grinst schon wieder. Ich lehne seine weiteren Bier ab, bugsiere ihn aus der Türe raus.

»Gut«, stammelt er, »du kannst jetzt duschen, mein Freund.« Verzweifelt sucht er nach dem Türpfosten um sich festzuklammern. »Nur noch eines: Wenn du zurück bist, in der guten alten Welt, *blow your horn for Tom McCoy, will you? Blow your horn for Tom McCoy!*«

Ich verspreche es ihm. Ganz Europa soll von Tom McCoy hören, der im Sommer überall in Amerika Eisenbahnen baut und im Winter nichts zu arbeiten hat.

Dann drücke ich die Türe zu und lege die Kette wieder vor. Bin nicht scharf drauf zu warten, bis auch Tom McCoys Freund sich noch entschuldigen kommt.

In der Dusche fließt nur kaltes Wasser. Kein warmes, kein Tropfen. Es wird Zeit, daß ich endlich wieder nach Hause komme.

Ich hatte mir den Mississippi immer größer vorgestellt, wie einen riesigen, fließenden See. So breit, daß man vom Ufer aus kaum die andere Seite sehen kann. Aber zumindest hier in New Orleans ist er nicht breiter als Rhein oder Donau. Für die Stadt ist er eine Grenze: Er zerschneidet sie in einen fürchterlich armen Teil und in einen nicht ganz so armen Teil.

Fürchterlich arm, das ist Wellblech auf Holzpfosten, Straßen ohne Teer, Staub und streunende Hunde. Nicht ganz so arm sind Häuser mit zersprungenen Scheiben, verrostete Feuerleitern und 24-Stunden-Lärm.

Und zwischen drin, wie ein goldener Zeigefinger, ragt das Symbol des Reichtums in den Himmel. Ein Wolkenkratzer mit Goldfenstern gegen die Hitze, Klimaanlagen gegen Staub und Straßenlärm. Die Siegessäule des freien Amerikas. Mittendrin in all der Armut auch das New Orleans der Touristen, postkartengerechte Disney-World, die wenig mit dem Süden hier zu tun hat.

Ich suche nach Sam's Hotel. Die beiden Thunderbird-Schwedinnen hatten mir seine Adresse gegeben. Erstens wäre es das billigste Hotel der Stadt, haben sie mir erklärt, und zweitens eine Erfahrung dazu – aber ich habe den Zettel mit der Adresse verschlampt.

Die Lady in der Tourist Information kriegt einen roten Kopf und Falten auf der Stirn, als ich sie nach Sams Adresse frage.

»Gehen Sie da nicht hin, sir, das ist nichts für Menschen.« Sie gibt mir eine lange Liste von anderen Hotels, aber die fangen alle erst bei 25 Dollars an.

»Was ist so schlimm bei Sam?«

»Was Sie wollen: Kakerlaken, Diebe, Drogen, Dreck, Prostitution – alles.«

»Fein«, sage ich, »geben Sie mir die Adresse.«

Wenn zwei hübsche blonde Schwedinnen eine ganze Woche dort unbeschadet überstehen, sollte das doch wohl für einen brünetten

Deutschen mit Vollbart und einem Riesen-Ford auch kein Problem sein.
Die Lady schreibt mir die Anschrift auf einen Zettel, dann läßt sie mich grußlos stehen.
»Vielen Dank«, rufe ich laut, »ich werde Sie weiterempfehlen.«
Sam's Hotel in der Carondelet Street sieht aus wie ein besetztes Haus, das wegen Baufälligkeit sogar von den Besetzern verlassen wurde. Scheiben fehlen, ein Nebenausgang ist mit Brettern vernagelt, an nur noch einem dünnen Kettchen baumelt das Schild *Hotel* über der Tür.
Darunter steht, die Arme verschränkt und das Gesicht verschlossen – Sam.
Sam ist ein Indianer, ein Kämpfer ohne Alter. Als ich vor ihm stehe, muß ich fast einen halben Meter zu ihm aufschauen.
»Hi«, frage ich an, »ist das Sam's Hotel? Ich suche ein Zimmer für ein paar Nächte.«
»Eight Dollars!« verkündet er.
Eine Erfahrung, haben die beiden gesagt.
»Okay«, sage ich.
Eigentlich müßte er sich jetzt bewegen, müßte mir einen Schlüssel geben oder vorangehen, um mir ein Zimmer zu zeigen. Aber er bleibt stehen, wie eine Statue. Sieben Fuß groß versperrt er mir den Eingang in sein Reich.
»Some rules«, spricht er schließlich in die Luft über mir. Dann verkündet er seine Regeln: *»No drugs. No alcohol. No trouble.«*
»Okay«, erkläre ich und erkenne damit die Hausordnung an. Darauf dreht er sich um und schreitet voran.
»Your room.«
Ein Bett und eine vergilbte Glühlampe an der Decke.
»Your bed. No keys!«
Es gibt keine Schlüssel.
Denn, so spricht er, in seinem Haus wird nicht gestohlen, vorausgesetzt, daß jeder seine Wertsachen am Leibe trägt oder bei ihm in Verwahrung gibt.

Nichts draußen im Auto lassen, warnt er, denn da draußen gibt es Diebe.
In Sam's Hotel gibt es keine Registrierung, er will keinen Paß sehen und fragt nicht nach der Autonummer. Schreibt sich nur ›Lemy‹ auf den Rand einer alten Zeitung. »Acht Dollar«, sagt er noch mal, denn der Preis für das Zimmer ist jeweils abends im voraus bei ihm zu entrichten.
Ich zähle ihm acht Dollar auf den Tisch seines Büros, zugleich sein Wohnzimmer, allgemeiner Aufenthaltsraum, Frühstücksraum und was weiß ich noch alles.
»Thank you«, sagt er. Und: *»Good night.«*
Als ich im Zimmer die Birne in die Fassung drehe – einen Lichtschalter gibt es nicht –, huschen die Kakerlaken in ihre Verstecke unter dem Bett und zwischen den Fußbodenbrettern. Kakerlaken, so groß wie Maikäfer. Gott sei Dank habe ich nichts gegen Maikäfer.
Eine Stunde später, ich liege schon auf dem Bett, klopft es an meine Tür. Es ist Sam, der Indianer. Er tritt ein, beugt den Kopf dazu, weil er größer ist als die Türe hoch.
»Ich habe etwas vergessen: Das Badezimmer ist die nächste Tür.«
»Schon gesehen«, antworte ich.
»Noch etwas.« Ein warnender Blick. »Manchmal gibt es kleine Tierchen hier.«
»Auch schon gesehen«, sage ich und versuche ein Lachen.
Er erklärt: »Lebend oder tot – für jedes Tierchen gibt es morgens einen Kaffee.«
»Fein, ich werde dran denken.«
Dann geht er wieder. Seine schweren Schritte verhallen im Gang. Ich wette, er steht jetzt wieder in seiner Türe und bewacht sein Hotel.
Als ich mich umsehe, bemerke ich, daß mein Zimmer eigentlich nur das Ende eines Ganges vor dem vernagelten Notausgang ist. Hinter der Tür neben meinem Bett sind direkt die Bretter zur Straße. Das Bett hängt durch bis auf den Boden, aber nach dreimal zehn Stunden Fahrt durch Amerikas Süden kann man in einer Mülltonne schlafen, selbst wenn der Deckel fehlt.

Trotzdem weckt mich mitten in der Nacht ein Geräusch hinter dem Bretterverschlag direkt neben meinem Ohr.
Ratten, denke ich. Ich versuche mir Ratten vorzustellen. Nagetiere, genau wie Kaninchen. Weiches Fell, treuer Blick. Kaninchen und ähnliche Tiere können mich nicht erschrecken. Also drehe ich mich auf die andere Seite und versuche weiterzuschlafen.
Dann stöhnt etwas hinter den Brettern. Lange, laut. Ich erschrecke bis in die Knochen. Bloß cool bleiben, beschwöre ich mich, jetzt nicht in wilde Panik ausbrechen.
Wieder dieses Stöhnen. Ich stehe auf, ohne Licht zu machen, versuche vorsichtig die Tür hinter den Brettern zu öffnen. Sie ist nicht verschlossen. Zwischen den Brettern hindurch sehe ich draußen auf dem Gehsteig ein Bündel liegen.
Es ist ein lebendes Bündel. Es bewegt sich und stöhnt. Im orangen Licht der Straßenlampen erkenne ich einen Kopf mit einem Gewirr von Rastaman-Locken. Es muß noch über dreißig Grad da draußen sein, aber dieser Reggae-Mann zittert vor Kälte. Dann sehe ich, daß er mich anstarrt. Leere Drogenaugen in einem orangen Totengesicht. *»You're alright?«* frage ich, obwohl ich sehe, daß er sicher nicht alright ist.
Noch immer starren seine Augen mich an, drehen nur manchmal plötzlich zur Seite, so daß zwei weiße Punkte in seinem dunklen Gesicht aufleuchten. »Durst!« preßt er schließlich heraus, es klingt wie ein heiseres Ausatmen.
Ich weiß nicht, ob Heroin und Coca Cola sich vertragen, aber ich habe nichts anderes. Durch einen Spalt zwänge ich die lauwarme Dose nach draußen, er trinkt sie in einem Zug leer, läßt sie dann kraftlos fallen, so daß sie scheppernd den Bürgersteig hinunter in die Gosse rollt.
Dann macht er die Augen zu und rollt sich ein, hingedrückt auf den kleinen Treppenabsatz zwischen Gehweg und dem vernagelten Notausgang.
Ich drücke die Tür wieder ins Schloß, stelle vorher erleichtert fest, daß sie von außen keine Klinke hat.

Rastaman Vibrations – positiv.
Der erste Blick am Morgen: Ist das Täschchen mit den Schecks, mit dem Paß, dem Rückflugticket und allem anderen noch da? Ich hänge es mir um den Hals und schiebe es unters Hemd.
Bevor ich noch einen Fuß auf den Boden setze, angel ich mir einen Schuh, warte, bis die Kakerlaken sich wieder hervor trauen, und schlage zweien von den Monster-Viechern den Schädel ein.
Neben dem Eingang, in dem Gut-für-alles-Raum mit dem Schild *Office,* lege ich sie Sam auf den Tisch.
»Zwei Kaffee«, sage ich, »mit Milch, aber ohne Zucker.«
Grinsend gießt mir Sam die Brühe in eine Tasse, fragt, ob ich ansonsten eine gute Nacht gehabt habe.
»Ja, hatte ich«, antworte ich und erzähle nichts von dem Rastaman.
Dann frage ich ihn, wie ich die berühmte Bourbon Street finde.
»Such dir einen, der aussieht wie ein Tourist, und laufe immer hinter ihm her«, rät Sam mir.
Draußen, neben Babe in der Morgensonne, steht ein kleines Mädchen in Hotpants und unter dem Busen geknoteter Bluse. Sie hat einen winzigen, braunen Nabel. Als ich aus dem Haus komme, winkt sie mir. Ich winke nicht zurück.
Auf dem Weg zur Bourbon Street – ich finde immer mehr Touristen, die dieselbe Richtung haben –, begegnen mir merkwürdige Menschen.
»Loose joints«, sagt der erste.
»Good smoke«, der nächste.
Ich zähle mit: viermal das Angebot, Heroin zu kaufen, siebenmal Koks und mindestens dreißigmal Trips und fertige Joints.
Ich lehne alles dankend ab, kaufe mir statt dessen gleich am Anfang der berühmten Straße ein Bier im Straßenausschank und laufe nachdenklich zwischen den Häusern entlang.
So stellen sich also die restlichen Amerikaner New Orleans vor: Bars, Clubs, Kneipen, Restaurants, Stripperbuden. Die Fronten zur Straße hin sind aus Glas – jeder Vorbeiziehende soll sehen, wie lokker und toll und zügellos es in dieser Kneipe zugeht.

Noch ist nichts los. Jetzt um die Mittagszeit stehen die Stühle noch auf den Tischen, die Verstärker sind abgeschaltet, die Gläser in Reih und Glied auf den Regalen aufgereiht. Ein Bierhahn tropft.
Ich laufe immer geradeaus, müde von meinem Bierfrühstück und gelangweilt von der Welt. Am Hafen schließlich versperrt der Mississippi meinen Weg. Am Kai liegt ein Schaufelraddampfer Modell »Mark Twain« mit Sonderrabatt für fußmüde Touristen. Dankend lehne ich ab. Weiter flußaufwärts haben ein paar Hochseeschiffe festgemacht. Sie bringen Kartons aus Japan, Saudi Arabien, Hongkong, Taiwan und West Germany. Container und Paletten werden aus den Rümpfen gehievt und in rot lackierten Lagerhäusern verstaut.
Einige Schwarze haben eine riesige Kiste am Haken: »Braun – *electric shaver*« steht aufgesprüht an der Seite. Seit Monaten habe ich mich nicht mehr rasiert, mein Braun 6006 liegt unbenutzt in unserem Badezimmer.
Es stinkt nach Mississippiwasser.
Mit müdem Kopf und müden Beinen setze ich mich auf eine Bank. Die Luft wird mit jeder Minute heißer und feuchter, ich lasse mich sinken in eine Mischung zwischen Ohnmacht und Einschlafen. Wieder denke ich an die Kiste mit den Elektrorasierern, dann an meinen eigenen Rasierer. Dann an unsere Wohnung, dann an Rika – dann springe ich erschrocken auf: Wollte Rika nicht nach New Orleans schreiben?
Ich frage den Erstbesten nach der Hauptpost und renne los. Keine Spur mehr von müden Füßen.
Wieder das Herzklopfen am Schalter, wieder die Angst. Aber der Postler sieht nur kurz in meinen Reisepaß, dann gleitet sein Finger über eine Reihe Briefe; einen zieht er raus. »Lemy – bitte schön.«
»Hör zu, Achim«, schreibt sie, »hier regnet es seit drei Wochen am Stück, und jeden Morgen, wenn ich die Tropfen höre, muß ich daran denken, daß Du dort im Süden bist, wo es niemals regnet. Deswegen komme entweder sofort zurück, oder ich komme rüber.«
Dann berichtet sie, was so passiert ist. Daß meine Eltern oft anrufen und fragen, ob sie wüßte, wann ich wieder da bin, daß ihre Eltern

schimpfen und daß die Leute einen Stock höher ausgezogen sind.
»Komm endlich zurück, verdammt«, ist ihr letzter Satz.
Wieder in Sam's Indianerhotel setze ich mich in den Allzweckraum und schreibe an einer Antwort.
Es fällt mir nichts ein. Alles klingt schon so besprochen; ich fahre nach Hause, wir liegen uns in dem Armen, wir fangen ein neues Leben an.
Über dem Tisch in Sam's Wohnzimmer dreht sich kreischend und quietschend ein großer Deckenventilator, der mir die durchgeschwitzten Kleider am Leib trocknet.
Ich kaue am Kuli, mir fällt nichts ein. Schließlich lege ich den Stift zur Seite und hole mein Schnitzmesser und das angefangene Krokodil aus dem Auto.
Sam lehnt in der Tür. Auf der anderen Straßenseite steht das Mädchen mit dem nackten Nabel und schaut zu uns rüber.
»Sam, darf ich dich mal was fragen?« Er nickt.
»Weißt du, wo ein Krokodil die Augen hat?«
Einen Moment lang überlegt er. »Im Kopf!« sagt er dann.
Ich zeige ihm, was ich bisher gemacht habe. Er nimmt das Stück Holz mit den vier kurzen Füßen und dem schuppigen Rücken in die Hände, streichelt zärtlich über den glattgeschliffenen Bauch. »Es ist Redwood«, sagt er, »es ist sehr, sehr schönes Holz.«
»Und die Augen?« frage ich noch mal.
»Dort!« zeigt er mir und ritzt das Holz ein wenig mit seinen dicken gelben Fingernägeln.
Ich gehe zurück ins »Office«, und Sam folgt mir.
»Erzähle mir vom Redwood«, bittet er. Ich erzähle von dem Baum, durch den ich mit Babe gefahren bin und durch den schon mein Vater gefahren ist. Von den Wäldern aus rotem Holz, vom Meer und von dem Glanz des Abendlichtes auf der Golden Gate.
»Warst du nie dort?« frage ich.
»Ich war immer in Sam's Hotel in New Orleans – hier ist mein Platz«, antwortet er.
Aber er will mehr wissen, von den anderen Städten Amerikas. Er

sitzt da, gerade wie eine Statue, und hört staunend Geschichten von den Niagaras und New York.
Ich schnitze an diesem einen Nachmittag aus dem Redwood den ganzen Kopf, mitsamt Augen und Zähnen. Sam sitzt bei mir, schaut den fallenden Spänen zu und läßt mich erzählen.
Erst als es dunkel wird, ziehe ich wieder los, um in der Bourbon Street nach irgendwelcher Musik zu suchen. Sam stellt sich hinter mir *seven feet tall* in seine Türe. Wenn ich heute nacht zurückkomme, wird er noch immer dort stehen.
Auf der anderen Straßenseite lehnt sich Nabel an einen alten Wagen. Sie winkt mir, als ich aus dem Haus komme.

You are as beautiful as you feel

In allen Clubs ist jetzt Licht. Musik dringt aus den Türen und überschwemmt die Straßen. Die ganze Bourbon ist ein Durcheinander von Stimmen, Bierdunst, Musik und allen Sprachen dieser Welt. In den billigsten Bars kostet ein Bier vier Dollar. Aber ich kann es auch machen wie die anderen, die wenig Geld haben. Wir kaufen unser Bier im Straßenausschank und drängen uns dann in Trauben vor offenen Fenstern und Türen, aus denen gute Musik sickert.
Viele machen es so. Nur die in dunklen Anzügen und mit fetten Bäuchen gehen wirklich in die Clubs rein. Und viele Musiker spielen auch nur für uns hier draußen. Nicht die Dickbäuche in den Clubs, die zum zehntenmal an einem Abend *When the saints go marching in* hören wollen, sind die Musikfreunde, das wissen die Leute an den Saxophonen, Kontrabässen und Pianos.
Wir hier draußen machen die Stimmung. Wir hier draußen schreien Zugabe und klatschen und pfeifen. Manchmal kommen Türsteher mit samtroten Anzügen und drängen uns von den Türen weg. Aber wenn sie uns den Rücken kehren, stehen wir schon wieder in der Tür.

Es gibt keine Möglichkeit, uns von der Musik wegzuhalten; die Musiker wissen das.
In einem Club spielt eine kleine blasse Frau. Sie sitzt hinter einem turmhohen Aufbau von Orgeln, Synthesizern und Elektronik. Sie spielt alleine. Und sie singt und spielt alle an die Wand, die an diesem Abend in irgendeiner Kneipe der Bourbon Street auftreten.
Die Bar ist brechend voll – draußen an den Türen drängeln wir uns. Die kleine Frau da drinnen spielt einen Song nach dem anderen. Alte Lieder, aus den Sechzigern und Siebzigern. Zornig stampft ihr Fuß den Takt, nach jeder Strophe wirft sie ihre Haare nach hinten. Immer wieder spielt sie Carole King, immer wieder. Jeder, der Musik nicht nur hört, sondern fühlt, kann sehen, daß sie nur für sich selber spielt.
Ein Kellner bringt ihr eine Visitenkarte von einem fetten Mann im Publikum, der riesige Schwitzflecken auf seinem rosa Hemd hat. An der Karte stecken zwanzig Dollar. Während sie ihre Noten umblättert, liest sie so ganz nebenbei, was hinten auf der Karte steht. Die zwanzig Dollar zieht sie weg und steckt sie in eine Glasvase auf dem Piano, zu einer Menge anderer grüner Scheine.
»Auf speziellen Wunsch spiele ich jetzt noch einmal: *Tonight you're mine completely.*« Sagt es so gelangweilt, als müßte sie verkünden, daß die Müllabfuhr in der nächsten Woche am Mittwoch statt am Donnerstag käme. Den fetten Geldkloß schaut sie mit keinem Blick an. Lustlos spielt sie ihm für zwanzig Dollar in bar das Lied runter. Der grinst verlegen, bestellt sich noch einen Whisky pur und wäre jetzt lieber weniger fett und dafür mehr Humphrey Bogart.
Und die Frau zeigt ihm auch noch gleich, wie es anders geht. Sie hängt noch eine Carole King Nummer an: »Ihr müßt jeden Tag mit einem Lachen im Gesicht aufstehen«, ruft sie zu uns raus, »und der Welt alle Liebe in euch zeigen. Dann werden euch die Menschen besser behandeln und ihr werdet sehen, daß ihr so toll seid, wie ihr euch fühlt.«
Alles draußen jubelt und klatscht und brüllt. Nur der Dicke mit den Schwitzflecken im Hemd grinst verlegen und bestellt sich noch einen Whisky. Dann guckt er seiner Nachbarin vom anderen Tisch über die

Schulter in den Ausschnitt und hofft weiß Gott was zu sehen. Wenn er noch besoffener ist, wird er die Straße weiter hinuntergehen, dorthin, wo sie langsam dunkler und stiller wird. Wo vor den Türen die Animierer stehen, ihn am Ärmel zupfen, wenn er vorbeikommt, und die Türe einen Spalt weit aufmachen.
Innen drin in diesen Schuppen ist rotes Licht und eine Couch auf einer Drehbühne, wo eine nackte Frau liegt und die Beine spreizt, daß man ihr bis zum Muttermund sehen kann. Oder zwei tun sich gegenseitig Sex an und spielen vor, sie hätten höllischen Spaß dran. Aber der Animierer macht die Tür schnell wieder zu, wenn er merkt, daß man doch nicht reingeht, und läßt den Ärmel wieder los.
Ich will noch runter zum Hafen laufen und mir die Schiffe und die Kisten mit Elektrorasierern bei Nacht ansehen. Aber die Straßen werden immer dunkler, drohende Schatten huschen von Eingang zu Eingang, und so entscheide ich mich schließlich, mein Glück nicht zu sehr auf die Probe zu stellen. Ich drehe um und laufe zurück zu der Bar mit der kleinen Frau mit der großen Stimme. Aber dort sind schon die Lichter aus und die Stühle auf den Tischen. Straßenkehrer bemühen sich in der beginnenden Morgendämmerung, die Bourbon Street für den nächsten Tag herzurichten. Leere Bierbecher aus Plastik knacken unter den Besen, Betrunkene liegen in Hauseingängen und schlafen.
Sam steht aufrecht vor seiner Hoteltür.
»Spaß gehabt?« fragt er.
»Es ging«, antworte ich müde. »Hier sind die acht Dollar für die Nacht.«
Im Zimmer huschen die Tierchen, hinter dem Bretterverschlag stöhnt der Rastaman. Ich habe vergessen, ihm etwas zu trinken mitzubringen. Als ich mittags wieder aufwache, ist er längst nicht mehr da. Sonst hätte ich einen Kaffee für ihn mit erjagt.
So erlege ich wieder nur zwei von den braunen Tierchen, lege sie Sam auf den Tisch und gieße mir, da er nicht da ist, selber die erste Tasse Kaffee ein.
Mittagszeit in New Orleans. Die Sonne steht fast senkrecht, und der

Ventilator quietscht kreischend von der Decke. Ich will nur schnell raus zum Wagen, um den angefangenen Brief an Rika zu holen, da treffe ich Nabel, die an meinem Auto steht.
»*Want some fun?*« fragt sie und drückt die Hüfte raus.
Es macht mich traurig, in ihr kleines, zugeschminktes Kindergesicht zu sehen.
Sie setzt sich bei Babe auf den Kotflügel, spreizt die langen Beine, schiebt einen Kaugummi mit der Zunge von einer Backe in die andere.
»*Ten bucks*«, lockt sie und lehnt sich zurück.
»Nein«, sage ich, »keine Lust.«
»*Then fuck yourself*«, giftet sie, holt blitzschnell den Kaugummi aus dem Mund und drückt ihn mir auf der Windschutzscheibe platt. Dann geht sie, mit ausgiebig rotierendem Hintern.
Ich habe meine Mühe, den verdammten Kaugummi wieder von der Scheibe zu kratzen – sie steht auf der anderen Straßenseite, wartet auf Kundschaft und grinst.
»Rika«, schreibe ich, »da drüben steht eine langbeinige Vierzehnjährige mit nacktem Nabel und verkauft ihren Körper für zehn lächerliche Dollar. Ich komme zurück, ich habe genug von Amerika gesehen.«

Good bye, Baby – Babe, bye, bye

»Mister«, sage ich, »ich habe unsere kleine Wette gewonnen und damit drei Nächte bei Ihnen gut.«
Der Hotelier schaut mich entgeistert an. Schlaftrunken erkennt er nicht, daß ich der bin, der hier vor drei Monaten aufgebrochen ist, um das Leben zu lernen. Ich muß ihm erst Babe draußen auf der nächtlichen, nassen Straße zeigen, bevor er versteht.
»Oh, Mister Liemi, sind Sie das?«

Ich bekomme dasselbe Zimmer, nur die Fliegen sind nicht mehr da. Durch die inzwischen zerbrochene Scheibe zieht feuchtkalte Luft von der Straße. Er riecht nach Abfall und Regen.
Sechzehnter September. Als ich in New Orleans losfuhr, war es noch stickig heißer Sommer. Nur zwei Tage habe ich gebraucht, um mitten im Herbst hier anzukommen. Der Regen kam in der letzten Nacht. Noch am Abend ein Sonnenuntergang mit orangefarbenen Wolken. Ein kleiner Rest von schwüler Sommerhitze hing kurz vor dem Einschlafen im Wagen. Aber schon zehn Minuten später hatte das Gebläse auch diesen Rest aus allen Ritzen geblasen.
Es war meine letzte Nacht mit Babe, dort irgendwo auf einem Feldweg in Virginia, die halbe Strecke zwischen New Orleans und New York. Ich lag da und dachte darüber nach, wie ich meinen treuen Country Squire am besten zu Geld machen könnte, da fing der Regen an aufs Dach zu trommeln.
Morgens, von den Büschen aus, wo ich in Unterhose stand und pinkelte, sah sie verheult aus. All das Wasser und der Morgennebel um sie herum. Für einen kurzen Augenblick dachte ich daran, sie mitzunehmen und auf eineinhalb Parkplätzen vor dem Haus abzustellen.
»Laß uns gehen«, sagte ich dann leise zu ihr, und sie sprang an wie jeden Morgen, als hätte sie nicht genau gewußt, daß es der letzte war.
Nach meiner ersten Nacht, zurück in New York, male ich ein Schild: *»Country Squire '69; $250 for sale.«* Aber bevor ich es ihr hinter die Scheibe klebe, schreibe ich noch klein dazu: *»Called: Babe.«*
Dann gehe ich rüber in den Coffee Shop und bestelle ein Frühstück: Bratkartoffeln, Speck, Toast und die Eier *overeasy.*
Ich bin nur noch Zuschauer auf Zeit in diesem New York. Noch diese paar Sachen erledigen, Auto, Ticket, alles verpacken, und dann ist Ende.
Dann geht das Licht wieder an im Kino, und der Amerika-Film ist aus. Vielleicht werde ich gerade noch Zeit haben, mir die Reste des Popcorns von der Hose zu stauben, aber dann wird alles zum Ausgang drängen mit dem roten Leuchtschild *Exit,* raus auf die Straße und hinein ins wirkliche Leben.

Wieder mal dieses Gefühl, überflüssig und unpassend zu sein. »Oh, Mister Liemi, sind Sie das?« Aber weder der Hotelmensch noch sonst jemand hat hier gesessen und auf mich gewartet. Für sie ist das Leben weitergelaufen. Tag für Tag und Wochenende für Wochenende, genau wie für Rika. Ihr Haar ist gewachsen und vielleicht schon wieder geschnitten, ihr Leben ist einen Sommer lang weitergegangen, und was immer auch kommt, mir wird in der Erinnerung mein Leben lang ein Sommer in Deutschland fehlen.

Traurig laufe ich noch mal die Second Avenue entlang, Abschied von New York. *If you make it there – you can make it everywhere,* versucht mich Sinatra zu trösten. Trotzdem habe ich Angst vor dem, was kommt.

Dann hält mich ein Plakat auf: Simon und Garfunkel sind wieder zusammen und spielen in drei Tagen umsonst im Central Park.

Ein Grund zu warten? Eine Drei-Tages-Frist, drei Tage für mich, drei Tage für Babe, drei Tage noch zum Träumen, bevor die Realität wieder zupackt. Ich entschließe mich, dieses Konzert als Schlußpunkt zu nehmen.

Am Nachmittag fahre ich rüber nach Staten Island, wo die meisten Gebrauchtwagenhändler sitzen, aber keiner will meine Babe kaufen.

»Schrott!« sagt einer. »Da kriegen Sie nicht mal fünfzig Dollar für.«

»Schrott? Schauen Sie sich doch mal den restlichen Junk hier auf Ihrem Platz an. Dieser Wagen hat mich zwanzigtausend Meilen rund um die Vereinigten Staaten getragen – ein kleiner Transmissions-Trick, das war alles, was er gebraucht hat.«

»Junk!« sagt der nur noch mal und bedeutet mir, zu verschwinden.

Auch als ich schon längst wieder im Hotel auf dem Bett liege, bin ich noch wütend. Später, als die Straße und der Himmel schon orange sind vom Straßenlicht, gehe ich runter und ändere den Preis auf dem Verkaufsschild von $250 auf 200.

Am Morgen klopft mich die Frau vom Hotelier aus dem Schlaf: »Mister Liemi, Mister Liemi – jemand will Ihr Auto kaufen.«

Ich springe in meine Hosen und renne runter. Es ist einer mit Bür-

stenschnitt und Lederjacke, der sich die meiste Zeit damit beschäftigt, wild auszusehen und einen möglichst bösen Eindruck zu machen.
»*Your car?*« fragt er. Ich nicke. Wahrscheinlich sehe ich nicht sehr verhandlungssicher aus, mit meiner Mitternachtsfrisur und dem in der Eile natürlich verkehrt geknöpften Hemd – jedenfalls versucht er's mit dem ältesten Basar-Trick der Welt.
»Ohne große Worte«, sagt er großspurig, »fünfzig Dollar, ich nehme die Karre mit und Sie können wieder ins Bett.«
»Ohne große Worte«, gebe ich in derselben Tonlage zurück: »No.« Feilschen und warten habe ich gelernt, denke ich mir, als der noch im Supermarkt Lutscher geklaut hat.
Er zuckt mit den Schultern und geht. Ich knöpfe mir in aller Ruhe das Hemd richtig, kämme mir die Haare, schaue sogar noch ein paar Minuten Hausfrauenprogramm, aber er kommt nicht wieder.
Um die Zeit zu nutzen, räume ich die letzten Sachen aus dem Auto. Finde Prospekte und Parking-Tickets, alte Zeitungen und Orangenschalen. Ich werfe alles weg, bis auf ein kleines Polaroidbild, das ich unter dem Beifahrersitz finde: *Little boy, dreaming of California.*
Aber der Typ mit seinem Fünfzig-Dollar-Gebot taucht nicht wieder auf.
Ich gehe also rüber ins Café, bestelle die Eier wieder *overeasy,* diesmal allerdings ohne Speck, weil mir so langsam das Geld ausgeht.
Aber auch nach dem Frühstück hat sich der Typ nicht wieder gemeldet – vielleicht, so wird mir langsam klar, wollte er wirklich nur fünfzig Dollar bezahlen.
Ab morgen kostet mich jeder Tag hier in diesem Hotel wieder fünfundzwanzig Dollar, und wenn ich das Geld fürs Essen einrechne und alles streng betriebswirtschaftlich durchchecke, bin ich spätestens in vier Tagen an dem Punkt, an dem ich völlig pleite bin. Ich klappere noch ein paar Gebrauchtwagenhändler an Manhattans Westside ab.
»Das ist ein Auto für über den Fluß«, sagt einer und deutet hinüber nach New Jersey, wo die großen Abfallhalden und Schrottplätze der Millionenstadt sind. Was ist so schlimm an meiner Babe? Nur weil

ein bißchen der Lack ab ist, will sie keiner mehr? Oder sind es ihre zwölf Jahre? Aber hat nicht der Mann an der Tankstelle in Massachusetts damals über solche Autos gesagt: »Die sind nicht totzukriegen!«
An einer roten Ampel winkt ein Mann nach einem Taxi. Ich schaue mich um, will sehen, ob er Glück hat, dann erst merke ich, daß er mir winkt. Ich kurbel die Scheibe runter.
»Willst du den Wagen verkaufen?«
»Ja, sicher«, sage ich, »Interesse?«
Hinter mir hupen sie – die Ampel ist längst grün. Ich mache ihm die Tür auf und lasse ihn einsteigen. Wenn er mir jetzt ein Messer an die Gurgel setzt oder mir eine Pistole vor die Brust hält, um mich auszurauben, war es wenigstens ein guter Trick.
Aber der hat wohl mehr Angst vor mir als ich vor ihm. Er rutscht ganz nach rechts auf der Sitzbank, behält den Türgriff in der Hand. Wenn ich ihn jetzt ausrauben würde, wär's ein genauso guter Trick. Aber ich biege in eine ruhigere Seitenstraße und parke.
»150 Dollar, und ich steige direkt aus und lasse dir den Wagen«, versuche ich den alten Trick. Aber er kennt diese Art zu verhandeln auch und sagt nur: »Langsam, langsam.«
Dann beginnt er Babes Innenausstattung zu beschauen und zu befühlen. Ich will ihm alles erzählen, von der langen Reise und der Haltbarkeit und Zuverlässigkeit und Sparsamkeit und…
Aber er unterbricht mich und fängt dafür mit seinen Geschichten an. Daß er ein Verlierer sei, immer, was für Geschäfte er auch mache, sie gingen ihm immer in die Hose. Selbst ein Volkswagen Käfer *»they never break down, you know«* sei ihm auf der ersten Fahrt nach dem Kauf zusammengebrochen.
Er will den Motor hören. Ein Ventil klappert ein bißchen. Er will wissen, was das für ein »furchtbares« Geräusch sei. Ich überlege, ob ich ihm ehrlicherweise sagen soll, daß es ein krummes Ventil ist, aber daß Babe sechzehn davon hat und von daher es auf das eine nicht ankäme. Aber dann behaupte ich frech und gelogen, das sei das Mittellager der Wasserpumpe und vollkommen normal.
»Woher wollen Sie denn das wissen?« fragt er mißtrauisch.

»Ich bin deutscher Ingenieur«, versuche ich im Gegenangriff meine Lage zu retten. »Leute meines Schlages haben den Käfer gebaut und außerdem die Brooklyn Bridge, und die steht seit hundert Jahren.« Auch das ist gelogen, sie steht erst seit 98 Jahren, aber ich bin sicher, selbst das weiß er nicht.
Er will sehen, ob alle Lichter gehen. Sie funktionieren alle – er ist froh. Noch immer haben wir nicht über Geld gesprochen. Erst will er wissen, ob ich einen Ersatzreifen habe. Ich zeige ihm das fünfte Rad, und es macht ihn glücklich. Er fragt, ob auch Luft drin ist.
»Luft gäbe es unter Umständen kostenlos an der Tankstelle«, wag ich einzuwenden. Er reagiert beleidigt.
»Es ist sogar Werkzeug da«, erkläre ich ihm und präsentiere nicht ohne Stolz meinen Universalhammer. Er scheint begeistert.
»Fünfzig Dollar«, bietet er schließlich.
»Fünfzig?« schreie ich und versuche möglichst genau den Ton der türkischen Teppichhändler im Teppichstudio zu Hause an der Hauptstraße zu treffen, »heute morgen habe ich einen weggeschickt, der mir hundert geboten hat – und zwar ohne große Worte!«
»Fünfundsiebzig, mein letztes Wort«, behauptet er. Wenn ich ihn jetzt gehen lasse, stehe ich da wie vorgestern morgen. Aber fünfundsiebzig Dollar – das kann ich Babe doch nicht antun. Noch mal drücke ich auf den Knopf, der ihre Klappscheinwerfer öffnet – das hatte meinen Kandidaten besonders entzückt.
»Hundert«, sage ich, »sonst müssen wir das Geschäft vergessen.«
»Ich habe immer Pech«, fängt er wieder an zu jammern, »bestimmt geht noch heute irgendwas kaputt.«
»Schau«, beruhige ich ihn, »bei einem Hundert-Dollar-Geschäft kannst du keine zweihundert verlieren. Versuche es doch mal so zu sehen.«
Aber auch diese Logik leuchtet ihm nicht ein. »Fünfundsiebzig«, sagt er wieder.
»Hundert«, antworte ich.
Er will noch mal den Motor hören, also mache ich den Motor noch mal an.

Ich sollte vielleicht dazusagen, daß es die ganze Zeit nieselt. Er hat eine Regenjacke an, ich aber stehe im Hemd da und friere.
»Dieses Klappern«, meint er wieder, »und außerdem hat das Polster vom Fahrersitz einen Riß.«
»Guter Freund«, sage ich, denn allmählich platzt mir der Kragen wegen seiner geballten Entschlußkraft, »Neuwagen gibt's da vorne um die Ecke beim Chevy-Dealer. Aber ich habe keinen für fünfundsiebzig und auch keinen für hundert Dollar gesehen.«
Er fängt wieder an, händeringend und kopfschüttelnd um den Wagen zu laufen, aber ich habe es satt.
»Am besten, du suchst dir ein anderes Auto«, sage ich wütend, steige ein, starte den Motor und lege den Fahrgang ein.
Plötzlich steht er neben mir und klopft an die Scheibe. Die Hundert-Dollar-Note hat er schon in der Hand.
Ich steige wieder aus.
»Fein«, sage ich, »konnten wir uns schließlich und endlich ja doch noch einigen. Wo willst du den Wagen? Hier – oder soll ich dich irgendwo hinfahren?«
»Hier«, entscheidet er sich schließlich, nach langer und wie er meint reiflicher Überlegung.
»Fein!« sage ich wieder, unterschreibe die Abtretungsklausel in den Fahrzeugpapieren und gebe sie ihm.
»Die hundert Dollar«, ermahne ich ihn.
»Ach ja.« Er grinst verlegen und gibt mir den Schein. Während er sich mühsam die Fahrzeugpapiere besieht, schraube ich meine beiden schwarz-orangen Nummernschilder ab.
»Moment«, meint er, »wie soll ich denn ohne Schilder hier wegfahren?«
Hatte ich ihn nicht gefragt, ob ich ihm den Wagen irgendwohin fahren soll? »Keine Ahnung«, antworte ich deswegen, »ich bin nicht von New York.«
Inzwischen bin ich tropfnaß und halb erfroren. Ich klemme mir meine beiden New-York-State-Gedächtnis-Nummernschilder unter den Arm, grüße kurz und gehe. An der nächsten Ecke bleibe ich ste-

hen und schaue zurück. Er hat sich in den Wagen gesetzt und versucht verzweifelt den Motor zu starten.
Wahrscheinlich probiert er's mit Vollgas, denke ich ruhig und ohne Skrupel, Babe kann kein Vollgas leiden.
Schließlich aber beugt sie sich der brutalen Gewalt. Mit einer riesigen Rauchschwade springt der Motor an. Er gibt weiter Vollgas. Die Maschine heult auf, verzweifelt – es macht mir eine Gänsehaut. Als er den Fahrgang einlegt, ruckt Babe kurz, dann verschwindet ihr dikker Hintern nummernschildlos im Straßendschungel von New York City.
Ich laufe durchnäßt den Weg zum Hotel zurück. Dort sitzt der Typ mit dem Bürstenschnitt und wartet auf mich. Er will mir fünfundsiebzig Dollar bieten.
»Du bist zu langsam, Mann. Ich habe inzwischen das Doppelte bekommen.« Er schaut dumm und geht.
Ich rufe meine Fluggesellschaft an und lasse mein Ticket auf den 21. September datieren.
»Moment mal«, sagt die Dame am Telefon, als ich meinen Namen buchstabiere. »Sie sollten persönlich hier vorbeikommen. Es ist ein Brief für Sie eingetroffen, von einem Mister Sparky – oder so.«
Ich renne raus, um schnell zum Fluggesellschafts-Büro zu fahren – erst da wird mir schmerzlich klar, daß ich kein Auto mehr habe. Also nehme ich den Bus.
»Stell Dir nur vor, Partner«, schreibt Sparky, »ich bin gar nicht so dumm, wie Du immer dachtest. Ich hatte nämlich auf Deinem Ticket gesehen, mit welcher Gesellschaft Du fliegst – deswegen wußte ich, wie ich Dir schreiben konnte. Die Alten haben mich nicht verdroschen, aber ich muß den ganzen Winter jedes Wochenende für die Kirchengemeinde arbeiten, weil das Flugzeug und dieser ganze Polizeikram fünfhundert Dollar gekostet haben, und Daddy muß zahlen. Er sagt, er ist stolz, daß ich bis Kalifornien gekommen bin, aber ich soll es Mom nicht sagen, daß er stolz ist. Mom sagt, sie hätte immer gewußt, daß mir nichts passiert, nur Dad sei so aufgeregt gewesen. Ich habe niemandem erzählt, wie ich gefahren bin, nur

Julia. Von der schreibe ich Dir ein anderes Mal, weil ich sie erst zweieinhalb Tage kenne und noch nicht viel weiß. Sie sagt aber Sparky zu mir und daß sie keinen kennt, der schon in Kalifornien war und Wellengeritten ist. Daddy und Mom sagen jetzt auch manchmal Sparky. Daddy sagt, ich bin groß geworden in dem Sommer. Ich darf Dich nicht besuchen, soviel ist klar, aber wenn die Schufterei hier beim Pfarrer vorbei ist, komme ich sicher trotzdem, schreibe mir Deine Adresse.«

See you later, steht als letztes drunter. Ich weiß, wenn er so was schreibt, meint er es ernst. Und was Sparky ernst meint, das passiert auch.

»Sparky«, schreibe ich in mein Adreßbuch, und dahinter »Richard Louis«. Dann setze ich »Richard Louis« in Klammern, es kommt mir zu unwirklich vor, wenn es so ungeschützt dasteht.

What a night!

Morgen abend Simon and Garfunkel, danach zurück ins Hotel, noch einmal Frühstück, noch einmal Zeitung lesen mit Blick auf die Third Avenue. Die letzte Nacht verbringe ich am besten auf dem Flugplatz, das ist billiger und einfacher, als noch einmal eine halbe Nacht im Hotel zu schlafen.

Was mache ich mit meinen letzten Tagen? Ich sollte meine frisch erworbenen hundert Dollar nehmen und sie Babe zu Ehren auf den Kopf hauen.

Ich gehe runter und hole mir die *Village Voice.* Fünf Minuten später sitze ich wieder auf meinem Bett und versuche ein Programm für den Abend zusammenzustellen. Filme, Shows, Ausstellungen, Theater. New York City, Freitag nacht – und es gibt nichts, was mich aus meinem Zimmer lockt. Das kann nicht an der Stadt liegen.

Ich habe einfach keine Energie mehr. Ich will nur noch nach Hause.

Keine Filme mehr und keine Smalltalks mit fremden Menschen in fremden Kneipen. Wieder mal ein altvertrautes Gesicht sehen, das wäre es.
Nur manchmal, wenn ich richtig nachdenke darüber, was es wirklich bedeutet, wieder nach Hause zu gehen, will ich es plötzlich nicht mehr – zumindest bin ich mir nicht sicher.
Vielleicht sollte ich einfach hier bleiben, nie mehr irgendwo zu Hause sein, nie mehr Verpflichtungen für andere, nie mehr losziehen und das große Geld ranschaffen, weil 600 Mark Miete bezahlt sein wollen und hinter jedem Wunsch drei neue lauern.
Nie mehr diskutieren müssen, nie mehr Streit haben, nur noch mit mir selbst die Dinge ausmachen. Streiten nur noch mit mir selbst.
Nur noch Lucasse, Sparkys und Renas auf meinem Weg. Kommen und gehen. Die Menschen nur so weit ranlassen, wie es gesund und verträglich ist. Auftauchen und verschwinden. Keinem trauen, keinem die Möglichkeit geben, zu verletzen. Sparky wäre schon zuviel. Keine Freundschaften, nur Oberflächen; keine Umarmungen, nur Berührungen; keine Faust im Bauch, nur Kribbeln auf der Haut.
Zwei kleine Zimmer in East Village in New York. Neben der Klingel eine Nummer, kein Name. Farbfernseher, Telefon, unverbindlicher Job für das Nötigste.
Nachts mit hochgeschlagenem Kragen die Straßen durchstreifen, auf der Suche nach den anderen, die auf der Suche sind. Namenlos sein unter Namenlosen. Ständig bemüht, ein Lächeln aufzutun, das für ein paar Stunden in einem Gesicht hängenbleibt und von irgendeinem Glück erzählt. One-night-stands, fremde Haut, fremde Gerüche, fremde Bewegungen, kleine Zettel mit nichtssagenden Telefonnummern. Fremde Frauen, die ihre nackte Haut in ein Handtuch hüllen und im Bad verschwinden. Die wieder hervorkommen, angezogen und mit einem unverbindlichen »du kannst mich ja mal anrufen« auf den Lippen. Die mich erinnern an etwas anderes, Großes und ein Gefühl hinterlassen wie eine leerlaufende Badewanne, aus der ich vergessen habe aufzustehen.
Und ich dusche mir den fremden Geruch von der Haut, stecke mir

eine Zigarette an und schalte den Fernseher ein, lege den Zettel mit der Telefonnummer zu den anderen, die ich bei Gelegenheit anrufen werde, wenn das eigene Fell wieder mal zu eng wird.
New York hat eine besondere Art von Zärtlichkeit, eine, die stöhnt und schreit und selbstquälerisch ist. Eine Zärtlichkeit, die nur die erkennen, die sie verursachen. Die anderen nennen es Brutalität, weil sie lieber an eine erfundene Welt aus Regeln und Gesetzen glauben wollen. Aber auch in der »geordneten« Welt brodelt das im Untergrund, was in New York Alltag und Prinzip ist.
Ich könnte hierbleiben und eine Nummer werden, und ich weiß nicht einmal, ob ich unglücklicher wäre als dort, wohin ich übermorgen zurückkehre.
Ich hätte mit Rika teilen sollen. Wie oft hätte ich sie gerne neben mir gehabt, auf den vielen langen Highwaymeilen. Sie hätte den Gletscher erlebt und die Grislybärenspur, wäre in Las Vegas gewesen, mit dabei am Strand und in der kochend heißen Schlucht.
Manchmal habe ich mir vorgestellt, wie sie selbst hinterm Steuer sitzt, ihre Finger um das Riesenlenkrad legt und ihre Gewalt über Babe erforscht. Ich habe an sie gedacht an den Abenden, als die Sonne den Himmel über dem Pazifik in Brand gesteckt hat. Sie hätte neben mir gestanden und ihre Finger in meinen Arm gekrallt, als wäre es eine Sensation auf der Haut und nicht ein lumpiger Sonnenuntergang über dem Meer.
Es wird dunkel draußen, noch immer weiß ich nicht, was ich mit diesem Abend anfangen soll. Ich knipse die Deckenlampe ein, nehme mein fast fertiges Krokodil aus kalifornischem Redwood und schnitze die letzten Schuppen in den gekrümmten Schwanz. Dann glätte ich den Dickbauch mit feinem Schmirgel, bis das Holz anfängt zu glänzen und das Zimmer sich mit einer feinen Schicht aus rötlichem Staub überzieht.
Im Radio sagen sie gutes Wetter voraus. Es sind die Elf-Uhr-Nachrichten. Mit hochgeschlagenem Kragen gehe ich noch einmal runter auf die Straße, schlendere bis rüber zum Washington Square, sehe den nächtlichen Rollschuhläufern und Drogenverkäufern zu. An

einer Eckkneipe kaufe ich ein Stück Pizza. Zwei Chinesen sitzen an der Theke und diskutieren. An einem Tisch im hintersten Winkel schläft ein Betrunkener. Das Mädchen am Pizzaofen hat einen verbrannten Arm und müde Augen. Gegen halb zwei bin ich wieder im Hotel, aber ich kann nicht schlafen vor Angst – Angst vor dem Moment, zu Hause die Tür aufzusperren, Rika entgegenzutreten und zu sagen: »Hier bin ich.«

Frühstück im Café am kleinen, runden Tisch, der kaum Platz hat für Eier, Kaffee und eine Zeitung. Draußen auf der »Third« läuft der aufgeregte Samstagsverkehr. Gelbe Cabs mit Aufkleber: »Ein Dollar für die erste Viertelmeile, zehn Cents für jede weitere.« Politessen heften Parking-Tickets an Windschutzscheiben, drüben vor der Einfahrt des Warenhauses hängen sie gerade einen Chevy an den Abschlepphaken. Kaum bin ich aus dem Café getreten, spricht mich einer an: »Wie komme ich am besten zur Christopher Street?«

»Christopher? Ich weiß nicht genau, ich bin auch nicht von hier.«

Auf den Bürgersteigen entsteht allmählich eine deutliche Bewegung Richtung Uptown – dorthin, wo der Central Park liegt. Das halbe Village, so scheint es, ist auf dem Weg dorthin. Langsam reihe ich mich in den Strom ein, was soll ich sonst mit dem Tag anfangen? Laufe noch mal die 34ste Straße entlang, schaue mit diesem kribbeligen Gänsehautgefühl an der Fassade des Empire State Building empor, stoße dann auf den Broadway und lasse mich treiben inmitten eines Stroms von Menschen, der immer bunter und quirliger und dichter wird.

Times Square, wo Touristen das Abenteuer New York suchen. Deutsche, Franzosen und Japaner, sie durchstöbern die Straßenstände nach einmaligen Postkarten und werfen verstohlene Blicke in halb offenstehende Türen von Striplokalen und Pornokinos.

Im Park montieren sie gerade die letzten Lautsprecher an die Türme. Soundcheck von allen Seiten: »One, two, three – Check, Check.« Weiß-blaue Barrikaden mit der Aufschrift *New York Police Department* leiten den Strom der Simon and Garfunkel-Fans auf die Wiesen. Mobile Klowagen werden herangerollt, die schon stinken.

obwohl sie noch verschlossen sind. Ich setze mich weit von der Bühne entfernt auf die Wiese. Lehne mich an einen Baum und lasse die Massen an mir vorüberziehen.
Viele haben Campingtaschen dabei mit Eis und Bier und Cola. Die meisten sind Menschen in meinem Alter, aufgewachsen, verwurzelt und zurückgelassen in der Musik der Siebziger. Einige sind jünger. Wahrscheinlich Kids, die überall hingehen würden, wo am Samstagnachmittag Lifemusik spielt. Seit Tagen reden die Rundfunksprecher von nichts anderem, es ist Stadtgespräch in New York; Paul und Art sind wieder zusammen.
Geschäftemacher sind dabei, die man an ihrem mißtrauischen Blick erkennt. Sie müssen wachsam sein, weil sie mehr Gras in den Taschen haben, als für sie gut sein kann. Und dann sind da noch die Originale, die Alte mit lila Schleifchen im Haar und der Opa mit der Uniform der Yankee-Truppen. Sie tauchen überall auf, wo in New York mehr als vier Leute beieinander stehen.
Manchmal denke ich, die Massen laufen in weitem Kreis um mich herum, so viele sind es. Stundenlang ein nicht abreißender Strom von aufgedrehten, erwartungsvollen Menschen.
Schließlich stehe ich auf und lasse mich mittragen, lasse mich drängeln bis zu irgendeiner Stelle, wo es nicht mehr weitergehen kann, weil keine Wiese mehr da ist, sondern nur noch eine dichte Schicht eng gedrängter Menschenleiber. In weiter Entfernung vor mir erkenne ich die Bühne.
»Ladies and Gentlemen – Simon and Garfunkel!« schreit jemand ins Mikrofon, und von vorne bis hinten kommt die Menschenmasse in Bewegung, schreit, klatscht, daß das entstehende Geräusch weit oberhalb meiner Schmerzgrenze liegt.
Nach ein paar Klängen bin ich selbst voll dabei. Kollektives Ausklinken, denn da vorne singen zwei Leutchen aus ihrem und unserem Leben.
Every day is an endless stream of cigarettes and magazines – homeward bound. Auf dem Weg nach Hause. Ich fühle und begreife jedes Wort und jeden Takt. Die Zeilen erwischen mich dort, wo das

Lachen und das Schreien und das Zähneknirschen herkommen. Ich vergesse, daß Tausende von Menschen um mich herumstehen und daß ich eigentlich vor Angst sterben müßte, ich vergesse den Abschied von Amerika und das Ankommen bei Rika, ich vergesse, was war, und grübel nicht mehr über das, was sein wird.
Tomorrow is going to be another working day and I'm trying to get some rest – that's all I'm trying, to get some rest.
Ich versuche nur, mich etwas auszuruhen. Das ist alles, was ich versucht habe: mich etwas auszuruhen.
Wir sitzen eng auf Körperfühlung. Ich spüre den Takt und die Aufruhr in den Leibern neben mir, Menschen lehnen sich an mich, die ich nie zuvor gesehen habe.
The trouble is all inside your head, she said to me. The answer is easy if you take it logically.
Die Antwort ist einfach...
Paul Simon singt *Still crazy after all these years,* und ich denke an Arizona und Rony Rock von KRRT, bekomme eine Gänsehaut und feuchte Augen.
Jemand Weiches nimmt mich in den Arm, steckt mir einen Joint zwischen die Lippen. Nein, wehre ich ab, ich will jetzt keinen Joint, ich will jetzt Gänsehaut und Tränen und ein Gefühl wie vierzehn sein und *Love Story* im Kino gucken.
»He«, sagt Paul da oben, »ich hab mir ja gedacht, daß einige Leute hier sein würden, aber wir scheinen den gesamten Park gefüllt zu haben.«
Sie nennen es ein Nachbarschaftskonzert. Sind dabei, als würden sie auf einer kleinen Fete für die engsten Freunde spielen. Ein bißchen Musik für ihre kleine Stadt New York.
A heart in New York, jubelt Art Garfunkel, und um mich herum flippen sie aus, schreien und pfeifen und lassen Tränen die Backen runterlaufen.
Drei Stunden wie ein Augenblick, dann ist's vorbei. Ein kurzer Augenblick aus der vergangenen Zeit, die Fata Morgana einer Brücke über brodelndem Wasser.

Über New York steht wieder in gewohnter Stille die Nacht, 500 000 werden von den letzten Klängen begleitet, während sie in ihre anonymen Zellen zurückhuschen. »Und im Neonlicht sah ich zehntausend Menschen, vielleicht mehr. Die Worte des Profits standen an den Wänden der U-Bahnhöfe. Narren, sagte ich, wißt ihr nicht, daß das Schweigen wie ein Krebs wächst? *Sounds of silence, sounds of silence.*«

Homerun

Ich nehme mir vor, am Morgen so lange liegen zu bleiben, wie es nur gerade geht. Ein paar Stunden wenigstens sollte ich vorschlafen, für diese Nacht auf dem Flughafen und den anschließenden achtstündigen Flug.

Bilder stürzen auf mich ein, kaum daß ich im Bett liege. 246 Menschen quetschen sich in eine enge Röhre, um darinnen gemeinsam acht Stunden zu verbringen. Flugangst treibt mir den Schweiß auf die Stirn. Ich versuche, die Gedanken in eine andere Richtung zu lenken, lande schließlich bei meiner Arbeitsstelle – meiner ehemaligen Arbeitsstelle. Denke an Menschenschlangen auf dem Arbeitsamt, denke an monatliche Mietzahlungen, denke daran, daß mein kleiner Ausflug mein Konto ziemlich radikal gerodet hat.

Denke an Rikas Typen. Sie hat nie geschrieben, was aus ihm geworden ist. Der kann sich ja nicht aufgelöst haben. Wahrscheinlich spukt er noch immer irgendwo rum, klingelt mitten in der Nacht an unserer Tür und bettelt sie um Liebe an, weil er nicht einschlafen kann. Sie hat geschrieben, es sei vorbei, wenigstens das sollte ich als sicher annehmen.

Also wieder zurück mit den rasenden Gedanken zum Flugzeug. Von dort ein Sprung in die Zukunft. In ein paar Monaten wird es ein Kind geben. Wenn ich sein Gesicht sehe, werde ich ohnehin wissen, von

wem es ist. Und wenn ich die Blutgruppe erfahre, bin ich ganz sicher. Und wenn es nicht von mir ist?
Ich knipse das Licht an. Warum jetzt dieser Gedankenterror? Das ist doch alles durchdacht und beschlossen und akzeptiert. Kann denn das nie aufhören?
Aber immer, wenn ich das Zimmer wieder abdunkle, tritt mir der Angstschweiß auf den Körper. Ich versuche an den Central Park zu denken und das Konzert. Aber der Gedanke daran ist wie ein nasses Stück Seife. Schließlich ziehe ich mich an und gehe runter zum 24-hour-store. Ich kaufe sechs Dosen Budweiser, das wird wohl genügen. Die erste trinke ich auf dem Weg zurück ins Hotel, die zweite in meinem Zimmer beim Ausziehen, die dritte, als ich auf dem Bett liege und den Fernseher anschalte.
Als ich wieder aufwache, ist es zehn Uhr morgens – der Fernseher läuft noch. Ich versuche noch eine Runde zu schlafen.
Vergeblich, wieder drängen Gedanken auf mich ein, die mich wachhalten und aufregen.
Also Zeit, die Zelte hier abzubrechen. Ein Rucksack ist schnell gepackt. Einmal muß ich für einen Augenblick an den Gang in der Wohnung zu Hause denken. An mein Zimmer, wo ich diesen Rucksack wieder auspacken werde. Ich denke an meinen Schreibtisch, meine Bücher, an unser Sofa, an den Herd und den Backofen in der Küche, und für einen Augenblick fühle ich so was wie Freude, in ein paar Stunden zu Hause zu sein.
Ich könnte zum Abschied von New York noch in die Fackel der Freiheitsstatue steigen oder für glatte vier Dollar im »Window of the World«, dem Lokal im obersten Stock der World Trade Center Türme, einen Sherry genießen. Aber mich zieht es noch mal in den Central Park.
Der Rasen ist übersät mit Colabüchsen und Papierbechern, Hamburgerverpackungen und Papierservietten. Vom See her sind Kolonnen unterwegs, die den ganzen Abfall zusammenrechen und auf Lastwagen schaufeln. Sie werden mehr als einen Lastwagen brauchen, um diese Wiese wieder einigermaßen grün zu bekommen.

Ein zerlumpter Jugendlicher läuft kreuz und quer über den Rasen und bückt sich dauernd. Erst als er mal näher herankommt, sehe ich, daß er etwas vom Boden aufklaubt und es in eine bereits halb gefüllte Plastiktüte wirft. Ich gehe noch ein paar Schritte ran, um zu sehen, was er sammelt – es sind die Reste von aufgerauchten Joints.
Es dämmert schon, als ich schließlich Manhattan durch denselben Tunnel verlasse, durch den Tom, Rudi und ich damals hereingekommen sind.
»Laßt mal«, hat Tom gesagt, »ich mach das schon«, und es klang wie ein Zeichen für mich, meine eigenen Dinge in die eigenen Hände zu nehmen.
Noch zwölf Stunden sind es am Flughafen, bis ich meinen Rucksack einchecken kann. Ich renne rum, schaue mir den Betrieb an, schaue mir die Flugzeuge an, schaue mir die Menschen an. Erst als es ruhiger wird in den Hallen, suche ich mir einen Wartesessel mit dem Rükken zu einer Wand, knüpfe Tragetasche und Rucksack zusammen, lege mir einen Riemen um den Fuß, verstaue Paß, Ticket und die restlichen Dollars zwischen Pulli und Unterhemd. Um mich herum sind die Sessel leer, es gibt kaum Leute wie mich, die verrückt genug sind, auf einem Flughafen übernachten zu wollen. Ich rolle meinen Pullover zusammen und lege den Kopf drauf. Los, einschlafen, befehle ich, aber nichts geht. Sessel in Flughafenwartehallen bleiben Sessel in Flughafenwartehallen. Man kann schräg sitzen, gerade, quer über zwei, über drei, aufrecht, bäuchlings, langgestreckt oder zusammengerollt – richtig schlafen kann man darin nicht.
Gegen vier Uhr morgens schaltet sich mit dezentem Brummen die Klimaanlage wieder ein. Draußen werden ein paar Triebwerke vorgewärmt, die ersten Maschinen landen.
Ich trinke einen Kaffee, was mich in meiner zittrigen Schläfrigkeit noch zittriger macht.
Jetzt ist die letzte Chance, das Rückflugticket zu verkaufen und in New York als eine Nummer von sieben Millionen unterzutauchen.
Rika würde mich nach ein paar Monaten als vermißt melden und schließlich ihren Gigolo-Typen heiraten.

Nein, ich werde nicht in die Richtung zurückgehen, aus der ich gerade komme.
Ich bin der erste bei allen Kontrollen: Gepäckcheck, Ticketcheck, Paßcheck, Gesichtscheck, Bodycheck – dann darf ich den Boden der Vereinigten Staaten von Amerika als freier Mann wieder verlassen.
Sie werfen die Triebwerke an, aber rollen nicht los.
Mit marionettenartigen Bewegungen führt die Stewardeß die Atemmasken und die Schwimmwesten vor. Mach voran, Mädchen, denke ich, ich will endlich nach Hause.
Die DC 10 hebt ihre Nase, wir dürfen wieder rauchen, wir dürfen uns abschnallen. Krampfhaft versuche ich die Augen offenzuhalten, bis die Maschine endlich waagrecht liegt und das Frühstück verteilt wird.
Ich drücke mir die beiden Gummibrötchen rein, lasse den Kaffee stehen, damit ich endlich schlafen kann. Ein Druck auf den Knopf an der Armstütze, und meine Lehne flippt nach hinten. Ich hör noch meinen Hintermann aufstöhnen, dem das Ding auf die Kniescheiben geknallt sein muß, dann schlafe ich ein. Beim nächsten Erwachen gibt es Mittagessen. Ich bestelle Hühnchen und bekomme Schweinebraten, weil Hühnchen bis zu meiner Sitzreihe ausgegangen ist.
Wieder schlafe ich sofort nach dem Essen ein. »Wir nähern uns der Küste von Irland«, spricht die Lautsprecherstimme des Piloten in meinen Traum. Ich stelle mir vor, der Kapitän hatte einen schlechten Tag, und der Navigator war nicht an Bord. Er glaubt noch immer, er sei über Irland, stößt durch die dichte Wolkendecke und sieht unter sich die chinesische Mauer. Ich wäre gespannt auf sein Gesicht.
Aber der Navigator ist an Bord. Als wir endlich durch die Wolken gehen, sehe ich glänzend im Regen schon die Autobahn und die Hochhäuser von Frankfurt. Zwölf Grad, Regen, geschlossene Wolkendecke. Bitte stellen Sie das Rauchen ein, bringen Sie Ihren Sitz in Ausgangsposition und schnallen Sie sich an.
Ein kurzes Rucken, die Triebwerke heulen auf. Einige applaudieren. Durch den Rüssel mit dem Laufband werden wir nach Deutschland befördert.

Zollkontrolle, Paßkontrolle – dann lassen sie mich wieder rein. Draußen vor dem Flughafengebäude leichter Regen, bedeckt, zwölf Grad.

Der erste Moment

Es ist dunkel, als ich aus dem Bus steige. Wieder habe ich plötzlich Angst, daß Rika nicht alleine zu Hause ist. Sie weiß ja nur, daß ich irgendwann komme, nicht den genauen Tag. Regen sickert durch meine dünne Jacke, in ein paar Fenstern brennt noch Licht. Seit drei Monaten habe ich nicht mehr darüber nachgedacht, wo meine Hausschlüssel sind. Ich stehe vor der Tür und suche. Endlich finde ich den Bund ganz unten im Rucksack. Die Haustür, der Aufzug, die Wohnungstür. Sie hat das Schloß gehört, steht im Gang, mit erstarrtem Erstaunen im Gesicht.

Sie ist vertrauter, als ich sie in Erinnerung habe. Unter einem langen Kleid wölbt sich kugelrund ihr schwangerer Bauch.

Fünf Sekunden steht sie so, zehn. Dann läuft sie auf mich zu und fällt mir um den Hals.

Wir stehen da, die Arme umeinandergekrallt, ihre Tränen kommen durchs Hemd. Ich streichel ihr übers Haar, über den Rücken, immer wieder. Es fühlt sich an wie zu Hause angekommen.

»Mach das nicht wieder, das war zu lange«, sagt sie schließlich und wischt sich mit der linken Hand die Tränen ab, weil ich ihre rechte festhalte und nicht mehr loslasse.

»Nein«, sage ich, »das mache ich nicht wieder.« Sie lacht.

Ich lege ihr eine Hand auf den Bauch und fühle.

»Ist es sehr fremd für dich?« fragt sie. Ich nicke. Dann holt sie tief Luft: »Ich habe inzwischen genausoviel Mut wie Angst.«

Ja, Mut und Angst zugleich.

Aber ich sage schließlich: »Mehr Mut.«